Ullstein

ÜBER DAS BUCH

„Ständige Ausreisen können über alle Grenzübergangsstellen der DDR zur BRD erfolgen.“ Als Günter Schabowski am 9. November 1989 diesen Satz sprach, ahnte die SED-Führung nicht, welche Wirkung diese Worte noch in derselben Nacht haben sollten. Wie haben bekannte Persönlichkeiten aus Politik, Gesellschaft und Kultur, aus Ost und West den 9. November 1989 und den Fall der Berliner Mauer erlebt? Welche Erinnerungen haben sie an deren Bau am 13. August 1961, als die Hoffnung auf ein geeintes Deutschland für immer zu enden schien? Wie beurteilen sie die Entwicklung seit der Vereinigun? Jutta Limbach, Wolfgang Schäuble, Manfred Stolpe, Lothar de Maizière, Marianne Birthler, Lothar Bisky, Sabine Christiansen und andere Beteiligte erzählen.

DIE AUTORIN

Christiane Landgrebe, geboren 1947, studierte Romanistik und Theologie, arbeitete in diversen Verlagen und ist heute freie Autorin, Lektorin und Übersetzerin. Sie hat drei erwachsene Kinder und lebt in Berlin. Veröffentlichungen bei Ullstein: *Flaneure, Musen, Bohemiens* (mit Cornelie Kister, UB 35823), *Nußknacker und Mäusekönig* (UB 24321).

Christiane Landgrebe

Der Tag, an dem die Mauer fiel

Prominente Zeitzeugen erinnern sich

Ullstein

Ullstein Buchverlage GmbH & Co. KG,
Berlin
Taschenbuchnummer: 33247

Originalausgabe
August 1999

Umschlaggestaltung:
christof berndt & simone fischer
Foto: Rolf Zöllner, Berlin

Printed in Germany 1999
Gesamtherstellung:
Clausen & Bosse, Leck

ISBN 3 548 33247 1
Gedruckt auf alterungsbeständigem
Papier mit chlorfrei gebleichtem Zellstoff

Die Deutsche Bibliothek – CIP-Einheitsaufnahme
Landgrebe, Christiane:
Der Tag, an dem die Mauer fiel: prominente
Zeitzeugen erinnern sich/Christiane Landgrebe.
– Orig.-Ausg. – Berlin: Ullstein, 1999
(Ullstein-Buch; Nr. 33247)
ISBN 3-548-33247-1

Aux deux Alix

Bildnachweis:

1. Marianne Birthler: © Ullstein / Joachim Schulz
2. Walter Momper: © Ullstein / XAMAX
3. Lutz Rathenow: © Peter Peitsch
4. Jutta Limbach: © Ullstein / SWIRIDOFF / Museum Würth
5. Wolfgang Schäuble: © Ullstein / Malde Press
6. Gesine Schwan: © Tagesspiegel / Thielo Rückeis
7. Lothar de Maizière: © P / F / H PresseFoto Heinz
8. Beatrice von Weizsäcker: © Ari Großkopf
9. Thomas Krüger: © Ullstein / Joachim Schulz
10. Peter Steinbach: © privat
11. Manfred Stolpe: © Ullstein / Lothar Kucharz
12. Ingrid Stahmer: © Senatsverwaltung für Schule, Jugend und Sport des Landes Berlin
13. Jürgen Sawade: © Ullstein / Michael Heun
14. Hans Otto Bräutigam: © privat
15. Heinrich August Winkler: © Ullstein / Gezett
16. Erhard Thomas: © Ari Großkopf
17. Gisela und Günther Rüdiger © Ari Großkopf
18. Lothar Bisky: © Ullstein / Karl-Bernd Karwasz
19. Klaus Eschen: © Ullstein / Paul Glaser
20. Gisela Oechelhaeuser: © Helga Paris
21. Friedrich Carl Wachs: © Studio Babelsberg
22. Detlef Graf von Schwerin: © privat
23. Sabine Christiansen: © ARD / Jim Rakete / Photo Selection / Achim Natzeck Design

Inhalt

Vorwort

Willy Brandts berühmter Satz „Jetzt wächst zusammen, was zusammengehört", den er nach dem Fall der Mauer äußerte, klingt zunächst wie eine einfache Feststellung. Doch bei näherem Betrachten und fast zehn Jahre nach den Ereignissen wird deutlich, wieviel Weisheit er enthält und welches anspruchsvolle Programm sich darunter subsumieren läßt. Zusammenwachsen kann ein langsamer Prozeß sein, zusammengehören können Elemente, die es von sich aus nicht wissen und keineswegs immer in harmonischem Verhältnis zueinander stehen.

In der Stadt Berlin, in der zumindest äußere Gemeinsamkeit seit dem Fall der Mauer zur Alltagsrealität gehört, leben heute Menschen nebeneinander, deren Biographie während der Zeit der deutschen Teilung ganz unterschiedlich verlaufen ist. Menschen aus Ost und West, die in verschiedenen Regierungsformen aufwuchsen, die Älteren, die Kriegsende, Blokkade, Bau der Mauer und Kalten Krieg erlebten und den Mauerbau 1961 als sehr schmerzhaft empfanden, die Jüngeren, für die es nie etwas anderes gab als zwei deutsche Staaten. Es gibt Menschen, die Opfer des DDR-Regimes wurden und andere, die ihm gedient haben, solche, die der Staatssicherheit Wohnungen zur Verfügung stellten und andere, die Opfer von Bespitzelung wurden, Verratene und Verräter. Andere engagierten sich weder für noch gegen das System, und wieder andere haben in der DDR Privilegien genossen. Inzwischen gibt es viele, die erst nach der Wende nach Berlin gekommen sind, manche von ihnen haben Häuser erworben, die früher von der DDR-Nomenklatura bewohnt wurden. Es gibt die große

Gruppe der Menschen im Westteil der Stadt, die während der Teilung das einfachere Los gehabt haben, und die der ausländischen Bürger, die schon in zweiter oder dritter Generation hier leben und das Ende der deutschen Teilung begrüßt haben.

So verschieden die Menschen und ihr Erlebnishorizont, so unterschiedlich ist auch ihre Wahrnehmung und Interpretation der Vorgänge in der Zeit vor, während und nach der Wende. Vielfalt und Widersprüchlichkeit von Meinungen kann für eine Gesellschaft belebend sein, zugleich stellt sie einen Konfliktstoff dar, der, ob spürbar oder nicht, immer latent vorhanden ist und es noch lange sein wird.

Im Gegensatz zur Zeit nach der NS-Diktatur, als man einen Mantel unheilvollen Schweigens über die Vergangenheit breitete, ist man heute bestrebt, sich der Aufarbeitung der DDR-Vergangenheit nicht zu verschließen. Dabei kommt es häufig zu konträren Ansichten, unterschiedlichen Geschichtsdeutungen, die miteinander unvereinbar scheinen. Über manches wird sich kein Konsens herstellen lassen, doch die Gelegenheit, miteinander einen Dialog zu führen, sollte man nutzen. Nicht allein, um die Sichtweise und die Situation anderer zu verstehen, sondern um die Probleme der Zukunft besser zu lösen. Dies ist ein langwieriger Prozeß, der aber auf Dauer dazu beiträgt, dem Wort Willy Brandts zu entsprechen.

Dieses Buch stellt verschiedene Persönlichkeiten aus Politik, Wissenschaft, Kultur, Medien und Wirtschaft vor, die die Ereignisse von 1989 auf ganz unterschiedliche Art erlebt haben und interpretieren. Wie sie die Ereignisse der jüngsten Geschichte sehen und beurteilen – mitunter auf sehr konträre Weise – spiegelt die Vielfalt und Pluralität, aber auch die Widersprüchlichkeit und Disharmonie unserer bewegten Epoche wider. Ihre Gedanken mögen bei den Lesern Interesse an der Existenz und den Ideen anderer wecken, sie zu einem Dialog anregen und ihnen Gelegenheit geben, sich auch selbst mit

Fragen auseinanderzusetzen, die, wenn überhaupt, nur dadurch einer Lösung näherkommen, daß sich engagierte und interessierte Bürger durch Denken und Handeln daran beteiligen.

C.L.

Demokratie mit mündigen Bürgern

Marianne Birthler

Sie gehörte zu den Hauptakteuren der Bürgerrechtsbewegung in der DDR und hat nach der Wende für einige Zeit den schwierigen Pfad der Realpolitik betreten. Heute arbeitet Marianne Birthler bei der Fraktion von Bündnis '90 / Die Grünen und ist Mitglied des Präsidiums des Deutschen Evangelischen Kirchentags. Im Gegensatz zu vielen anderen hat sie die neue Demokratie nie in falscher Weise idealisiert, sondern deren Vorzüge und Errungenschaften immer auch pragmatisch gesehen. In einer vor allem an ihre früheren Landsleute gerichteten Rede auf dem Evangelischen Kirchentag 1997 hat sie in vier Punkten falsche Erwartungen an die Demokratie benannt: „1. Demokratie heißt nicht, daß immer geschieht, was wir für wichtig halten, denn auch für das, was wir für vordringlich und vernünftig halten, muß um Mehrheiten geworben werden. 2. Demokratie ist weder gleichbedeutend mit Wohlstand noch mit blühenden Landschaften. 3. Demokratie ist keine Garantie für Gerechtigkeit, sie bietet uns nur Möglichkeiten, uns für mehr Gerechtigkeit einzusetzen. 4. Demokratie nimmt keinem Menschen die Verantwortung für sein Leben, sein Zusammenleben mit anderen und seine Zukunft ab."

Marianne Birthlers Vertrauen in das politische Interesse und Urteilsvermögen der Bürger ist groß. So hat sie sich in der Zeit der Wende für eine plebiszitäre Abstimmung über die gemeinsame Verfassung eingesetzt und bedauert, daß dies nicht geschehen ist. Man hätte Ostdeutschland so die Chance ge-

nommen, als politisches Subjekt in die Einheit zu gehen. Daß man den Geltungsbereich des Grundgesetzes einfach ausgedehnt hat, ist in Birthlers Augen dem Phänomen der Vereinigung nicht angemessen. Das Grundgesetz erschien ihr an manchen Stellen erneuerungsbedürftig, so aber ist es nur zu kosmetischen Veränderungen gekommen. Besonders kritisch sieht sie, daß die Verfassung zu wenig plebiszitäre Elemente enthält. Politisches Denken und Handeln allein den Parteien zu überlassen, hält sie für problematisch und stellt einen zunehmenden Parteienverdruß in der Öffentlichkeit fest, „ein alarmierendes Signal", das „von den Parteizentralen nicht ausreichend ernst genommen" wird.

Sie setzt große Erwartungen in mehr Bürgerbeteiligung in Ergänzung zur parlamentarischen Demokratie. Dazu sollen Volksentscheide, Bürgerinitiativen, Bürgergutachten und Runde Tischen dienen, Elemente direkter Demokratie, wie es sie mehrere Monate lang, zwischen dem Fall der Mauer und der Volkskammerwahl am 18. März, in der DDR gegeben hat. Reformen und Machtbegrenzung sind weitere Stichworte, mit denen Birthler die Parteien und ihren Stellenwert in der Politik verändern möchte.

In der Zeit vor der Wende haben Eigeninitiative, selbstbewußtes Handeln unter schwierigen Umständen, alternative Denkansätze und mutiges Engagement ihr Leben bestimmt. Nach dem Abitur hatte sie eine Ausbildung als Außenhandelswirtschaftlerin abgeschlossen, später aber in einer kirchlichen Ausbildung den pädagogischen Beruf der Katechetin erlernt, den sie seit 1983 ausübte. Ihre Auffassung von Christentum war stets auch politisch und deckte sich keineswegs immer mit der der offiziellen Kirche. Birthler erinnert sich an viele innerkirchliche Auseinandersetzungen um politische Aktivitäten, denen sich auch in den achtziger Jahren in der DDR nur wenige Gemeinden wirklich öffneten. Als sie 1986 zusammen mit anderen den Arbeitskreis „Solidarische Kirche" gründete, geschah dies auch mit der Absicht, an einer Reform der Kirche mitzuwirken und sie für mehr „politische Diakonie" zu öffnen. Seit 1988 engagierte sich Birthler auch in der Initiative für Frieden und Menschenrechte, IFM, und gehörte damit zum Zentrum oppositioneller Kreise in der DDR. Sie protestierte öffentlich gegen Zensur und Repressalien des Regimes gegen Dissidenten.

Nach der Liebknecht-Luxemburg-Demonstration im Januar 1988 arbeitete sie in der überregionalen Koordinierungsgruppe für die Unterstützung der nach der Demonstration verhafteten Oppositionellen und rief im Januar 1989 das „Berliner Kontakttelefon" ins Leben, ein wichtiges Informationsnetz der DDR-Opposition, das während der Revolution im Herbst '89 unter anderem das gewaltsame Vorgehen staatlicher Organe gegen die Opposition dokumentierte. Nach den brutalen Einsätzen gegen Demonstranten am 7. und 8. Oktober regte sie an, die Untersuchungskommission der Berliner Stadtverordneten, die sich mit der Aufklärung dieser Einsätze beschäftigte, mit einem unabhängigen Ausschuß zusammenzuschließen, dem Ärzte, Psychologen, Schriftsteller, Juristen und Kirchenvertreter angehörten. Im Roten Rathaus wurde ein Kontaktbüro eingerichtet, in dem Opfer der Polizeigewalt Anzeige erstatten konnten, was einen bisher undenkbaren Fortschritt darstellte. Nach der Öffnung der Mauer wurde Birthler als Vertreterin der IFM Mitglied des Runden Tisches in der Arbeitsgruppe Bildung, Erziehung und Jugend und zog schließlich als Abgeordnete von Bündnis '90 in die Volkskammer ein, wo sie sich besonders für Erneuerung von Bildung und Erziehung einsetzte.

Am Abend der Maueröffnung sah Birthler im Fernsehen die Pressekonferenz, begriff sogleich, was die Worte Schabowskis bedeuteten, konnte aber wegen einer Verabredung das Haus nicht verlassen. Damals gaben sich, wie sie sich erinnert, internationale Presseleute die Türklinke in die Hand, um Bürgerrechtler zu interviewen. Erst gegen zwei Uhr morgens waren die Aufnahmen beendet, dann verließ sie gemeinsam mit einem Freund das Haus. Am Übergang Heinrich-Heine-Straße kam ihnen ein junger Westberliner entgegen, der fragte, wo er sie hinbringen solle. Er stellte sich in jener Nacht als Chauffeur für Leute aus Ostberlin zur Verfügung, damit sie an ihr gewünschtes Ziel gelangten. Marianne Birthler kam erst am nächsten Vormittag nach Hause zurück, so sehr genoß sie es, Westberlin kennenzulernen. Bis dahin war ihr als gebürtiger Berlinerin ihre Stadt immer vorgekommen „wie ein geliebter Mensch, den man immer nur von einer Seite sehen kann". Daß ihr nun die ganze Stadt zugänglich war, erschien ihr wie ein Traum. Sie hatte an eine Lockerung der Grenzbestimmungen geglaubt, an neue Reiseregelungen, aber nicht an eine Öffnung der Mauer, eine so radikale, befreiende Lösung. Bis zu disem Zeitpunkt war auch ein Ende der DDR für sie nicht vorstellbar gewesen. Ihre politische Arbeit richtete sich auf eine Liberalisierung der DDR, auf demokratische Freiheiten im Rahmen der Republik. Als die Mauer aufging, fürchtete sie bei aller immensen Freude über die unerwartete Freiheit, daß die Interessen der Opposition nun in andere Bahnen gelenkt würden und die große Kreativität und der Veränderungswille, genährt aus Unzufriedenheit, verlorengehen könnte.

Sie setzte damals auf einen langsamen, behutsamen Weg der Annäherung zwischen Ost und West, und sie warb auch dafür. Aber schon bald spürte sie, daß die Mehrheit der DDR-Bürger etwas anderes wollte. Während am 4. November bei der großen Demonstration auf dem Alexanderplatz noch kein einziges Transparent zu sehen gewesen war, das die Vereinigung Deutschlands forderte, verwandelte sich nach dem Mauerfall der Slogan „Wir sind das Volk" zunehmend in „Wir sind ein Volk". Marianne Birthler erkannte, daß die Dinge nicht aufzuhalten waren und sich durch die Öffnung der Grenzen ungeahnte Perspektiven für die Menschen ergaben.

Heute zieht sie daraus den folgenden Schluß: 1990 hätte sie gelernt, daß Demokratie nicht bedeutet, daß alles geschieht, was man selbst für richtig hält. Daß die Einheit in so schnellem Tempo vollzogen wurde, hält sie für angemessen, weil die große Mehrheit der DDR-Bevölkerung sie wollte. Jedoch ist sie nicht mit allen rechtlichen Rahmenbedingungen einverstanden. Eine Reihe von alternativen Vorschlägen der Bürgerrechtler, die auch von anderen geteilt wurden, wäre durchaus praktikabel gewesen, meint sie heute. Am Einigungsprozeß war sie durch ihre Mitwirkung am Runden Tisch aktiv beteiligt, und als das Ende der DDR abzusehen war, beriet sie sich mit Matthias Platzeck und Günther Nooke, die ebenfalls Mitglieder von Bündnis '90 waren, über künftige Möglichkeiten, politisch aktiv zu sein. Bündnis '90 war am 3. Januar 1990 als Wahlbündnis für die Volkskammerwahl durch den Zusammenschluß von drei oppositionellen Gruppierungen entstanden: dem

Neuen Forum, Demokratie Jetzt, und der Initiative für Frieden und Menschenrechte, IFM.

Es gab drei Möglichkeiten, sich künftig politisch zu engagieren: eine Kandidatur für das Abgeordnetenhaus in Berlin oder für den Bundestag und die Mitwirkung beim Aufbau der neuen Länder. Hier schien es Marianne Birthler, Platzeck und Nooke am meisten Gestaltungsspielraum zu geben. Sie entschieden sich, nach Brandenburg zu gehen. Mit einem Sieg der SPD hatten sie dabei nicht unbedingt gerechnet, noch weniger aber mit einer Ampelkoalition unter Beteiligung von Bündnis '90. Trotz ihrer Überraschung schätzte Marianne Birthler auch in dieser Situation die Verhältnisse realistisch ein und setzte sich dafür ein, daß Bündnis '90 das Bildungsressort übernahm. In diesem Bereich hatte sie genügend Erfahrungen gesammelt und wußte, wie wichtig es war, die Verhältnisse an den Schulen grundlegend zu verändern. Es galt, den Moment zu nutzen, denn ihr war bewußt, daß beim Aufbau eines Regierungsapparats für viele Jahre stabile Verhältnisse geschaffen werden, an denen sich später nicht viel ändern läßt. Der Aufbau der Verwaltung vollzog sich unter tätiger Mithilfe von Fachleuten aus verschiedenen Bundesländern, in der Mehrheit aus Westberlin und Nordrhein-Westfalen. Mit der Entscheidung für die sechsjährige Grundschule und die Gesamtschule als Regelschule wurden – nicht zuletzt mit Blick auf ein gemeinsames Bundeslang Berlin-Brandenburg – Strukturentscheidungen getroffen, die sich von den anderen ostdeutschen Ländern unterschieden. Birthlers wichtigster bildungspolitischer Schritt, der heute das Bundesverfassungsgericht beschäftigt, weil beide Kirchen, die CDU und einige Eltern gegen ihn geklagt haben, war die Einführung eines Pflichtfaches mit dem sperrigen Namen Lebensgestaltung-Ethik-Religion. Birthler hätte es lieber gesehen, wenn man das Fach einfach „Gott und die Welt" genannt hätte.

Die Idee zu diesem Fach hat ihren Ursprung in der Zeit vor der Wende. Birthler war eine radikale Kritikerin des DDR-Bildungssystems, und die Erneuerung der Schulen der DDR war eines der zentralen Themen der friedlichen Revolution. Schon in den Gruppen, die sich vor der Wende mit pädagogischen und bildungspolitischen Fragen beschäftigten, hatte man über Lebenskunde an den Schulen nachgedacht, ein Fach, das in einer pluralistischen und zunehmend unübersichtlichen Gesellschaft eine Begegnung verschiedener Kulturen, Weltanschauungen und Lebenshaltungen ermöglichen sollte. Zu DDR-Zeiten hatten sich außerdem in den Kirchen Menschen verschiedenster weltanschaulicher Orientierung getroffen, Christen und Nichtchristen hatten zusammengearbeitet. Diese positiven Erfahrungen wollte Birthler auf die Schule übertragen. Auch von kirchlicher Seite gab es Vorbehalte gegenüber einem traditionellen Religionsunterricht und Sympathien für ein Fach Lebenskunde. Die Konferenz der Evangelischen Kirchenleitungen im Mai 1990 hatte festgestellt, daß der Unterricht der Religion an den Schulen nach der Bildung der neuen Länder anders aussehen müsse als im volkskirchlich orientierten Westen, da im Osten ein starker Säkularisierungsprozeß stattgefunden habe. „Unter den derzeitigen Voraussetzungen sehen wir für die Einführung des Religionsunterrichts keinen Handlungsbedarf", lautete ein zentraler Satz der Erklärung. Birthler ist bis heute der Meinung, daß es bei einer Bevölkerung von 25 Prozent Christen kein Interesse an konfessionellem Unterricht gibt, sondern ein Bedürfnis nach einem Fach, das sich mit Lebens- und Sinnfragen auseinandersetzt. Im Unterschied zu den anderen Ländern in Ostdeutschland, die den Religionsunterricht nach westlichem Vorbild gemäß Art. 7,3 des Grundgesetzes einführten, nach dem konfessioneller Religionsunterricht Wahlpflichtfach ist, orientierte sich Brandenburg an den Impulsen der Kirchen und Oppositionsgruppen der DDR.

Die entscheidende Neuerung gegenüber dem traditionellen Religionsunterricht bestand in Überkonfessionalität, Bekenntnisfreiheit und der Pflicht des Faches. Dessen Ansprüche sind hoch. So heißt es in dem Planungskonzept: „[LER soll] einen Beitrag zur Befähigung der Heranwachsenden leisten, ein selbstverantwortetes Leben zu führen und ihre soziale Einsicht und Handlungsfähigkeit zu stärken." Zur besseren Einübung von Toleranz sollten alle Schüler gemeinsam und nicht in verschiedenen Gruppen unterrichtet werden, ein Fach Ethik für Nichtchristen ohne Beteiligung von Christen, wie es im Westen existiert, hätte einen „Mangel an Begegnung und Gespräch" zur Folge.

Die Evangelische Kirche Berlin-Brandenburg und die Katholische Kirche haben zu Birthlers Bedauern die Mitwirkung an diesem Fach abgelehnt. Der Bischof und Theologieprofessor Wolfgang Huber und sein katholischer Kollege Kardinal Sterzinsky und viele andere sehen dieses Fach als grundgesetzwidrig an.

Nach einem dreijährigen Modellversuch, der „mit so ermutigenden Ergebnissen" abgeschlossen wurde, wie Birthler meint, wurde LER in Brandenburg als ordentliches Unterrichtsfach eingeführt. Inzwischen ist eine heftige Polemik entbrannt. Ein Urteil ist erst nach den Landtagswahlen im Herbst 1999 zu erwarten. Inzwischen ist es, angeregt durch das Brandenbuger Modell LER, bundesweit zu einer Diskussion über Religionsunterricht gekommen, für Birthler eine positive Folge ihrer Unterrichtsreform.

Die erste Zeit in Brandenburg hat Marianne Birthler in lebhafter Erinnerung. Es herrschte großer Zeitdruck, es gab wenig Personal, die Regierungsarbeit mußte mit bescheidenen Kräften schnell erledigt werden. Der Erwartungsdruck der Öffentlichkeit war hoch, die Bevölkerung wünschte sich eine andere, ganz neue und doch gute Schule für ihre Kinder. Damals hätten alle unvorstellbar viel gearbeitet, aber eine Menge erreicht, meint Birthler. Der Übergang von der Arbeit in verschiedenen politischen und kirchlichen Gruppen zur richtigen Politik sei nicht einfach gewesen, da jetzt alles, was man tat, an praktischen Ergebnissen gemessen wurde.

Sie selbst hat die Kraft für ihre Arbeit durch die Begegnung mit anderen Menschen erhalten, eine Prägung, die schon in früher Jugend eingesetzt hat: durch ihre politisch interessierte Mutter, die keine Bundestagsdebatte am Fernseher versäumte, durch eine Pastorin in Schwedt, die sie ermunterte, sich als junge Frau und Mutter zu engagieren, Gesprächskreise zu leiten und Vorträge zu halten, durch Gerhard Poppe von der IFM, der einen unbestechlich scharfen Blick auf die Realität richtete und damit auch ihre Maßstäbe beeinflußte.

Nicht lange blieb Marianne Birthler Ministerin, denn sie trat zurück und überließ die Bildungsreform anderen, als Manfred Stolpes Kontakte zur Staatssicherheit bekannt wurden. Es sei ihr als Ministerin, die dafür verantwortlich war, daß im Bildungswesen Leute, die mit der Stasi zu tun gehabt hatten, keine Schüler mehr unterrichten durften, unmöglich gewesen, einen Ministerpräsidenten zu unterstützen, der in Stasi-Angelegenheiten verstrickt gewesen sei. „Als Lehrer hätte ich ihn nicht arbeiten lassen, wie sollte ich dafür sein, daß er das Amt des Ministerpräsidenten ausübte?“sagt sie ernst. Für sie hat Stolpe „unser Vertrauen“, gemeint ist das der kirchlichen Gruppen, mißbraucht. Daß der Untersuchungsausschuß im Land Brandenburg zu anderen Ergebnissen kam, die nie widerlegt wurden, kann sie von dieser Meinung nicht abbringen. Zwar könne Stolpe für manche durchaus positiv und nützlich gewesen sein, so wie viele IMs, die der festen Überzeugung waren, etwas Gutes zu tun und sich keineswegs als Schurken fühlten. Sie selbst verdanke zum Beispiel Ibrahim Böhme, einem der „übelsten Stasi-Spitzel“, politische Gedanken und Wissen. Für sie ist es aber nicht vertretbar, daß Leute, die Verrat geübt haben, was sie auch Stolpe vorwirft, politische Ämter innehaben. In symbolischer Funktion sollte nach ihrer Meinung kein Stasi-Mitarbeiter mehr aktiv sein dürfen.

Daß ihre Haltung in dieser Frage ein jähes Ende ihrer Arbeit als Ministerin bedeutete, nimmt Marianne Birthler in Kauf. Heute hat sie kaum noch den Einfluß von früher, aber mit den reformerischen Leistungen, die sie in relativ kurzer Zeit an der Schule durchsetzte, ist sie zufrieden. So mancher hat den Rücktritt Birthlers und ihre rigorose Haltung gegenüber Manfred Stolpe bedauert, für sie ist es eine Gewissensfrage, die Vorrang vor allem anderen hat. Birthler ist an diesem Punkt von ihrem Pragmatismus abgewichen, und sie steht protestanisch-konsequent zu dieser Haltung.

Zu DDR-Zeiten ist sie mit dem Stasi-Problem, unter dem alle andersdenkenden Bürger zu leiden hatten, auf ihre Weise umgegangen. Man habe immer gewußt, daß man beobachtet wurde, aber sie habe sich davon nicht beeinflussen lassen. Wenn in oppositionellen Gruppen Vertrauen zerstört worden wäre und Angst um sich gegriffen hätte, wäre das schon ein Sieg der Stasi gewesen. So hätte sie sich lieber an dem Leben orientiert, das ihr legitim schien, und sich nicht nach dem gerichtet, was die Stasi für richtig hielt. Sich darauf einzulassen, hätte bedeutet, daß man den Spaß am Leben verliert, durch ihre innere Freiheit sei er ihr erhalten geblieben. Allzu schwer sei es nicht gewesen, diese Haltung anzunehmen, da in den späten achtziger Jahren, in denen so viele oppositionelle Gruppen aktiv waren, das Risiko oppositioneller Arbeit begrenzt war.

Es mag sein, daß ihre Haltung, mit der sie die Stasi ignorierte und sich nicht von ihr beeindrucken ließ, zu ihrer unnachgiebigen Konsequenz in der Beurteilung von Manfred Stolpe geführt hat. Daß Marianne Birthler nicht mehr die politische Rolle spielt wie vorher, muß man bedauern.

Birthler glaubt an die Kraft des einzelnen. Die allgemein schwierige Situation hätten viele Ostdeutsche nach der Wende gemeistert; sie hätten einen neuen Anfang gesucht und gefunden, hätten Chancen wahrgenommen, die sie in der DDR nicht hatten. In ihren Augen nimmt man solche Leute zu wenig wahr und beachtet nur die anderen, was wiederum leicht zu einem „larmoyanten Gesamtklima“ führt, das Mutlosigkeit fördert. Auch die vielen kreativen Kräfte, die zu DDR-Zeiten in der Kirche aktiv waren, könnten, wenn sie nur wollten, heute ihre Aktivitäten fortsetzen. Sie möchte „das Klagelied nicht mitsingen“, mit dem viele die Umstände verantwortlich machen, anstatt selbst die Initiative zu ergreifen.

Für die Zukunft setzt Birthler auf das, was bisher bei ihrer Arbeit eine so wichtige Rolle spielte, Bildung und Erziehung. Wenn durch Erfahrungen mit der Demokratie und durch politische Bildung die Jugendlichen dazu angehalten werden, sich einzumischen, Entscheidungen zu treffen, Mitverantwortung zu übernehmen, und so schon frühzeitig beginnen, als bewußte Bürger zu leben, stehen die Chancen für das Land nicht schlecht.

Ein Tag der Freude

Walter Momper

Er hatte das große Glück, in dem historischen Augenblick, den sich viele gewünscht hatten, mit dem aber kaum jemand rechnete, Regierender Bürgermeister von Berlin zu sein.

Kennengelernt hatte Walter Momper Berlin als Fünfzehnjähriger, ein Jahr vor dem Bau der Mauer, und der Gedanke, wie schön Berlin als vereinigte Stadt sein könnte, hat ihn immer begleitet. Der Mauerbau 1961 traf ihn wie ein Schlag, zugleich wuchs seine Sympathie für diese Stadt, deshalb kam er als Student der Geschichte, Politikwissenschaft und Volkswirtschaft im dritten Semester nach Berlin. Hier herrschte ein anderer Geist als an den Universitäten von Münster und München, an denen er vorher studiert hatte und wo das Klima stark von schlagenden Verbindungen geprägt war. Die Freie Universität, diese von Anfang an demokratische Hochschule, repräsentierte eine andere Auffassung von Universität als die traditionellen Hochschulen, und im Zuge der Studentenbewegung und der sozialen und mentalen Erneuerung der späten sechziger Jahre geriet auch Momper in den Strudel des ganz besonderen politischen Denkens und Handelns von Berlin. Was ihn von den meisten seiner politisch aktiven Kommilitonen unterschied, war, daß er, damals für Studenten eher ungewöhnlich, in Kreuzberg wohnte. So war seine politische Sozialisation nicht allein vom akademischen Milieu geprägt, sondern auch von der Lebenswirklichkeit eines Viertels, in dem vorwiegend Arbeiter und einfache Leute lebten. Im Verlauf der siebziger

Jahre zogen viele Kreuzberger an den Rand der Stadt, und erst durch die türkische Immigration und den Zuzug von Studenten und junge Leuten erhielt der Stadtteil die Prägung, die ihn bis heute charakterisiert, wenn sich auch seit der Wende durch die zentrale Lage, die Kreuzberg heute genießt, dort manches geändert hat. Momper lernte in den Jahren, bevor er Regierender Bürgermeister wurde, die Probleme des Bezirks aus eigener Anschauung kennen, hatte als Kreuzberger SPD-Politiker das Ohr nah am Volk und dessen Problemen.

Kurz nachdem Momper im Frühjahr 1989 die Koalition mit der Alternativen Liste gebildet hatte, erhielt er Besuch von amerikanischen Senatoren. Sie fragten Momper, wann denn endlich die Mauer geöffnet werde, und er erläuterte ihnen daraufhin die Politik der Annäherung, die mit der Zeit zu immer größeren Fortschritten führen würde. Mit einem Fall der Mauer sei nicht zu rechnen. Die Amerikaner reagierten ungläubig. Für sie war es evident, daß die Mauer bald fallen würde: „Alles wird schneller passieren, als ihr Berliner denkt." Momper dachte bei sich, daß Amerikaner von außen wohl kein zutreffendes Bild von der Situation haben konnten. Mit Veränderungen innerhalb des Warschauer Pakts rechnete allerdings auch er – seit Gorbatschows Politik von Glasnost und Perestroika. Im Sommer '89 wurde ihm klar, daß es in der DDR bald einige Neuerungen geben würde. Einen radikalen Kurswechsel aber erwartete er nicht. Allzu ablehnend hatte die DDR auf Gorbatschows Politik reagiert, durch die Krankheit Honeckers bewegte sich auf staatlicher Ebene kaum etwas, in der operativen Politik ging nichts weiter, die Verunsicherung war groß – bis die politischen Akteure wechselten und das Volk begann, an der unbeweglichen Führung vorbei das Land zu verändern. Als Ungarn im Sommer die Grenzen öffnete und die DDR-Bürger massenweise in den Westen gingen, dachte Momper besorgt an die Zeit vor dem 13. August 1961, in der immer mehr Menschen die DDR verlassen hatten. Er fürchtete, daß sich ähnliches ereignen könnte, und rechnete mit einer harten Reaktion von seiten der DDR-Führung.

Am 3. Oktober besuchte Momper im Konsistorium der Berlin-Brandenburgischen Kirche Manfred Stolpe und Bischof Forck. Er schätzte beide wegen ihrer kritischen Distanz zum Regime, auch waren sie aufgrund ihrer Vermittlungstätigkeit zwischen Staatsführung und Opposition bestens informiert. Sie erklärten, daß es in der Parteispitze keinerlei Bewegung gäbe, daß die Führung nur an den 7. Oktober, den 40. Jahrestag der DDR, denke und ihn gebührend feiern wolle. Die Stimmung der Bevölkerung sei denkbar schlecht und aggressiv. Sie wüßten nicht, ob die Kirche als Ventil für den Unmut der Bevölkerung auch weiterhin ausreiche und ob sich Ausbrüche von Gewalt vermeiden ließen.

Mompers Amtschef Dieter Schröder unterrichtete noch am selben Abend die alliierten Verbindungsoffiziere im Rathaus Schöneberg über die wachsende Krise in Ostdeutschland. Momper informierte die drei westalliierten Gesandten und die drei Stadtkommandanten. Er fürchtete, daß Honecker nicht freiwillig abtreten würde und daß die SED gegen Demonstranten ihre Betriebskampfgruppen einsetzen könnte. Um einer Eskalation der Lage nicht so hilflos gegenüberzustehen wie 1953 oder 1961, begannen Senat und Alliierte im geheimen, Notfallpläne zu erarbeiten.

Für den Fall, daß die Ausreisewelle stärker würde, rechnete Momper mit Gegenmaßnahmen der DDR-Regierung oder einem Zusammenbruch des Staates. Bereits im Sommer hatte es in der DDR große personelle Lücken gegeben, es fehlte an Ärzten und Tierärzten, medizinischem Pflegepersonal, Fahrern bei Reichsbahn und öffentlichen Verkehrsmitteln, und schon waren Soldaten und Wehrpflichtige als Ersatzkräfte eingesetzt worden. Im übrigen war fraglich, wie lange die Menschen noch bereit waren, über Drittländer in die Bundesrepublik zu reisen. Ein Sturm auf die Mauer schien Momper bald nicht mehr ausgeschlossen.

Er stellte sich darauf ein, daß in allernächster Zeit etwas geschehen würde, und wollte für den Notfall gewappnet sein. Als er am 6. Oktober auf einer Konferenz in Brüssel war und ein Fluglotsenstreik ausbrach, fuhr er mit dem Dienstwagen nach Bonn, um von dort jederzeit schnell nach Berlin zurückkehren zu können. Er blieb weiterhin in Verbindung mit den Alliierten, um *worst-case*-Szenarios durchzusprechen. Was zum Beispiel sollte geschehen, wenn tausend Demonstranten zum Brandenburger Tor ziehen und versuchen würden, über die Mauer zu klettern? Was, wenn die Grenztruppen ein Blutbad anrichten würden, und, nachdem ihre Magazine leergeschossen waren, immer mehr Menschen über die Mauer gingen? Hier mußten plötzlich ganz praktische Fragen gelöst werden. Wo etwa sollte man in einer solchen Situation die Menschen unterbringen, wenn es wirklich geschah? Die meisten Turnhallen waren bereits mit Ungarnflüchtlingen belegt, der Senat hatte in Schottland Container gekauft, da es auf dem Markt keine kleinen Fertighäuser mehr gab. Die Alliierten, besonders die Amerikaner, sagten zu, daß sie ihre Lufttransportkapazitäten zur Verfügung stellen würden. Innerhalb von drei Tagen könne man fünfzigtausend Menschen aus Berlin ausfliegen.

Am 6. Oktober fand der Fackelzug der FDJ zum 40. Jahrestag der DDR statt, bei einem Sturm auf das Brandenburger Tor wäre die Menge ohne Artillerie kaum aufzuhalten gewesen. Aus Angst vor solchen Aktionen hatte die SED-Führung versucht, die Veranstaltung auf den Nachmittag zu verschieben, damit es noch hell wäre und man das Geschehen besser kontrollieren könne. Am 6. und 7. Oktober hörten Mitarbeiter von Momper den Polizeifunk der Volkspolizei ab. Offenbar herrschte in Ostberlin ein riesiges Chaos, und die Situation war kaum noch in den Griff zu bekommen.

Am 29. Oktober, einem Sonntag, traf Momper auf Vermittlung von Manfred Stolpe im Ostberliner Palast-Hotel Günther Schabowski, der als Anhänger der Gorbatschow-Reformen galt und seit dem Sturz Honeckers am 18. Oktober hinter Krenz der zweite Mann im Staat war. Vor dem Treffen hatte Schabowski gemeinsam mit dem Ostberliner Bürgermeister Erhard Krack einen Dialog – im *Neuen Deutschland* wurde diese neue Art der politischen Kommunikation „öffentliche Aussprache“ genannt – mit rund zwanzigtausend Menschen vor dem Roten Rathaus eröffnet. Die Unzufriedenheit der Menge war unüberhörbar, niemand schien der SED-Führung mehr zu vertrauen. Schabowski verabschiedete sich von der Menge mit dem Hinweis, daß er zu einem Treffen mit Walter Momper gehe, und die Leute riefen „Momper her, Momper her". So fand die Begegnung mit Schabowski nicht mehr in diskreter Abgeschiedenheit statt. Bei dem Gespräch, an dem auch Stolpe, Generalsuperintendent Krusche und Dieter Schröder teilnahmen, erklärte Schabowski, er wolle einen Reformkurs durchsetzen, und kündigte die Entlassung von Margot Honecker als Bildungsministerin und Harry Tisch als Chef der Gewerkschaft an. Sogar über die Zulassung anderer Parteien als der Einheitspartei SED sprach Schabowski, wenngleich er die führende Rolle der SED betonte. Mit dem Politbüro und der obersten Führung ging er zu Mompers Erstaunen besonders hart ins Gericht, und er kündigte auch ein Reisegesetz für Dezember an. Momper erklärte ihm daraufhin, daß Reisefreiheit ein großer Beitrag zur Stabilität sein würde. Die Pläne schienen ernst gemeint, aber würden sie wirklich in die Tat umgesetzt werden?

Momper sprach gegenüber Schabowski praktische Probleme an und wies auf notwendige organisatorische Vorbereitungen hin, da die elf Übergänge für einen großen Reiseverkehr nicht ausreichten. Er schlug vor, weitere Übergänge zu öffnen, und erklärte, man müsse in der ersten Zeit mit dreihundert- bis fünfhunderttausend Besuchern pro Tag rechnen. Die beiden Politiker vereinbarten, daß sich in der folgenden Woche die Besuchsbeauftragten von DDR-Regierung und Senat treffen sollten, um Probleme zu vermeiden, wenn zahlreiche Menschen ausreisen wollten.

Am 31. Oktober beschloß der Senat, eine Projektgruppe zu gründen, die sich um die „Vorbereitung auf einen verstärkten Besucher- und Reiseverkehr aus Ost-Berlin und der DDR" kümmern sollte. Man machte sich Gedanken zur Unterbringung von Übersiedlern, Zahlung des Begrüßungsgeldes über Banken statt über die Sozialämter und über die Bewältigung des zu erwartenden Verkehrsansturms.

Am 3. November informierte Momper die alliierten Gesandten über sein Gespräch mit Schabowski. Auch sie schätzten die Situation als prekär ein und fürchteten Angriffe von wütenden DDR-Bürgern auf sowjetische Militärangehörige und damit Zusammenstöße mit der vierten Siegermacht. Auch hielten sie einen Sturm auf die Mauer für möglich.

Trotz des ungeheuren Drucks der Verhältnisse und der zunehmenden Destabilisierung der DDR rechnete Momper nicht mit einem baldigen Fall der Mauer. Die normalen Amtsgeschäfte gingen weiter. Den Morgen des 9. November begann er mit einem eher außergewöhnlichen Termin für einen Politiker seines Ranges, in einer Kreuzberger Schule, wo er eine Unterrichtsstunde über Otto Wels hielt, der sich 1933 als SPD-Vorsitzender im Reichstag gegen das Ermächtigungsgesetz gewehrt hatte. Momper sprach über Widerstand und den Mut, den er den einzelnen kostet, und kam mit den Schülern auch auf die Demokratiebewegung in der DDR zu sprechen. Mittags leitete Momper im Reichstagsgebäude die konstituierende Sitzung einer Sonderkommission mit dem Namen „Arbeitsplätze für Berlin", zu der alle wichtigen Institutionen des Berliner Wirtschaftslebens gehörten. Es ging um die Bekämpfung von Dauerarbeitslosigkeit und die Stärkung der wirtschaftlichen Strukturen Westberlins. Angesichts der Ereignisse im Osten wurde die Hoffnung geäußert, daß man bald zu einem normalen Wirtschaftsaustausch mit der DDR finden würde. Während der Sitzung teilte der Sprecher des Wirtschaftssenats Momper mit, er wisse aus sicherer Quelle, daß in kürzester Zeit mit Reisefreiheit zu rechnen sei. Momper ließ die BVG informieren, damit sie sich auf eine Ausnahmesituation einstellen konnte.

Um neunzehn Uhr war Momper bei einer Preisverleihung und einem Empfang im Springer-Hochhaus. Er wartete ungeduldig auf Nachrichten über die Pressekonferenz von Schabowski, auf der von einer Reiseregelung die Rede sein sollte.

Wenig später brachte ihm der Chefredakteur der *Berliner Morgenpost* ein Telex mit einer Zusammenfassung von Schabowskis Pressekonferenz aus dem Pressezentrum in der Mohrenstraße. Momper sah sich daraufhin im Büro des Chefredakteurs ein Video von der Pressekonferenz an. Trotz der bürokratisch verklausulierten Formulierungen Schabowskis und obwohl Momper den Eindruck hatte, daß der Mediensekretär der SED eigentlich gar nicht begriff, was er da vorlas, war ihm klar, daß nun Reisefreiheit herrschte und das Ende des SED-Staats gekommen war, der nur durch Zwang und Unterdrückung funktioniert hatte. Aus dem Büro im Springer-Hochhaus sah Momper auf die Grenze, die Wachtürme, den Todesstreifen, wo viele Menschen ihr Leben gelassen hatten. Zu diesem Zeitpunkt war es noch lebensgefährlich, die Grenze zu überschreiten. Er telefonierte mit seinem Pressesprecher und beschloß, in der *Abendschau* um 19.30 Uhr, die in wenigen Minuten begann, zu den Berlinern zu sprechen.

Von einem Polizeiwagen mit Blaulicht begleitet, eilte Momper in seinem Dienstwagen zum SFB. Auf dem Weg ins Studio rief er noch bei Freunden an, damit sie am Abend seine beiden Töchter betreuten, deren Mutter im Auftrag des Landes Berlin in London war. Er selbst war jetzt mehr als Regierender Bürgermeister denn als Vater gefragt. Bevor er ins *Abendschau*-Studio ging, bat Momper den Pressesprecher, die Polizei über die Öffnung der Grenze zu informieren und für 22 Uhr eine Sondersitzung des Senats einzuberufen.

Der SFB-Fernsehdirektor und heutige Intendant Horst Schättle hatte alle auffindbaren Reporter und Aufnahmeteams in die Stadt geschickt, und so war für eine exzellente Berichterstattung gesorgt. Der Sportredakteur Jochen Sprenzel moderierte die *Abendschau.* In dieser Sendung wurde an diesem Abend zum erstenmal deutlich gesagt, von welcher spektakulären Bedeutung die neue Reiseregelung sei. Andere Sender hatten auf die umständlich formulierten Ankündigungen

Schabowskis weitaus vorsichtiger reagiert. Nun aber erkannten zahlreiche Berliner, daß die Öffnung der Mauer bevorstand.

Nur einen kurzen Augenblick, so sagt Momper, habe er sich am Abend des 9. November bewußt gemacht, daß dies ein historischer Augenblick sei und welches Glück er habe, ihn mitzuerleben. Gleich danach dachte er wieder darüber nach, wie man dafür sorgen könnte, daß es bei all diesen Ereignissen nicht zu Störungen, Verletzungen oder Katastrophen kam. Als langerfahrener Kommunalpolitiker war er darin geübt, solche Dinge nie aus dem Auge zu verlieren. Entsprechend nüchtern und besonnen wählte er seine Worte bei der Ansprache an die Berliner in der Abendsendung: „... Dies ist ein Tag der Freude für Berlin. Es werden auch viele Lasten auf uns zukommen, und viele Menschen in unserer Stadt werden diskutieren, was das für sie bedeuten wird. Aber wir sollten die Besucher mit offenen Armen bei uns empfangen." Dann bat er die Bevölkerung, nicht mit Privatwagen, sondern lieber mit öffentlichen Verkehrsmitteln in den Westen zu reisen. Momper wollte in jedem Fall ein Verkehrschaos und Zwischenfälle verhindern, deshalb bereitete er die Westberliner auf einen möglichen „Massenansturm" vor. An diesem Abend trat er mehrmals im Fernsehen auf, auch in der Halbzeit eines wichtigen Fußballspiels zwischen Kaiserslautern und Köln. Da haben ihn, wie er vermutet, wohl die meisten Menschen gesehen und von der Öffnung der Mauer erfahren.

Inzwischen hatte der Polizeipräsident berichtet, daß sich an den Grenzübergängen auf der Ostseite die ersten Trabis und Wartburgs stauten.

Um 22 Uhr begann die Sondersitzung des Senats. Die versammelten Senatorinnen und Senatoren waren froh, auf die Pläne der Vorbereitungsgruppe zurückgreifen zu können. Nun konnten sie ihre Wirksamkeit unter Beweis stellen. Schon bald übergab Momper die Leitung der Sitzung an Bürgermeisterin Ingrid Stahmer und fuhr zum SFB, um an einer Fernsehdiskussion teilzunehmen.

Während der Diskussion wurde hin und wieder zu den Ü-Wagen geschaltet, immer lauter wurden Gerüchte, daß inzwischen einige Ostberliner ohne Visum in den Westen gelangt seien. Kurz vor 23 Uhr wurde Momper ein Zettel übergeben, auf dem stand, daß an der Bornholmer Straße bereits mehrere hundert Personen die Grenze überquert hatten. Wenig später schaltete der SFB Robin Lautenbach zu, der von der Invalidenstraße berichtete und mit Ostberlinern sprach, die die Grenze passiert hatten. Momper entschuldigte sich beim Publikum, erklärte, sein Platz sei jetzt anderswo, verließ die Sendung vor laufenden Kameras und fuhr zum Übergang Invalidenstraße, wo er in einer Ansprache seine Freude zum Ausdruck brachte, aber auch zur Besonnenheit aufrief. Erst um drei Uhr morgens fuhr er zum Rathaus Schöneberg zurück. Vorher erlebte er in der Volksmenge anrührende Szenen, trank aus Pappbechern Rotkäppchensekt aus dem Osten gemischt mit Sekt aus dem Westen und prostete den Menschen zu. An dem Übergang war es zu seiner Erleichterung nicht zum Chaos gekommen, immer noch kamen Menschen von Osten nach Westen, die Nacht war zum Tag geworden.

Im Rathaus Schöneberg besprach Momper mit seinem Amtschef, daß dieser am nächsten Tag die DDR-Behörden bitten sollte, weitere Übergänge und U-Bahnhöfe zu öffnen. Außerdem mußte er seine Antrittsrede als Bundesratspräsident für den nächsten Tag neu formulieren, um auf die Ereignisse eingehen zu können. Morgens um sieben war es in Bonn ganz ruhig, und von den Berliner Ereignissen war nichts zu spüren, nirgendwo ein Zeichen von Freude oder Erregung.

In seiner Rede vor dem Bundesrat würdigte Momper die unvergeßliche Nacht des 9. November, in dem die Deutschen „das glücklichste Volk der Welt“ gewesen seien. Er erinnerte an die 28 Jahre der Mauer und an die, die dort zu Tode gekommen waren. Auch jetzt ließ ihn sein Pragmatismus nicht im Stich. Er wies darauf hin, daß in der nächsten Zeit große Probleme auf alle Länder der Bundesrepublik zukommen würden, doch solle man sich bei allen Schwierigkeiten, die es noch geben werde, „stets die glücklichen Gesichter und die Freude" der vergangenen Nacht „in Erinnerung rufen". Weitsichtig plädierte er auch für eine Beseitigung der Mauer in den Köpfen und für die Bereitschaft, alle Veränderungen, die Europa nun bevorstünden, mitzutragen.

Bei allen Feiern, die in den nächsten Tagen und Wochen stattfanden, bemühte sich Momper, einen kühlen Kopf zu bewahren. Ihm war bewußt, daß ein so wichtiges historisches Ereignis, das das Leben so vieler Menschen veränderte, leicht Turbulenzen mit sich bringen konnte. Für die nächsten Monate rechnete er mit einigen kritischen Situationen. Aber es kam während der ganzen Zeit weder zu Tumulten noch zu gravierenden Zwischenfällen. Sowohl die Öffnung des Brandenburger Tors am 22. Dezember als auch die vielen Reisen von West nach Ost und umgekehrt während der Weihnachtsfeiertage blieben ohne Zwischenfälle, und selbst der Sturm auf die Stasi-Zentrale in der Normannenstraße in Berlin-Lichtenberg verlief weitgehend friedlich, vor allem weil der neue Regierungschef Modrow die Menschen zu Besonnenheit aufgerufen hatte. Auch Momper nahm auf Bitten von Bärbel Bohley in den *Tagesthemen* zu den Ereignissen in der Stasi-Zentrale Stellung und appellierte an die Vernunft der Menschen, um Zwischenfälle zu verhindern. Es hätte niemandem gedient, wenn es zu tätlichen Angriffen auf Stasi-Mitglieder oder zu Anschlägen auf das Parteigebäude gekommen wäre.

Eine Art innerer Ruhe kehrte bei Momper erst ein, als sich im Februar das deutsch-deutsche Verhältnis auf eine Einheit zubewegte und sich abzeichnete, daß die politische Sitation in geordnete Bahnen kam. In den nächsten Wochen begleitete

Momper das Geschehen mit regelmäßigen Regierungserklärungen, in denen er den Menschen Orientierung in der allgemeinen wirren Situation zu geben versuchte.

Nach seiner Rede vor dem Bundesrat am Morgen des 10. November flog Momper nach Berlin zurück und fuhr zum Brandenburger Tor, um dort Willy Brandt zu treffen, der als Regierender Bürgermeister 1961 den Mauerbau erlebt hatte. Die Stadt war voller Autos und Menschen wie nie zuvor, die Straßen so gut wie unpassierbar, und so stieg Momper in das Begleitfahrzeug der Polizei um, kam aber trotz Blaulicht nur im Schrittempo voran. Auf dem Brandenburger Tor und auf der Mauer standen dichtgedrängt junge Menschen. Sie tranken Sekt und Wein und sangen „So ein Tag, so wunderschön wie heute.“ Auch die „Mauerspechte“ waren wieder aktiv und klopften sich ihre Erinnnerungsstücke aus dem festen Beton.

Momper war von der Begegnung mit Brandt beeindruckt. Dieser stand nun genau an der Stelle, an der er am 13. August 1961 hilfos hatte zusehen müssen, wie der Bau der Mauer begonnen wurde. Als Brandt Momper sah, rief er ihm zu: „Na, Bürgermeister, die Geschichte macht auch manchmal Sprünge nach vorn. Heute ist es soweit.“ Momper antwortete, er freue sich, daß es so etwas wie „historische Gerechtigkeit für die Berliner“ gäbe. Brandt und Momper hielten per Megaphon kurze Ansprachen an die Menschen auf dem Tor und der Mauer und gaben ihrer Freude und Bewegung über die Öffnung der Grenze Ausdruck.

Um die Situation am Brandenburger Tor zu sichern, was Momper angesichts der vielen Menschen dort unbedingt notwendig schien, stellte er mit Hilfe der westlichen Stadtkommandanten eine Verbindung zwischen dem Westberliner Polizeipräsidenten und dem Präsidium der Volkspolizei her. Man legte eine direkte Leitung und tauschte Funkgeräte aus. Von nun an fand eine enge Zusammenarbeit statt.

Vor dem Tor war inzwischen eine Art Mediendorf entstanden, in dem Sender aus aller Welt ihre Container, Podeste, Satellitenschüsseln und Flutlichtmasten aufgestellt hatten. Das Brandenburger Tor wurde zum Mittelpunkt des Geschehens.

Am frühen Nachmittag fand eine Sondersitzung des Abgeordnetenhauses statt, an der als Gäste Helmut Kohl, der seinen Besuch in Polen unterbrochen hatte, und einige Minister aus Bonn teilnahmen. Es sollte unter anderem über einen an Willy Brandts *Brief zur deutschen Einheit* von 1972 orientierten Text abgestimmt werden: „Das Abgeordnetenhaus von Berlin hält fest an dem Ziel, auf einen Zustand des Friedens und der Einheit Europas hinzuwirken, in dem auch das deutsche Volk in freier Selbstbestimmung seine Einheit erlangen kann." Es kam zu keiner Einigung über den Text, weil die Alternative Liste ihn wegen des Begriffs „Einheit" ablehnte. Für Momper war dies das erste Signal dafür, daß die rot-grüne Koalition der historischen Herausforderung nicht gewachsen sein würde. Nach zwei Stunden langer und zäher Diskussion einigte man sich auf einen umständlichen Kompromiß: „Das Abgeordnetenhaus von Berlin hält fest an dem Ziel, auf einen Zustand des Friedens und der Einheit Europas hinzuwirken, in dem auch das deutsche Volk in freier Selbstbestimmung zu der Gestaltung eines Zusammenlebens gelangen kann, für die es sich in Ausübung seines Selbstbestimmungsrechtes entscheidet." Sehr bald sollte diese Erklärung von den geschichtlichen Ereignissen überholt werden.

Anschließend fand auf dem John-F.-Kennedy-Platz vor dem Schöneberger Rathaus eine Kundgebung statt. Etwa fünfzigtausend Menschen waren gekommen, zu Mompers Überraschung weniger ältere Menschen, die den Mauerbau erlebt hatten, als junge Leute.

Momper beglückwünschte das „Volk der DDR" zu seiner „friedlichen Revolution" und sagte weiter: „Wir im Westen, wir bewundern den Mut, und wir bewundern die Disziplin der demokratischen Bewegung in der DDR. Die demokratische Kultur der Bürger der DDR ist unverbraucht. Sie zeugt von sozialer Verantwortung und der Abneigung gegen die Ellenbogengesellschaft. Davon werden sich bei uns manche eine Scheibe abschneiden können." Momper hörte, wie Kohl in seinem Rücken empört zischte: „Lenin spricht!" Auch später nahm ihm der Kanzler die Formulierung „Volk der DDR" noch übel.

Willy Brandt, der in Mompers Erinnerung „leise und gefühlvoll sprach, wie nur er es konnte", und begeistert von der Menge begrüßt wurde, sagte: „Dies ist ein schöner Tag." Dann erinnerte er an die Entspannungspolitik. „Dieses lange Hinbewegen auf Stabilität, auf Abbau statt weiteren Aufbau von Rüstungen macht sich nun bezahlt." Die Menschen in der DDR forderte er auf, im Land zu bleiben und an den notwendigen Reformen mitzuwirken, die im Westen wies er darauf hin, daß sie einmal an dem gemessen würden, „was wir heute und morgen zu tun, zu leisten bereit und in der Lage sind, geistig und materiell." Unvergessen ist auch bis heute Willy Brandts Satz: „Jetzt wächst zusammen, was zusammengehört", der nicht nur eine Vision, sondern auch eine deutliche Mahnung enthält.

Hans-Dietrich Genscher verlas während seiner Rede die Namen aller neugeöffneten Übergänge und erntete große Begeisterung bei den Zuhörern.

Helmut Kohl wurde kräftig ausgepfiffen, was Momper als „ungerecht und unflätig" empfand und sich damit erklärt, daß man Kohl bestimmte Fehler übelnahm wie Bitburg, Annaberg und den Vergleich Gorbatschows mit Goebbels. Momper ist der Meinung, daß Kohl in der Zeit nach dem 10. November in Fragen der deutschen Einheit und des Umgangs mit der Grenze zu Polen entscheidend dazugelernt hat, was sich zum erstenmal in seinem Ende November veröffentlichten Zehn-Punkte-Programm zeigte. An das Singen des Deutschlandlieds am Ende der Kundgebung erinnert sich Momper mit einigem Grausen. Jürgen Wohlrabe von der CDU hatte es ohne vorherige Absprache intoniert und kein Orchester besorgt. Die anderen Politiker stimmten in den Chor mit ein, ein kläglicher Klang, den die Berliner später als „Schöneberger Sängerknaben, B-Mannschaft" charakterisierten. Viele Menschen aus der DDR müssen das Singen der West-Hymne als Provokation empfunden haben.

Anders als die beiden Teile Deutschlands erhielt Berlin nach der Wiedervereinigung gemäß Artikel 16 des Einigungsvertrags eine neue gemeinsame Regierung und eine neue Verfassung. Die Verwaltungen wurden teilweise zusammengelegt oder ergänzten sich gegenseitig. Die Vereinigung von Mompers Partei SPD verlief harmonisch, wenn auch die Mitgliederzahlen in beiden Teilen Berlins sehr unterschiedlich waren, zwei- bis dreitausend im Osten, neunzehntausend im Westen. Bis heute aber dauert die „politische Synchronisation", wie Momper es nennt, noch an, die Angleichung der Mentalitäten nimmt viel Zeit in Anspruch. Für ihn ist „die große Entdeckung der letzten acht bis neun Jahre", daß vierzig Jahre unterschiedlicher Systeme auch verschiedene Menschen hervorgebracht haben: etwas, was man nicht innerhalb kurzer Zeit verändern kann. Zuvor habe er immer gedacht, daß Deutsche Deutsche seien, nun aber sei ihm klar, wie anders das Leben sich in Ost und West abgespielt habe. Während die DDR jede Modernisierung verpaßt habe, sei die Bundesrepublik durch Studentenbewegung und Aufbruch von '68 auf politischem, gesellschaftlichem und sozialem Gebiet erneuert worden. Der Westen sei wesentlich dynamischer gewesen. Die DDR, eine Gesellschaft mit weniger Menschen, größerer Geschlossenheit und Überschaubarkeit und einer Regierung, deren Maßnahmen in ihrer Wirkung leicht zu durchschauen gewesen seien, habe weniger flexible Menschen hervorgebracht als der Westen.

Im Dezember 1990 verlor die Momper-Regierung ihre Mehrheit. Er erklärt es sich unter anderem damit, daß der Termin mit dem der Bundestagswahl zusammenfiel und die Wähler sich dem bundesweiten Trend anpaßten, da Kohl auf die Menschen den Eindruck machte, alles im Griff zu haben, und Lafontaine mit seiner Skepsis nicht sonderlich beliebt war. Mit den meisten Prognosen allerdings behielt der SPD-Politiker recht: Der wirtschaftliche Zusammenbruch im Osten war massiv, und die Einheit kostete am Ende nicht nur hundert, sondern hundertdreißig Milliarden im Jahr.

Lafontaines Vorschlag, zur Rettung der Ostwirtschaft müsse man zwei Währungsgebiete aufrechterhalten, erschien Momper von Anfang an utopisch. Er hätte ins Chaos und zu massenhaften Betrugsgeschäften geführt.

Das Verhalten der Wirtschaft im Hinblick auf die deutsche Einheit beurteilt Momper differenziert: Einerseits habe es Firmen gegeben, die in der besonderen Situation der Vereinigung nur ihren eigenen Vorteil gesucht hätten, andere aber hätten langfristiger gedacht und dafür gesorgt, Wirtschaftsstandorte zu schaffen. In der wirtschaftlichen Entwicklung habe es einige Katastrophen wie das Sterben großer Industrien und in der Folge hohe Arbeitslosigkeit gegeben; aber die Privatisierung des größten Teils der ostdeutschen Industrie hält er ebenso wie den Einigungsvertrag für eine große Leistung und ist erfreut, daß „nicht mehr Fehler vorgekommen“ sind.

Daß die Menschen heute oft mutlos und unzufrieden sind, hängt nach Mompers Meinung auch damit zusammen, daß Kohl 1990 die Einigung als einfach und problemlos darstellte und auch behauptete, es seien keine Steuererhöhungen notwendig. Damals hat Bundespräsident von Weizsäcker davor gewarnt zu glauben, daß man die Einheit mit geringem Aufwand erreichen könne. Helmut Kohl aber hat die Wahlen mit seiner Beruhigungspolitik gewonnen.

Momper selbst meinte in der damaligen Situation, die Einheit werde viel Geld kosten und außerdem eine ganze Generation von Juristen beschäftigen. Seiner Meinung nach hätte Kohl den Menschen deutlich sagen müssen, daß die Ostdeutschen das Glück einer Revolution hatten, daß sie aber mit materiellen Lasten einhergehen würde, die der Westen aufbringen müsse. Es wäre ehrlicher gewesen, die Schwierigkeiten zuzugeben. Tatsächlich sind ja dann die Steuern erhöht worden, die Staatsverschuldung hat zugenommen, und viele Milliarden Subventionen sind in den Aufbau neuer Industrien geflossen. Die umstrittene Regelung in der Eigentumsfrage hielt Momper von vornherein für falsch. Inzwischen hat man sie, allerdings zu spät, im Fördergebietsgesetz in ihr Gegenteil verkehrt. Wenn Investitionen getätigt werden sollen, kann nun in einem Investitionsvorrangverfahren die Rückgabe entfallen und eine Entschädigung gezahlt werden. Selbst bei Klagen wird in der Regel dem Investor recht gegeben. Aber immer wieder wird trotz Aussichtslosigkeit gegen den Investitionsvorrang geklagt, wodurch sich die Investitionstätigkeit um Jahre verzögert. So kann ein Investor oft drei Jahre lang nicht über ein Grundstück verfügen. Hier hat man, Mompers Meinung nach, 1990 eindeutig den falschen Weg beschritten, um kurzfristig Wahlen zu gewinnen. Die Leute im Westen hätten sich über diese Regelung gefreut, die im Osten hätten sie nicht durchschaut.

Momper, der dieses Jahr für das Amt des Regierenden Bürgermeisters in den Wahlkampf zieht, hat seit seiner letzten Amtszeit sechs Jahre in der freien Wirtschaft gearbeitet. Ein solches „Praktikum", so meint er, würde er gern jedem Politiker empfehlen. Auch die Verwaltung sieht er seither mit anderen, kritischeren Augen, da die Abteilungen untereinander so wenig koordiniert seien.

Mompers Interesse an der Politik und sein Engagement sind ungebrochen. Deshalb hat er sich gefreut, als er bei der

Urwahl zum Spitzenkandidaten der Berliner SPD wurde. Gern würde er den Sprung in die Politik noch einmal wagen, besonders dann, wenn Berlin wieder Regierungssitz und vieles von dem, was sich 1989 beim Fall der Mauer ankündigte, Wirklichkeit geworden ist.

Im Licht danach

Lutz Rathenow

Alle meine Spitzel

1
Ab und zu ein Gedicht
von einem Freund,
den ich nicht sehen will.
Vielleicht treffen
und sprechen über alles.
Also nichts. Wieder
spaziert einer vorbei.
Und erinnert an einen. Ich grüße
und verwandle ein Gesicht
in Staunen pur.

2
Eine ruft an. Ich verwechsle sie
mit ihrer Bekannten. Frage nach jener,
die ich liebend gern sähe. Ich begreife
spät: sie, die ich suche seit Jahren, war es.
Ein Mythos. Eitelkeitsspiegel. Metapher
für Liebe Gott Sanduhr. Neues Spiel
beginnt. Verrinnt. Und

(Aus: *Der Wettlauf mit dem Licht, Gedichte,* 1999)

Wie so häufig in jenen Wochen und Monaten hatten sich auch am Abend des 9. November in Ostberlin Bürgerrechtler versammelt, um über die Zukunft der DDR zu diskutieren. An die siebzig Personen hatte der Soziologe Erhardt Neubert, neben Schorlemmer und Rainer Eppelmann prominentes Mitglied des Demokratischen Aufbruchs, in seine Wohnung in der Wilhelm-Pieck-Straße eingeladen. Zu dem Kreis gehörten sozialistische und kommunistische Abgeordnete des Europaparlaments aus Frankreich und Italien, die in diesen Tagen in Berlin weilten und mit der DDR-Opposition über Möglichkeiten staatlicher und gesellschaftlicher Erneuerung sprechen wollten. Rathenow erinnert sich, daß an jenem Abend die „klassische sozialistische Reformdebatte" geführt wurde, man sprach von der großen historischen Chance, vor der das Land stehe, von den „ersten Schritten auf dem Mond", die in eine ganz neue Gesellschaftsordnung führen sollten, von der großen Gelegenheit, zum erstenmal in der Geschichte der Menschheit eine wirklich gerechte Gesellschaft aufzubauen. Die DDR erschien den Abgeordneten aus Europa als Modell alles Guten, als ein Zentrum des Weltgeschehens. Rathenow, der die Debatte aufmerksam verfolgte, beteiligte sich sporadisch daran. Was er sagte, war, wie er meint, sicher nicht so wichtig. Er freute sich wie alle anderen darüber, daß sein Land und dessen Avantgarde so ernstgenommen wurde, doch Verstand und Gefühl sagten ihm, daß die meisten Äußerungen zu enthusiastisch und wenig realistisch seien. Die DDR, ein moderner Industriestaat, eingebunden in den Warschauer Pakt, in den osteuropäischen Markt, ein wichtiges Exportland auf dem Weltmarkt, war für ihn kein unerschlossenes Gelände, auf dem alles von Grund auf neu zu gestalten war. Er dachte an Leuna und Bitterfeld, ökologisch belastete Industrielandschaften, an den technologischen Rückstand, an die vielfältigen Probleme, mit denen die DDR zu kämpfen hatte, und konnte sich einen Neuanfang aus dem Nichts kaum vorstellen. So verfolgte er die angespannte und anregende Debatte mit verhaltener Skepsis und äußerte sie – wie andere auch – hier und da. Aber Skepsis war den schwärmerischen Energien nicht gewachsen, nicht an diesem Abend und nicht an den Tagen zuvor.

Schon in den Wochen zuvor hatte er sich während einer Diskussion zur Vorbereitung der Künstlerdemonstration vom 4. November beim Verband bildender Künstler in der Karl-Liebknecht-Straße als Außenseiter gefühlt, weil ihm der Tenor der Redebeiträge allzu optimistisch schien. Der von ihm geschätzte Jens Reich hatte von der DDR als einem reichen Land gesprochen, das seine Probleme meistern werde. Rathenow kam dabei in den Sinn, was ihm Bekannte aus dem Management von Zeiss-Jena und ein Freund aus der Mikroelektronikindustrie über die Schwierigkeiten der DDR-Wirtschaft berichtet hatten. So dachte er an einen möglicherweise drohenden wirtschaftlichen Zusammenbruch der DDR und an die Folgen, die er für die Versorgung der Bevölkerung haben könnte. Doch am 4. November Scheute er sich in der allgemeinen Euphorie, solche düstere Gedanken auszusprechen. Sie paßten nicht. Kritisch gegen sich selbst, fragte er sich, ob er nicht allzu sehr im Abseits stehe, in seiner Antipathie gegen die DDR übertreibe und sich mit seinem Pessimismus vielleicht täusche. Die Diskussion nahm eine Wendung, als sich eine Schauspielerin zu Wort meldete und erzählte, daß sie mit Handwerkern gesprochen habe, und die hätten ihr gesagt, sie wollten keinen Sozialismus, sondern den Westen. Auch das müsse man bei den bevorstehenden Aktionen bedenken. Rathenow, der sich oft außerhalb Berlins aufhielt und häufig mit Menschen sprach, die nicht zur intellektuellen Szene gehörten, war dies seit längerem bekannt. In der „Schaumblase" der intellektuellen Kreise Ostberlins war man, seiner Beobachtung nach, der Realität „etwas entrückt", und das Verhältnis zum Volk war von freundlicher Voreingenommenheit geprägt: Man wußte halt alles besser. Die Bürgerrechtler diskutierten auf diesem Treffen auch über die passenden Losungen für die Demonstration, weil sie glaubten, den Leuten selbst würde nichts einfallen, sie wären nicht kritisch genug und brauchten deshalb die Unterstützung der Künstler.

Die Wirklichkeit war anders, denn auf der Demo vom 4. November waren zahlreiche witzige und pfiffige Sprüche zu sehen, die sich das Volk selbst ausgedacht hatte.

Die Reden auf der Kundgebung am 4. November verfolgte Rathenow mit einer gewissen Distanz. Die meisten Redner sprachen von Erneuerung der DDR und glaubten offenbar daran, daß man die SED reformieren könne. Rathenow selbst sah die Dinge kritischer und dachte an die vielen Bürger, die keinerlei Neigung mehr verspürten, in einem sozialistischen Land zu leben, sondern sich ein Leben wie im Westen wünschten oder jedenfalls das, was sie sich darunter vorstellten: ein Leben in einem freien Land ohne wirtschaftliche Probleme, ohne Arbeitslosigkeit – eine illusorische Hoffnung, die jedoch stärker war als der Glaube der Menschen an den Sozialismus.

Schon im Sommer hatte Rathenow einmal gegenüber Bärbel Bohley und anderen geäußert, daß er das Neue Forum nicht unterstützen wolle, da in den Statuten ein Satz über die Stärkung der DDR stand. Rathenow glaubte nicht, daß sich die DDR ernsthaft reformieren würde, sondern rechnete im besten Fall mit der Vortäuschung von Verbesserungen – eine Einschätzung, die auf zahlreiche schlechte Erfahrungen zurückging, die er seit 1976 mit dem Staat gemacht hatte, zuletzt das Erscheinungsverbot seines Gedichtbands *Zärtlich kreist die Faust*, dessen Druck ihm bereits zugesagt, aber wegen kritischer Äußerungen, die er in einem Deutschlandfunk-Interview getan hatte, verboten worden war.

Die Veranstaltung vom 4. November war Rathenow eindeutig zu DDR-freundlich. Nur mit Mühe war es ihm gelungen, bei den Organisatoren eine Grußadresse von Repräsentanten des Liberalen Jugendverbands aus Ungarn zu plazieren, die er über Jürgen Fuchs kennengelernt hatte. Er verhandelte eineinhalb Stunden und erreichte sein Ziel nur mit der Drohung, die *Welt* werde darüber berichten, wenn man dies verbiete. Die Ungarn seien extra deshalb angereist. Im letzten Teil der Veranstaltung durfte ein junger Ungar fünf Minuten zu Wort kommen. Er blieb allgemein und freudlich. Im nachhinein zeigten sich auch die Veranstalter zufrieden.

Rathenow fiel auf, daß ehemals systemtreue Leute vermehrt begannen, sich umzuorientieren und bei möglichen wichtigen Figuren der Zukunft wie Bärbel Bohley anzubiedern versuchten. Im ganzen war die Veranstaltung für ihn eine Mischung aus echtem Protest und der Inszenierung eines Protestes, der in Wirklichkeit keiner war, doch schon besser als gar nichts.

In der DDR-Opposition gab es nach Rathenows Meinung zwei große Gruppen: Idealisten und Pragmatiker. Seine lange Erfahrung als Dissident in der DDR prädestinierte ihn für letztere. Manche seiner Freunde sahen die Verhältnisse noch durch das, was er einen „Hoffnungsschleier“ nannte, der bei ihm längst gelüftet war. Die Menschen, die schon ’88 die Friedensgebete vorbereitet hatten, Vorläufer der großen Demonstrationen von Leipzig, und ebenfalls zur Gruppe der Pragmatiker gehörten, waren im Herbst ‘89 kaum noch aktiv. Rathenow hatte zusammen mit anderen aufgrund seiner guten Verbindungen zu den Westmedien dafür gesorgt, daß Pressemitteilungen und Berichte über Aktionen der Leipziger veröffentlicht wurden. Manche der Promotoren waren Monate später im Westen und wurden nun von der Ostberliner Opposition nicht mehr ernstgenommen, da man ihnen nachsagte, sie seien aus Bequemlichkeit in die Bundesrepublik gegangen. Rathenow teilte diese Sicht nicht, da er wußte, daß es nicht leicht war, im Westen neu Fuß zu fassen, vor allem wenn man nicht zu den ganz Prominenten gehörte. Ihm haben diese Leute im Herbst ’89 gefehlt, weil ihr Horizont weiter, ihre Weltsicht weniger DDR-fixiert war und sie Berührung mit Ideen und Figuren hatten, die man dort nicht kannte. Der Schriftsteller Jürgen Fuchs machte ihn von Westberlin aus mit Manès Sperber und Karl Popper bekannt. Rathenow selbst war linksliberal sozialisiert und hatte anfangs wenig Sinn für konservatives Gedankengut. Doch war es ihm wichtig, pluralistisch zu denken und seiner Neugier freien Lauf zu lassen. Auch andere hatten‘89 den Wunsch gehabt, sich neuen Ideen zu öffnen. Anregungen dazu gab es unter anderem durch Kontakte mit Westberlin. So hatten Intellektuelle 1988 mit dem Westberliner Autor Hans-Christoph Buch in einer Privatwohnung diskutiert, ein Beispiel für viele Begegnungen, von denen die Öffentlichkeit nichts erfuhr. Aus Ungarn und Polen kamen ebenfalls zahlreiche neue Ideen. Der Blick von außen war kritischer, man ging mit der DDR weniger schonend um als in Ostberlin und traute ihr keine grundlegende Wandlungsfähigkeit mehr zu. Man sah dort wenig Sinn darin, immer neue Sozialismus-Modelle zu reflektieren. Doch noch gab es bei vielen Oppositionellen kein Interesse an Alternativen zu einer „klassischen sozialistischen Reform“. Die anderen – wie Rathenow selbst – redeten nicht über alternative Pläne: das hätte sie isoliert – übrigens weniger im Osten als bei vielen der westlichen linksliberalen Journalisten und Diplomaten.

Heute ist Rathenow der Meinung, daß durch den Weggang von Leuten wie Freya Klier, Wolfgang Templin, Jürgen Fuchs und Roland Jahn und anderen unangepaßten Denkern im Herbst ’89 ein wichtiges Potential für die Durchsetzung realpolitischer Positionen gefehlt hat. Mit ihnen und vielen Leuten aus dem Mittelstand, die flexibel genug gewesen waren, die DDR zu verlassen, hätte man, wie er glaubt, eine radikalere Anti-DDR-Politik betreiben können.

Daß die Vorstellungen der Intellektuellen, welche die DDR reformieren wollten, bald durch die Ereignisse überholt werden würden, dachte am Abend des 9. November selbst der realistisch eingestellte Lutz Rathenow nicht. Er hatte, ehe er zu dem Diskussionsabend bei Erhardt Neubert ging, im Fernsehen in der *Aktuellen Kamera* Schabowski gesehen. Eine „merkwürdige Erklärung“, die der Pressechef des Politbüros da abgab. Rathenow hatte den Eindruck, daß die DDR-Führung nicht mehr wußte, wovon sie redete, und die widersprüchlichen und wenig klaren Äußerungen erschienen ihm symptomatisch für den Zerfallsprozeß der Regierung. Dies war keine ganz neue Erkenntnis, und so dachte er während der Diskussion mit den europäischen Abgeordneten nicht weiter über Schabowski und seine unklaren Äußerungen nach. Ein wenig abwesend lauschte er der Debatte über mögliche Handlungskonzepte. Sollte man Großbetriebe vergesellschaften? Sollte man sie teilprivatisieren? Wie war das Problem der Ökologie zu lösen? Wie sollte man eine gerechtere Gesellschaft erreichen, durch Überzeugung oder durch Verpflichtung? Besonders die Europa-Abgeordneten betonten, daß in der DDR künftig alles anders und besser sein würde als in Frankreich und überhaupt in

Westeuropa, wo sozialistische Experimente kaum Chancen hatten.

Gegen 23 Uhr fiel Rathenow auf, daß die beiden Räume, in denen sich die Menschen vorher dicht gedrängt hatten, allmählich leerer wurden. Dies war ungewöhnlich für diese Art Debatten, denn sie zogen sich meistens bis in den frühen Morgen hin.

Die Diskussion lief weiter, niemand wollte stören, und wer fortging, tat dies leise. Nur ab und zu hörte man ein Flüstern: Die Mauer ist offen. Die Diskussionsleitung schob diese Hinweise ärgerlich beiseite. Man wollte sich nicht unterbrechen lassen und weiterdiskutieren.

Was für eine Ente haben sie da bloß in die Welt gesetzt? fragte sich Rathenow. Doch dann fiel ihm Schabowskis Rede im Fernsehen ein.

Es herrschte eine seltsame Stimmung. Die Reihen lichteten sich weiter. Bald war nur noch die Hälfte der Menschen da, was von den Veranstaltern leicht indigniert zur Kenntnis genommen wurde. Die Nachricht von der Maueröffnung störte die Diskutanten. Da wollte man in Ruhe über die Zukunft des Sozialismus diskutieren, und jetzt machte die Regierung einfach die Mauer auf. Wie kam der Staat, der seine Menschen Jahrzehnte unterdrückt hatte, dazu, die Grenzen zu öffnen, ohne vorher das Volk zu fragen?

Die Irritation, die viele angesichts des Mauerfalls empfanden, brachte Bärbel Bohley am folgenden Tag in einem Interview zum Ausdruck, als sie keine Freude über die Öffnung der Grenzen zeigte, sondern sich irritiert gab. Auch sie hatte begriffen, daß aus der friedlichen Revolution im Sinne der Bürgerrechtler nun nichts mehr werden konnte.

Lutz Rathenow verdankt der Nacht des 9. November einen kleinen Lernprozeß. Der Abend war früher als üblich zu Ende, viele waren an die Mauer und rüber in den Westen gegangen. Er selbst machte sich nachdenklich auf den Nachhauseweg. Einerseits war er hocherfreut, daß die Grenzen offen waren, andererseits versuchte er, die Dinge nüchtern zu betrachten. Er vermutete hinter der Aktion der DDR-Regierung eine Falle, die zum Ziel hatte, daß zigtausend Menschen in den Westen strömen und am nächsten Morgen überhaupt nicht oder erst nach penibler Einzelfallprüfung wieder hineingelassen werden sollten. Der Westen würde durch die plötzliche Zuwanderung von Massen vor große Probleme gestellt, und möglicherweise wäre zum erstenmal eine Situation erreicht, in der der Westen die Mauer herbeisehnt, was wiederum die DDR in eine starke Verhandlungsposition bringen würde. Das alles, so fürchtete er, sollte dazu dienen, die dem Staat drohende Katastrophe aufzuhalten. Auf eine solche Finte wollte Rathenow sich nicht einlassen. Offenbar hoffte der Staat, daß nun alle Dissidenten ganz schnell gen Westen verschwinden würden. Ein Anflug von Stolz ergriff ihn, in dieser Situation nicht auf die Regierung hereinzufallen und klüger zu handeln als die Masse. Er konnte sich nicht vorstellen, daß die DDR-Führung irgend etwas aus Menschenfreundlichkeit und ohne geheime Absichten tun könnte. Er würde sich nicht in die Falle Westberlin begeben.

Zu Hause empfing ihn seine Frau, hocherfreut, daß nun endlich Bewegung in die Ereignisse kam. Auch sie war der Meinung, man solle an diesem Abend lieber nicht in den Westen gehen. Sie hatten ein kleines Kind zu Hause.

In der ARD sahen sie Roland Jahn in der Sendung *Brennpunkt*, ein Freund Rathenows aus seiner Jenaer Zeit. Rathenow sagte sich, während er zuschaute, daß er nun auch ins Studio hätte gehen können, wenn er es gewollt und die Dinge anders gesehen hätte. Er war ebensowenig wie die gesamte DDR-Opposition auf eine Maueröffnung vorbereitet gewesen. Wie hätten er und andere sonst diesen Abend nutzen können, um über das Fernsehen politische Aufrufe an die Bevölkerung unterzubringen! Soviel Medienaufmerksamkeit wie jetzt war so schnell nicht mehr zu bekommen.

Bei jeder neuen Meldung der Medien in dieser Nacht schienen die Dinge weiter außer Kontrolle zu geraten. Was immer sich die Opposition an Handlungsmustern zurechtgelegt hatte, nichts davon war nun mehr zu realisieren. Auch Rathenows eigene Theorie über die düsteren Absichten der DDR im Zusammenhang mit der Maueröffnung „brach zusammen wie ein Kartenhaus, nur langsamer". Für ihn ein Beweis dafür, daß die Geschichte über die Ideologie gesiegt hatte und daß jedes willkürliche Gedankengebäude unerwartet einstürzen kann. Mit der Maueröffnung war unvorhergesehen eine „neue Qualität" entstanden.

Gegen zwei Uhr morgens kam Roland Jahn zu Besuch, der seit Jahren zum erstenmal wieder nach Ostberlin hinüber konnte und sich gleich nach dem Ende der Sendung auf den Weg gemacht hatte. Jahn, der nach seiner unfreiwilligen Übersiedlung in den Westen 1983 viele Oppositionelle unterstützt hatte und überdies bei dem feindlichen Sender ARD arbeitete, hatte strenges Einreiseverbot gehabt und nutzte nun die allererste Gelegenheit, seine Freunde zu besuchen. Damit begann, wie Rathenow sich erinnert, ein „zweiwöchiger angenehmer Dauerstress", denn immer neue Besucher aus Westberlin kamen und blieben teilweise für mehrere Tage.

Am nächsten Vormittag erhielt Rathenow mehrere Anrufe, die ihn zu diversen Aktivitäten aufforderten. Zunächst einen Anruf des Schwedischen Schriftstellerverbands, der ihn nach Stockholm einlud, um dort eine Rede über die Ereignisse in der DDR zu halten. Rathenow mußte absagen, er hätte sich nur nach stundenlangem Schlangestehen einen Paß beschaffen können.

Dann meldete sich Sascha Anderson und bot Rathenow an, Fernsehauftritte für ihn zu organisieren. Rathenow lehnte ab.

Das Kulturminsterium der DDR rief überraschend an, um Rathenow mitzuteilen, er dürfe seinen Paß abholen. Das Dokument war vor Monaten vom Ministerium konfisziert worden, als Rathenow Reiseverbot in den Westen erhalten hatte. Als er seinen Paß zurückerhielt, teile man Rathenow mit, Minister Höpcke wolle ihn sprechen. Jahrelang hatte Rathenow immer wieder um ein solches Gespräch gebeten, aber keine oder nur ausweichende Antworten erhalten. Jetzt fragte er den Mitarbeiter, was er glaube, wie lange sein Ministerium noch existieren würde, und verließ das Haus. Offenbar hatte man dort noch nicht realisiert, daß das Ende der DDR gekommen war.

Was würde im weiteren geschehen? Rathenow war klar, daß der Staat sich mit der Öffnung der Grenzen selbst den Garaus gemacht hatte. Er verfolgte das Geschehen und kommentierte es in Rundfunk und Zeitungen. Seine Texte brachte er selbst nach Westberlin, da er der Ostberliner Post mißtraute, zu Recht, wie er heute meint. Am Bahnhof Zoo sah er eines Tages einen Stasi-Mann, der ihn früher überwacht hatte und nun, zum Feind übergelaufen, im Westen Geldtauschgeschäfte machte. Die Indizien des Zerfalls der DDR mehrten sich.

In Hans Modrow, der die neue Regierung bildete, sah Rathenow eine Gefahr. Er vermutete, daß Modrow in einer Art „geordnetem Rückzugs des Realsozialismus" versuchen würde, seiner Partei im neuen System optimale ökonomische Bedingungen zu verschaffen. Einen echten Bruch mit der DDR-Vergangenheit konnte Rathenow bei dieser Regierung nicht entdecken. In seinen Artikeln plädierte er also dafür, daß Westdeutschland als Ordnungsfaktor für die DDR wirken und ihr bei der Bewältigung der Krise helfen sollte. Ob es ein vereinigtes Deutschland geben würde, hing für ihn von den Alliierten ab. Als er erfahren hatte, daß die Maueröffnung nicht mit den Russen abgesprochen worden war, sagte er sich, daß man jederzeit auf alle Zufälle der Geschichte vorbereitet sein muß. In diesem Sinn hatte ausgerechnet die Stasi, die zu DDR-Zeiten in jedem Oppositionellen eine potentielle politische Leitfigur der Zukunft sah, recht gehabt und konsequent gehandelt.

Nach Öffnung der Mauer wurden NVA-Akten vernichtet, hohe Geldsummen ins Ausland transferiert, Mißstände, auf die nach Rathenows Meinung die Opposition mehr hätte achten müssen. Nur bei zwei Themen war man, wie er findet, wachsam genug: dem Problem der Abtreibung und den Stasi-Akten.

Für den langjährigen Regimegegner Rathenow war die Einsicht in die Stasi-Akten ein vorrangiges Ziel. Manchmal, so sagt er scherzhaft, glaube er, er habe „die DDR nur weghaben wollen", um endlich in diese virtuelle Realität einzudringen. Durch die Stasi sei ein „irrealer Raum" entstanden, der ihn „als unsichtbarer Resonanzraum ein Leben lang begleitet" hatte, in den er nun endlich eindringen wollte. Als die Stasi-Zentralen in Rostock, Gera und Erfurt gestürmt und besetzt wurden, war Rathenow sehr erfreut. Für die Bevölkerung und die Opposition war hier die Präsenz der Macht am deutlichsten, „in ihrer bedrohlichsten Variante" spürbar gewesen.

Dadurch, daß sich der Volkszorn in erster Linie gegen die Stasi richtete, wurden nach Rathenows Meinung andere wichtige Dinge übersehen, zum Beispiel kriminelle Handlungen wie das Waschen von SED-Geldern. Dies hätte der Wirtschaft geschadet. Die weitgehend entmachtete Stasi sei am Ende zum Prügelknaben für alle Fehlleistungen des Systems geworden, und so habe man die anderen für die Zukunft relevanteren Fehlentwicklungen, vorwiegend im Bereich der Wirtschaft, kaum beachtet.

Bis zu den Wahlen am 18. März war sich Rathenow sehr unsicher, was geschehen würde. Viele Aktivitäten liefen parallel. An den Runden Tischen wurde diskutiert, Kohls Berater entwarfen das Zehn-Punkte-Programm, die SPD stand mit wenigen Ausnahmen, wie Willy Brandt, einer deutschen Einheit skeptisch gegenüber. Parteien konsolidierten sich, auch über die Grenzen hinweg, und schlossen Wahlbündnisse. Die ersten Einigungsszenarien wurden entworfen. Viele von Rathenows Freunden und Bekannten wollten diese Entwicklung nicht wahrhaben. Für sie galt die Devise „Wir müssen erst mal Probleme für uns klären“, die aber an der Realität vorbeiging.

Bei einem von Klaus Staeck seit März ’89 jährlich in Köln organisierten Treffen mit Freunden der SPD, Journalisten, Künstlern und Politikern nahm 1990 auch Rathenow teil. Hier feierte die SPD schon eine Woche vor den Wahlen einen Sieg, den es nicht geben sollte. Lafontaine erklärte stolz, auch er habe mit der DDR kollaboriert, ohne zu merken, wie wenig gern man das im Osten hören wollte. Rathenow erlebte wieder einmal, wie positiv der Westen die DDR oft gesehen und wie ungenau er Kritik am SED-Regime geübt hatte. Auch die Westmedien hatten in den letzten Jahren der DDR zu sehr auf die Reformkräfte der SED gesetzt; das Streitpapier von SED und SPD war für Rathenow ebenfalls ein Signal in dieser Richtung gewesen. Nicht ohne Spannung verfolgte er, was man jetzt zur DDR zu sagen hatte. Diesem Problem wurde jedoch weitgehend ausgewichen. Die meisten Reden bei dem Treffen liefen darauf hinaus, daß man jetzt in die Zukunft blicken sollte, nachdem die Zeit der DDR vorbei sei. Rathenow war anderer Meinung. Für ihn war eine Zukunft unmöglich, wenn man sich nicht mit der Vergangenheit der DDR auseinandersetzte, außerdem schien die Mehrheit der Anwesenden die Stimmung unter den Arbeitern in der DDR, die „den Westen wollten“, zu verkennen. Zu Rathenows Erleichterung forderte schließlich Oskar Negt eine genaue, kritische Analyse der DDR-Vergangenheit, um ihr Scheitern nachzuvollziehen.

Rathenow, der in Berlin lebt, aber aus Thüringen stammt und immer darauf bedacht ist, das, was in Berlin gedacht und geredet wird, nicht zu verabsolutieren, verbrachte in der Wendezeit eine Woche in Jena und sprach dort mit zahlreichen

Leuten, um herauszufinden, wie sie über die Ereignisse und die Zukunft der DDR dachten. Die Bürgerbewegung war für diese Menschen eine Minderheit, die in manchen Bereichen als durchaus kompetent galt. Ihre Pläne zur Ökonomie hingegen nahm niemand ernst, auch waren viele mit ihrer Absicht, die DDR nicht abschaffen, sondern verbessern zu wollen, nicht einverstanden. Rathenows Kompetenz in Sachen Staatssicherheit wurde respektiert, auch war die Mehrheit der Gesprächspartner dafür, die Akten möglichst schnell zu öffnen.

Im allgemeinen wünschten sich die Menschen, mit Hilfe der Bundesrepublik aus der Mangelwirtschaft herauszukommen. Dies erklärt in Rathenows Augen auch den Wahlerfolg der CDU, die im Osten nie sonderlich beliebt gewesen war, immer als ein wenig langweilig und auch als DDR-konform gegolten hatte. Sie wurde gewählt, weil man hoffte, daß so die West-CDU Einfluß auf die Verhältnisse nehmen und für eine schnelle Vereinigung, vor allem auch die Währungseinheit, sorgen würde.

Rathenow, der eines Tages erfuhr, daß es im Bundesministerium für Gesamtdeutsche Beziehungen bis in die sechziger Jahre Pläne für den Fall einer Wiedervereinigung gegeben hatte, bedauert, daß man diese ad acta gelegt und niemals aktualisiert hat. Der Übergang wäre so in seinen Augen mit weniger Fehlern behaftet gewesen. Was seinen Landsleuten bei der Realisierung der Einheit abverlangt wird, findet er enorm: spontane Handlungsbereitschaft, Eigeninitiative und viel Mut – hohe Anforderungen nach allem, was sie aus DDR-Zeiten gewöhnt sind, eine Herausforderung, mit der sie so wohl kaum gerechnet hatten.

Die deutsche Einheit hat den Schriftsteller Lutz Rathenow nicht sprachlos gemacht. Im Gegenteil: Die Transformationsprozesse hat er in seinen Texten reflektiert und anschaulich gemacht. Sein Denken und Empfinden, das sich immer mehr für die Menschen interessierte als für Systeme, war stets unabhängig und ist es bis heute geblieben. Schon in seiner Jugend wurde er auch durch westliche Medien und Kultur geprägt und sah den Sozialismus immer mit kritischen Augen. Die Lektüre Solschenizyns ließ ihn daran zweifeln, ob man das sozialistische System reformieren kann. 1976, nach der Ausbürgerung Wolf Biermanns, erlebte Rathenow sein erstes Verhör, das dreißig Stunden dauerte. 1977 wurde er von der Universität relegiert, wurde für zwei Jahre Transportarbeiter und betätigte sich trotz seiner Skepsis in verschiedenen politischen Gruppen, die den Sozialismus reformieren wollten. Als 1980 sein erstes Buch, das in der DDR nicht gedruckt werden durfte, im Westen erschien, kam er in Haft, wurde aber bald wieder freigelassen. Dennoch lernte er, da er immer politisch aktiv war, in Kirchen und auch in privatem Rahmen ständig Lesungen abhielt und seine aus dem Westen eingeschmuggelten Bücher verkaufte, alle subtilen Repressalien des Apparats kennen und entwickelte seine ganz eigenen, mitunter sogar effektiven Gegenstrategien. Seit Mitte der achtziger Jahre wurde ihm die DDR „immer unwichtiger und lästiger". Die Gefahr der Verhaftung spürte er ständig, denn er wurde dauernd beobachtet. Wie viele tausend Seiten seine Stasi-Akte hat, weiß er nicht genau. Es kommen neue Berichte hinzu, manche stets wiederholen sich auch. Inzwischen hat er in seiner Stasi-Akte nachvollzogen, welche Maßnahmen man ihm gegenüber angewendet hat.

Zwanzig Jahre Leben als Dissident mit immer neuen Ideen, Aktionen, kleinen subversiven Gesten. Davon erzählt Rathenow in höchst lesenswerten Gedichten, Satiren und Erzählungen mit Esprit und hintergründigem Humor. Seiner Forderung, man müsse sich mit der DDR-Vergangenheit beschäftigen, kommt er auch selbst in seiner Arbeit als Schriftsteller nach, denn er schreibt gerade an einem größeren autobiographischen Text, durch den seine Leser aus kundiger Quelle manches über das Innenleben der DDR erfahren werden, das sonst nicht das Licht des Tages erblicken würde.

Gleiches Recht für alle

Jutta Limbach

Einen kleinen Wermutstropfen hatte für sie die Freude über die Öffnung der Mauer im November 1989: daß ihre Eltern und Großeltern, die sehr unter der Teilung Berlins und Deutschlands gelitten hatten, diesen Tag nicht mehr erleben konnten. Jutta Limbach stammt aus einer politisch engagierten Berliner Familie. Bereits ihre Urgroßmutter war Sozialdemokratin gewesen, hatte aus ihrer kritischen Haltung keinen Hehl gemacht und während des Kaiserreichs sogar wegen majestätsbeleidigender Äußerungen im Gefängnis gesessen. Ihre Großmutter Elfriede Huneck war Mitglied der Weimarer Nationalversammlung, des Preußischen Landtags und des Reichstags, ihr Vater war von 1946 bis 1948 Bürgermeister in Pankow.

1962 trat Limbach selbst in die SPD ein, Berufspolitikerin wurde sie jedoch erst nach fünfzehn Jahren wissenschaftlicher Forschungs- und Lehrtätigkeit an der Freien Universität Berlin. Sie hatte gerade mit einer Studie über die Frauenbewegung und das Bürgerliche Gesetzbuch begonnen, als Walter Momper sie Anfang 1989 fragte, ob sie nicht Justizsenatorin werden wollte. Daß nur wenige Monate nach ihrem Amtsantritt die Mauer geöffnet werden würde, lag außerhalb ihrer Vorstellungskraft, auch hatte sie kaum mit der Flut von Aufgaben gerechnet, die dadurch auf sie zukommen würde.

Als sie am Abend des 9. November erfuhr, daß die deutsch-deutsche Grenze offen war, befand sie sich gerade im Reichs-

tagsgebäude auf einer Konferenz über das Ausländerwahlrecht mit sozialistischen Abgeordneten des Europäischen Parlaments. Sie hatte bereits zu dem Thema gesprochen, als ein Bote des Abgeordnetenhauses ihr die Nachricht überbrachte und sie über die für den späten Abend einberufene Sondersitzung des Senats informierte. Sie war so erstaunt über die Nachricht, daß sie spontan den Versammlungsort verließ, ohne den Anwesenden mitzuteilen, was geschehen war.

Der Senat hatte in Limbachs Erinnerung aufgrund der Ereignisse der letzten Wochen, besonders der immer größer werdenden Demonstrationen in Leipzig, damit gerechnet, daß die Massen die Mauer stürmen und nach Westberlin kommen könnten, jedoch nicht mit dieser überraschenden Wendung der Ereignisse, die die DDR-Regierung selbst eigentlich gar nicht gewollt hatte.

Für die Berlinerin Jutta Limbach war der Fall der Mauer ein bewegendes und ungemein freudiges Ereignis, als Justizsenatorin befand sie sich in den ersten Monaten und Jahren danach ständig im Zentrum des Geschehens. Sie war bis 1994 für die Zusammenführung beider Teile der Stadt im Bereich der Justiz verantwortlich. Heute hat sie als Richterin am Bundesverfassungsgericht darüber zu befinden, ob gesetzliche Regelungen, die im Zusammenhang mit der deutschen Einheit stehen, verfassungskonform sind.

An der Zusammenlegung der beiden unterschiedlichen Rechts-, Wirtschafts- und Gesellschaftssysteme waren, bald nachdem dieser Prozeß durch die Bevölkerung der DDR ausgelöst worden war, zahlreiche Juristen beteiligt, um die verschiedenen, die Grundlage der Einheit bildenden Verträge auszuarbeiten. Der Weg in eine gemeinsame freiheitlich-demokratische Gesellschaft hatte auf basisdemokratische, vom Volk bestimmte Weise begonnen, durch ein, wie Jutta Limbach es nennt, „geglücktes Plebiszit". Die Bürger der DDR gingen auf die Straße und nahmen trotz drohender Repressionen von seiten des Staates wesentliche Grundrechte in Anspruch: das Recht auf Versammlungsfreiheit und das Recht auf Meinungsfreiheit, und so erfuhren sie, was man durch Nutzung dieser Rechte erreichen kann. Es ist Limbachs Hoffnung, daß sich durch diese Erfahrungen mit direkter Demokratie bei der DDR-Bevölkerung nach vierzig Jahren Diktatur nun ein positives Bewußtsein von den Vorzügen einer freiheitlichen Gesellschaft entwickelt.

Daß die Zeit der ersten Euphorie und der allgemeinen Begeisterung über die Öffnung der Grenzen so bald vorüber war, hat für Jutta Limbach auch damit zu tun, daß sich in den vier Jahrzehnten der Trennung im Osten und Westen ganz unterschiedliche Mentalitäten herausgebildet haben. Wie schwierig die gegenseitige Verständigung auch nach dem Fall der Mauer war, erlebten alle Berliner, aber Limbach erfuhr dies auch in ihrem eigenen Wirkungsbereich sehr deutlich. Zwar gab es auf beiden Seiten reges Interesse daran, Aufbau und Funktionsweise des jeweils anderen Gerichtswesens kennenzulernen, doch gab es gerade auf dem heiklen Gebiet der Justiz viele kritische Punkte, vor allem im personellen Bereich, da die DDR oft gegenüber ihren Bürgern juristische Willkür hatte walten lassen.

Limbach erinnert sich noch gut an die Zeit des Übergangs von der reinen Freude über den Mauerfall zum kritischen Nachdenken darüber, was nun in der Rechtspolitik zu tun war. Ihr wurde der große Unterschied zwischen dem bewußt, was sie als Privatperson über das Ende der deutschen Teilung empfand und dem, was sie als Politikerin bei der Wiederherstellung der Justizeinheit in Berlin zu tun für notwendig hielt.

Die ersten Begegnungen mit Kollegen aus dem Osten waren von Wißbegier, gegenseitigem Interesse, Mitteilsamkeit und Gastlichkeit geprägt, und in den ersten Monaten des Jahres 1990 lernten beide Seiten einander besser kennen. Man las Veröffentlichungen, erläuterte einander das jeweilige Gerichtssystem und studierte die Organigramme der anderen Behörden, um deren Strukturen und Funktionen besser zu verstehen. Für Jutta Limbach war dies die Zeit der „aufklärungs- und hilfsbereiten Pragmatiker", bei der vor allem Anwälte und Hochschullehrer die Initiative ergriffen. So fand im März 1990 eine vom Justizprüfungsamt und dem Fachbereich Rechtswissenschaft der FU organisierte Fortbildungsveranstaltung für Justitiare aus der DDR statt, danach gab es Kurse der westlichen Anwaltschaft. Bei den Vertretern der Gerichtsbarkeit und Staatsanwaltschaft hingegen stellte Limbach einen ausgeprägten „Wunsch nach Distanz" fest.

Da bis zu den Volkskammerwahlen weitgehend Unklarheit darüber herrschte, wie sich die Einheit vollziehen würde, und Jutta Limbach es für sinnvoll hielt, über diesen Prozeß gemeinsam nachzudenken, eröffnete sie am 12. März 1990 die „Berliner rechtspolitischen Gespräche auf dem Weg der deutschen Einheit", an denen sich Juristen aus Ost und West mit viel Engagement beteiligten. Bis Juli wurde intensiv über Probleme deutsch-deutschen Rechts diskutiert, darunter Eigentumsordnung und Mieterrechte, Justizreform und Gerichtsorganisation und Familienrecht. Auch die Frage, ob die DDR dem Grundgesetz beitreten oder eine Volksabstimmung über die Verfassung stattfinden sollte, wurde erörtert. Man wünschte sich eine behutsame Annäherung von Ost und West, damit der Prozeß der Rechtsangleichung besser gelingen konnte. Daß die DDR-Bevölkerung in der Mehrheit eine schnelle Vereinigung wollte und Ideen, die sich am Dritten Weg orientierten, sowie eine Föderation beider deutscher Staaten nur von einer Minderheit befürwortet wurden, bedauerte Jutta Limbach. Einen Grund dafür sieht sie in „Unerfahrenheit und Skrupeln im Umgang mit der Macht" auf seiten der Bürgerrechtler, einen weiteren in der weltpolitischen Situation, die ein schnelles Handeln notwendig machte.

Mit der Festlegung des Beitritts der DDR zur Bundesrepublik auf den 3. Oktober 1990 kamen Bewegung und Tempo auch in den Vereinigungsprozeß der Justiz. Das künftig vereinte Stadtgebiet brauchte auch einheitliche Gerichtsstrukturen. Im Einigungsvertrag waren Sonderregelungen für die Berliner Justiz enthalten, nach denen mit dem 3. Oktober die realsozialistischen Gerichtsstrukturen nicht mehr existierten. Gerichte und Staatsanwaltschaften Westberlins übernahmen vom 4. Oktober an die Rechtspflege in ganz Berlin, wie es am 25. September 1990 gesetzlich geregelt worden war. Bisher im Osten tätige Richter und Staatsanwälte wurden in den Wartestand versetzt. An den früheren DDR-Gerichten in Ostberlin wurden vom 4. Oktober 1990 an Informations- und Rechtsantragsstellen eingerichtet.

Durch die Übernahme der Aufgaben im Osten der Stadt war das Personal der Westberliner Justiz stark gefordert, besonders Richter und Staatsanwälte. Von 195 Richtern wurden nach einem Überprüfungsverfahren nur 33, von 86 Staatsanwälten nur zehn in den Justizdienst des Landes Berlin übernommen. Beim übrigen Personal lag der Prozentsatz wesentlich höher. Bei der Überprüfung galt ein bestimmter Kriterienkatalog. Die Frage etwa, ob Bewerber die Gewähr boten, ihr Amt im Sinne des Grundgesetzes auszuüben, war dabei von entscheidender Bedeutung. Abgelehnt wurden alle, die über die üblichen Dienstpflichten hinaus mit der Stasi zusammengearbeitet hatten, im politischen Strafrecht tätig gewesen waren oder prominente Posten in der DDR-Justiz innegehabt hatten. Es wurde auch darüber befunden, ob diese Personen nach ihrer Tätigkeit jetzt, nach der Wende, für rechtssuchende Bürger der früheren DDR als Richter oder Staatsanwälte zumutbar waren. Da die maßgeblichen Verteter der Justiz in der DDR politisch zuverlässig waren, sich durch große Staatsnähe auszeichneten und manche von ihnen an der Diskriminierung politisch Andersdenkender hohen Anteil hatten, wurde in Berlin bei der Auswahl der Bewerber recht rigoros verfahren. Insgesamt wurden nur fünfzehn Prozent in den Justizdienst übernommen. In verschiedenen Arbeitsgemeinschaften wurden sie mit dem Rechtssystem der Bundesrepublik vertraut gemacht.

Um Bürgern mehr Informationen über die Gerichtsbarkeit zu geben und ihnen die Berührungsangst zu nehmen, wurde am 17. Juni 1991 nach dem Wiedereinzug mehrerer Kammern des Landgerichts in den Justizpalast in Berlin-Mitte, in dem zu DDR-Zeiten das Oberste Gericht und das Stadtgericht Berlin residiert hatten, ein Tag der Offenen Tür veranstaltet, an dem auch Rechtsanwalts- und Notarkammer und alle justizbezogenen Berufsverbände mitwirkten. Die Bürger, für die die Übernahme des Rechtssystems der Bundesrepublik alles andere als einfach war, hatten an diesem Tag Gelegenheit, mit Richtern und Staatsanwälten und auch mit der Justizsenatorin zu sprechen. Viele von ihnen brachten dabei zum Ausdruck, daß für sie das Rechtssystem nur schwer zu begreifen war und sie es als einschüchternd empfanden. Bis heute ist es Jutta Limbach ein wichtiges Anliegen, daß Bürger sich in ihrem Rechtssystem orientieren können und zunehmend Vertrauen in Recht und Rechtsprechung gewinnen.

Wie in anderen Bereichen, etwa der Wirtschaft, war auch die Rechtspolitik in der Zeit nach der Wende durch den Druck der Verhältnisse darauf angewiesen, mit den üblichen Mitteln und Konzepten auf die neue Situation zu reagieren. Oft genug wurde dabei das *trial-and-error*-Prinzip angewandt, weil es keinerlei Verhaltensmuster für eine solche Situation gab. Gerade im Hinblick auf Eigentumsverhältnisse mußten in den folgenden Jahren in dieser Zeit verabschiedete Gesetze modifiziert werden; die Änderungen des Vermögensvorranggesetzes etwa, nach denen Investoren bestimmte Prioritäten eingeräumt werden, zeigten nach Limbachs Meinung, daß man bei der ursprünglichen Gesetzgebung nach dem Prinzip Rückgabe vor Entschädigung nicht bedacht hatte, daß auch der Aspekt des Aufbaus Ost, die Notwendigkeit von Investitionen, berücksichtigt werden muß.

Jutta Limbach fragt sich heute angesichts mancher Entscheidungen, die während der Wendezeit getroffen wurden, ob sie „politisch klug“ waren. Dazu gehören der Vorrang der Privatisierung von volkseigenen Betrieben vor ihrer Sanierung, die schnelle Übertragung der Rechtsordnung der Bundesrepublik auf die neuen Länder und das Verhältnis zur früheren Elite. Hier hätte man, wie sie meint, möglicherweise, anstatt deren Vertreter auszuschließen, mehr auf die „Integrationskraft des Rechtsstaats“ vertrauen können. Zehn Jahre nach den Ereignissen sind die Perspektiven oftmals anders, die „turbulente Umbruchzeit“ von 1990 ist gewiß für manchen

Fehler verantwortlich. Doch hält Limbach es für die klügste Lösung, aus diesen Fehlentscheidungen zu lernen.

Bei der Korrektur solcher Fehler aus der Wendezeit befindet sich Jutta Limbach auch heute mitten im Geschehen. Das Bundesverfassungsgericht, dessen Präsidentin sie seit 1994 ist, hat sich bereits mit mehreren Rechtsproblemen im Zusammenhang mit der deutschen Einheit auseinandergesetzt und die Verfassungskonformität von verschiedenen Regelwerken untersucht. Dazu gehören die Strafbarkeit von Regierungskriminalität und von Spionage, die Bodenreform, der Wahlvertrag, die Rentenregelung für Angehörige der DDR-Elite. Zu entscheiden sind in Zukunft noch Sonderprobleme der offenen Vermögensfragen und die Frage der Rehabilitierung von Justizopfern der DDR.

Was die „Kriminalität der Mächtigen" in der DDR betrifft, so hat Limbach eine Mitwirkung bei der Urteilsfindung abgelehnt, da sie sich, bevor sie Verfassungsrichterin wurde, als Politikerin klar dafür ausgesprochen hatte, Gewaltakte an der Mauer als strafwürdiges Unrecht zu ahnden. Auch ist sie bis heute der Meinung, daß die Strafverfolgung von Regierungskriminalität mit dem Grundgesetz vereinbar ist. Das Bundesverfassungsgericht hat inzwischen auch in diesem Sinne entschieden.

Trotz des immer wieder geäußerten Wunsches, endlich einen Schlußstrich unter die DDR-Vergangenheit zu ziehen, hat Limbach es immer für wichtig gehalten, auch die Perspektive der Opfer zu sehen und ihnen die Möglichkeit zu geben, Vertrauen in den Rechtssaat zu gewinnen. Deshalb erscheint ihr eine Bestrafung von Personen, die für Gewaltakte zur Zeit des DDR-Regimes verantwortlich sind, gerechtfertigt. Die Gerichte, die über solche Taten an der innerdeutschen Grenze zu urteilen hatten, haben die besonderen Umstände einer Diktatur, die bei manchen Strafhandlungen eine Rolle spielen, nach Limbachs Meinung dabei durchaus berücksichtigt.

Grundsätzlich gilt in Bezug auf Regierungskriminalität, daß man die politische Verantwortlichkeit eines Unrechtsregimes in rechtsstaatlichen Kategorien nicht adäquat als strafrechtliche Schuld darlegen kann. Die Strafjustiz hat sich mit rechtswidrigen Einzeltaten zu befassen, die detailliert nachgewiesen werden müssen. Anschauliches Beispiel hierfür war der Prozeß gegen Mielke, der wegen Mordes an einem Polizisten und nicht wegen seiner Tätigkeit als Chef des Ministeriums für Staatssicherheit vor Gericht stand. Daß in unserem Rechtsstaat jemandem, der seinen Mitmenschen über Jahre die Menschenrechte verweigert hat, diese im Rahmen eines Strafprozesses gewährt werden, ist bei manchen Opfern der DDR-Herrschaft auf wenig Verständnis gestoßen, ist aber eine unabdingbare Voraussetzung für das Funktionieren einer freiheitlichen Demokratie. Zwar müssen Schuldige bestraft werden, aber Unschuldige sollen auch vor staatlicher Willkür geschützt werden.

Was das grundsätzliche Vertrauen in den Rechtsstaat betrifft, so hat in Limbachs Augen das Bundesverfassungsgericht als die Instanz, an die man sich wenden kann, wenn man der Meinung ist, daß staatliche Maßnahmen einen in den Grundrechten verletzen, eine positive Rolle gespielt und spielt sie weiterhin. Dadurch, daß es überprüft, ob staatliche Maßnahmen mit der Verfassung übereinstimmen, konnten viele bei eigenen oder fremden Angelegenheiten Rechtsstaatlichkeit exemplarisch wahrnehmen, konnten die Erfahrung machen, daß das Gericht ein Gesetz, das Bürger als nachteilig empfinden, überprüft, aufhebt oder verfassungskonform auslegt, damit den Bürgern Recht widerfährt. So erfahren sie, daß das System der Gewaltenkontrolle funktioniert und der Staat nicht übermächtig werden kann. Bei den Altbundesbürgern genießt das Grundgesetz laut Umfragen ein hohes Ansehen, kurz nach Ende des Zweiten Weltkriegs war dies aufgrund mangelnder Erfahrung noch anders. Durch das Leben mit dem Grundgesetz wurde in diesem halben Jahrhundert der

Rechtssinn der Bevölkerung geschärft, und sie wissen, daß sie der Staatsgewalt nicht wehrlos ausgesetzt sind. Allerdings hält Limbach es auch für wichtig, daß in der politischen Bildung, an Schulen und Hochschulen vermittelt wird, wodurch sich ein autoritäres Regime von einer freiheitlichen Demokratie unterscheidet, was es bedeutet, seine Meinung äußern und mit anderen zusammen Einfluß auf die Politk nehmen zu können. Die neuen Bundesbürger, die '89 von den Grundrechten Gebrauch machten, auf die Straße gingen und ihre Regierung gestürzt haben, konnten in eigener Praxis erleben, welchen Wert die Grundrechte haben.

Daß man dieses plebiszitäre Engagement bei der Reform des Grundgesetzes, die durch die gemeinsame Verfassungskommission 1994 vorbereitet wurde, nicht durch die Aufnahme einiger plebiszitärer Elemente ins Grundgesetz honoriert hat, bedauert Limbach. Sie hatte sich in dem Gremium sowohl dafür als auch für soziale Staatsziele und Minderheitenrechte eingesetzt. Eine solche Änderung hätte jedoch die notwendige Zweidrittelmehrheit nicht erhalten. Limbach ist heute der Meinung, daß das Grundgesetz so knapp und kurz wie möglich bleiben sollte, daß es größtmögliche Freiheit verbürgt und sich in der bisherigen Form bewährt hat. Die von linksliberaler Seite befürwortete Aufnahme von Staatszielen wie ein Recht auf Arbeit und Wohnung in die Verfassung hätte zur Folge haben können, daß von konservativer Seite die Aufnahme von Sicherheitsgarantien verlangt worden wäre, was zur Rücknahme der Freiheitsverbürgungen hätte führen können. Recht auf Arbeit und Wohnung als einklagbares Recht ist Limbachs Auffassung nach in einer freiheitlichen Rechtsordnung und einem marktwirtschaftlich organisierten System nicht garantierbar und setzt diktatorische Verhältnisse voraus. Das durch die Verfassung garantierte Prinzip der Sozialstaatlichkeit gibt, wie sie meint, Politik und Rechtsprechung genügend Grundlagen für eine gerechte Sozialpolitik.

Die Änderung des Asylrechts hat Jutta Limbach als Politikerin bedauert, weil sie der Meinung war, daß die Rechtsprechung das Problem angemessen regeln könne. In der Rolle der Richterin jedoch vertritt sie die Auffassung, daß die Änderung verfassungskonform war. Grundsätzlich allerdings besteht sie auf ihrer Meinung, daß das Grundgesetz in seiner ursprünglichen Form erhalten werden sollte.

Jutta Limbach hatte in ihren verschiedenen Funktionen zwangsläufig unterschiedliche Dinge zu vertreten und zu tun. Als Wissenschaftlerin hatte sie die Möglichkeit zu genauer Analyse und kritischem Zweifel; als Politikerin war sie eher handlungsorientiert, mußte oft aus „vielschichtigen Wahrheiten einfachere machen", als Richterin besteht ihre Aufgabe in einer differenzierten Auslegung von festgesetzten Normen. Als Wissenschaftlerin und auch in ihrem nicht einfachen Amt als Justizpolitikerin hat sich Jutta Limbach trotz der hohen Anforderungen in einer schwierigen Zeit wohlgefühlt, wenn ihr auch nicht alles an der Politik gefällt, wie etwa die Personalisierung von politischen Problemen durch Politiker und die Medien, die eine Auseinandersetzung mit Sachproblemen und inhaltlichen Fragen mitunter erschwert oder gar verhindert. Daß man sich allerdings als Politiker der Kritik der Medien zu stellen hat, auch wenn man sie manchmal als ungerecht empfindet, hält sie für selbstverständlich. Das Recht auf freie Meinungsäußerung ist ihr dies allemal wert, und die positiven Leistungen der Medien bei Aufdeckung von Korruption oder anderen Mißständen wiegt solche Fehlleistungen bei weitem auf. Das Amt der Präsidentin des Bundesverfassungsgerichts, eines der höchsten im Staat, nimmt Jutta Limbach mit Freude und der Gewißheit wahr, eine wichtige Aufgabe zu erfüllen. Ansinnen von Bürgern, die sie gern als Bundespräsidentin gesehen hätten, lehnte sie mit der Begründung ab, daß ihr jetziges Amt ihr sehr am Herzen liege und ihr wichtiger erscheine.

Als erste Frau in diesem hohen Amt ist sie für viele Frauen ein Vorbild und ein ermutigendes Beispiel, sich auch in Zukunft um wichtige Positionen in Staat und Gesellschaft zu bewerben und sie nicht allein Männern zu überlassen.

Im Rückblick auf die Zeit seit der Vereinigung ist Jutta Limbach der Meinung, daß die Integration beider deutscher Staaten sich positiv entwickelt hat. Sie ist zuversichtlich, daß die Bürger aus Ost und West immer mehr Gemeinsamkeiten finden werden. Das Leben in einem Rechtsstaat ist in ihren Augen nicht nur ein Geschenk an die Bürger, sondern bringt auch die Verpflichtung mit sich, wachsam zu sein und darauf zu achten, daß Freiheiten nicht angetastet werden. Gerade gegenüber der Gewalt fremdenfeindlicher Exzesse hält sie diese Wachsamkeit für unverzichtbar.

Jutta Limbach ist der Meinung, daß die Deutschen, deren Land mitten in Europa liegt und auf die sich seit der Wiedervereinigung die Blicke des Auslands richten, an ihrer Fähigkeit zur gegenseitigen Integration beim Zusammenwachsen gemessen werden und daß sich dabei entscheidet, ob sie ihrer „Mittlerrolle in Europa" gerecht werden.

Die vorletzten Dinge

Wolfgang Schäuble

Die Nationalhymne habe er, wie er lächelnd sagt, schon schöner klingen hören als auf der Bundestagssitzung am 9. November im Bonner Wasserwerk, doch noch nie habe sie ihn so bewegt wie an jenem Abend. Wann hätte der Text „Einigkeit und Recht und Freiheit" auch besser gepaßt als in diesem Moment. Wenn Wolfgang Schäuble über die deutsche Einheit spricht, ist seine Freude darüber, daß er sie erleben konnte, unverkennbar.

Von den Ereignissen in Berlin erfuhr er auf einer Sitzung im kleinen Kreis im Bundeshaus und ging daraufhin in den Plenarsaal. Annemarie Renger unterbrach die Sitzung auf die Nachricht hin. Die Bundesregierung und die Fraktionen gaben Erklärungen zu den Ereignissen ab. Spontan erhoben sich zwei Abgeordnete der Union und stimmten die Hymne an, bei der schließlich alle Fraktionen mitsangen.

Schäuble war einer der ersten, die angesichts der Nachricht vom Mauerfall an die deutsche Einheit dachten, und er hat diesen Gedanken seither so konsequent verfolgt wie wenige andere. Für ihn hatte nie ein Zweifel daran bestanden, daß die Wiedervereinigung die einzig richtige Lösung der deutschen Frage sei. Mit der Öffnung der Mauer schien ihm der geeignete Augenblick gekommen.

Daß die Einheit Wirklichkeit würde, war ein Wunsch, den er seit seiner Jugend hegte. Schon früh hatte er sich für Politik interessiert, denn in seinem protestantisch-konservativen El-

ternhaus spielte sie eine ebenso wichtige Rolle wie die Kultur. Schäubles Vater war in der baden-württembergischen Landespolitik tätig, und später wurden Wolfgang Schäuble und sein Bruder Thomas ebenfalls Politiker. In dem Jahr, in dem die deutsche Teilung durch den Bau der Berliner Mauer verschärft wurde, begann Schäubles politisches Engagement bei der Jungen Union, 1965 trat er in die CDU ein. 1981 erhielt er, nachdem er lange Zeit in seinem Bundesland und im Bund diverse Ämter innegehabt hatte, den wichtigen Posten des Fraktionsgeschäftsführers im Bundestag. Seit 1984 war er Minister im Bundeskanzleramt. Damals hatte die CDU im wesentlichen die Ostpolitik der sozialliberalen Koalition übernommen, der sie anfangs sehr kritisch gegenübergestanden hatte, etwa als 1972 mit einem Mißtrauensvotum gegen Willy Brandt die Ostverträge zu Fall gebracht werden sollten. Dies alles war fast zehn Jahre her, als Schäuble sich im Kanzleramt zunehmend der Deutschlandpolitik zuwandte. Für ihn war in all den Jahren ein Festhalten an der deutschen Einheit eine Selbstverständlichkeit, sie war das Ziel, dem er all sein politisches Handeln unterordnete, auch zu Zeiten, als viele die Zweistaatlichkeit Deutschlands längst als unabänderlich hingenommen hatten oder sogar befürworteten.

Während der Regierungszeit Willy Brandts und Helmut Schmidts hatte sich erwiesen, daß die von der CDU zunächst heftig kritisierte Politik der SPD zu deutlichen Fortschritten in den Beziehungen der „beiden Staaten auf deutschem Boden" führte, wie Schäuble es nennt. Den Begriff „zwei deutsche Staaten" hat er stets bewußt vermieden. Der von den Sozialdemokraten eingeschlagene Weg wurde von der liberalkonservativen Regierung seit 1983 fortgesetzt, allerdings, wie Schäuble betont, unter anderen Prämissen als bei der SPD. So hat er die DDR nie als zweiten deutschen Staat anerkannt, und die Beziehungen, die er zu ihren Institutionen und auch zu hochrangigen Politikern pflegte, sollten nicht der Stabilisierung der Verhältnisse, sondern allein einer Schwächung der DDR dienen.

Während Schäubles Amtszeit wurden im innerdeutschen Verhältnis wichtige Fortschritte erzielt. Es zeigten sich erste positive Folgen des im Juli 1983 durch Franz-Joseph Strauß vermittelten Milliardenkredits, denn im August 1984 traten Reiseerleichterungen in Kraft. Rentner konnten nun bis zu zwei Monaten in der Bundesrepublik bleiben und neben Verwandten auch Bekannte treffen. Im Mai 1986 wurde das Kulturabkommen mit der DDR abgeschlossen. Hierdurch kam es zu immer häufigeren und intensiveren Begegnungen zwischen Menschen aus Ost- und Westdeutschland. Um all dies zu erreichen, hatte es zahlreicher Verhandlungen und Geheimgespräche mit hochrangigen Vertretern der DDR bedurft.

Schäuble ist der Meinung, daß er und seine Parteifreunde in ihrem Verhalten gegenüber der DDR zurückhaltender und kompromißloser gewesen sind als die Sozialdemokraten. Diesen macht er eine mangelnde kritische Distanz gegenüber der DDR zum Vorwurf, wie sie in dem im August 1987 gemeinsam verfaßten Papier von SPD und SED „Der Streit der Ideologien und die gemeinsame Sicherheit" zum Ausdruck kommt, in dem beide Parteien für einen friedlichen Wettbewerb der Systeme eintreten. Für Schäuble enthält dieses Dokument allzu große Zugeständnisse der SPD an die SED.

Wie immer man das sogenannte „Streitpapier" beurteilt, es wäre nicht ohne die politische Weichenstellung Gorbatschows zustande gekommen, durch die auch die Mitglieder der SED bislang ungekannte Spielräume erhielten. Viele sehen in dieser gemeinsamen Publikation zweier über Jahrzehnte zerstrittener Parteien einen Beitrag zur innerdeutschen Verständigung und damit indirekt zum Fall der Mauer. Wolfgang Schäuble glaubt dies ebensowenig, wie er die Meinung Egon Bahrs teilt, daß das Ende der unnachgiebigen Deutschlandpolitik der Sowjetunion auf der freien Entscheidung Gorbatschows beruhte, der nicht mehr vom Sieg des Sozialismus überzeugt war. Perestroika und Glasnost stehen für Schäuble in engem Kausalzusammenhang mit dem Nachrüstungsbeschluß der NATO von 1979, in dessen Folge in Europa Pershing II-Raketen und Cruise Missiles aufgestellt wurden. Ohne die Drohung des Westbündnisses wäre es, so meint Schäuble, nicht zu einer Entspannung zwischen den Blöcken und damit auch nicht zum Mauerfall gekommen.

Die von ihm betriebene Deutschlandpolitik unterschied sich deutlich von der der SPD: Die DDR wurde von Schäuble immer als feindliches Lager gesehen, das ohne äußeren Druck einer Entspannung niemals zustimmen würde. Daher war seine Politik auch bei intensivem Kontakt zur DDR-Führung konsequent darauf gerichtet, das Land jenseits der Elbe immer mehr vom Westen abhängig zu machen und die Begegnungen zwischen Menschen aus beiden Ländern zu verstärken. Besonders durch die Transitregelungen, durch Kultur- und Wissenschaftsaustausch sowie Warentransfer und die immer häufiger werdenden Begegnungen zwischen Bürgern beider Staaten ist für ihn der Einfluß der SED eingedämmt und schließlich ein Fall der Mauer und damit die Einheit möglich geworden.

An der Vorbereitung des Staatsbesuchs von Erich Honekker in der Bundesrepublik, der dem Generalsekretär der SED 1987 hohes Prestige einbrachte, war Schäuble maßgeblich beteiligt. Doch diente auch dieser Besuch für Schäuble nur einem Ziel: eine immer größere Durchlässigkeit der Mauer zu erreichen und die DDR zu schwächen, angesichts des feierlichen Empfangs von Honecker in Bonn vielleicht nicht sofort ersichtlich. Schäuble selbst ahnte damals noch nicht, daß der Gast der Bundesregierung knapp zwei Jahre später nicht mehr im Amt sein würde.

Bereits während seiner Zeit als Chef des Bundeskanzleramts, von 1984 bis 1988, hatte Schäuble sich mit dem Problem der deutschen Teilung befaßt. Er wollte vor allem die Möglichkeiten eines Fortschritts in der Deutschlandpolitik eruieren. Im Rahmen von Kamingesprächen mit Journalisten, Intellektuellen und Fachleuten wurden damals regelmäßig bestimmte Themen ausführlich erörtert und die Frage ihrer Politikrelevanz gestellt. Zweimal hatte Schäuble dabei das Thema der deutschen Einheit ausgewählt, und die Expertenrunde erörterte Probleme der deutschen Teilung und Wege zu ihrer Überwindung.

Damals, 1988, war Schäuble allerdings nicht der Meinung, daß die Einheit kurz bevorstand. Er hielt dies angesichts der starren Haltung der Sowjetunion für undenkbar. So erklärt er sich auch die Tatsache, daß es im Ministerium für innerdeutsche Beziehungen schon lange keine ausgearbeiteten Pläne mehr für einen solchen Fall gab.

Ende der achtziger Jahre war die DDR von finanziellen Hilfen der Bundesrepublik abhängig. Diesen Umstand wußten Schäuble, Rudolf Seiters und alle, die mit Vertretern der

DDR verhandelten, zu nutzen. Im November 1989, wenige Tage vor dem Fall der Mauer, erreichten die Verhandlungen zwischen der DDR-Führung und der Bundesregierung einen dramatischen Höhepunkt.

Honeckers Nachfolger Egon Krenz hatte kurz nach Amtsantritt eine Arbeitsgruppe beauftragt, die ökonomische Situation der DDR zu analysieren. Das am 31. Oktober dem Politbüro vorgelegte Ergebnis war alarmierend. Als Hauptproblem erwies sich die Verschuldung gegenüber dem westlichen Ausland, die 49 Milliarden betrug. Der DDR drohte Zahlungsunfähigkeit. Die Autoren der Studie, darunter auch Schalk-Golodkowski, schlugen deshalb vor, man solle versuchen, von der Bundesrepublik höhere Kredite als bisher zu erhalten. Als Gegenleistung sollte in Aussicht gestellt werden, daß nach Ausbau der Zusammenarbeit auf wirtschaftlichem Gebiet, aber auch dem der Wissenschaft und Technik noch vor dem Jahr 2000 Bedingungen geschaffen werden könnten, welche die Grenze zwischen Bundesrepublik und DDR überflüssig machen sollten. Die Expertengruppe war sich der Tatsache bewußt, daß der DDR durch eine Grenzöffnung ein hoher volkswirtschaftlicher Schaden zugefügt werden würde, den ein Wirtschaftsinstitut der Bundesrepublik laut der Studie auf hundert Milliarden Mark beziffert hatte. Die Situation der DDR war prekär, wirtschaftliche Hilfe aus Moskau konnte es nicht geben, weil auch dort ökonomischer Mangel herrschte. Da immer mehr DDR-Bürger ausreisten, konnte die Regierung zu diesem Zeitpunkt unmöglich offenlegen, wie die ökonomische Situation des Landes wirklich aussah.

Die Bundesregierung erahnte das Ausmaß der Misere und nutzte die äußerst günstige Ausgangslage. Am 6. November waren Kanzleramtschef Rudolf Seiters und Wolfgang Schäuble, seit April 1989 Innenminister, mit Schalck-Golodkowski zusammengetroffen, um über neue Kredite für die DDR zu verhandeln. Die DDR, so Schalck-Golodkowski, sei daran interessiert, einen Kredit von zehn Milliarden und ab 1991 weitere Kredite von zwei bis drei Milliarden pro Jahr aufzunehmen.

Schäuble und Seiters wollten mit einem Angebot noch warten und vertrösteten Schalck auf den 14. November, den Tag der Rückkehr Helmut Kohls von einer geplanten Polenreise. Die Bundesregierung machte hohe Gegenleistungen zur Bedingung für weitere finanzielle Hilfen. Am 8. November hatte Helmut Kohl im Bundestag während einer Debatte zur Lage der Nation erklärt, daß „über eine völlig neue Dimension" wirtschaftlicher Hilfe gesprochen werden könne, wenn die SED auf ihr Machtmonopol verzichte, unabhängige Parteien zulasse und freie Wahlen zusage. Mit diesen Bedingungen verfolgte die Bundesregierung kaum andere Ziele als die Bürgerbewegung in der DDR. Doch war dieser Gleichklang zwischen zwei so unterschiedlichen politischen Lagern durch den plötzlichen Fall der Mauer, mit dem auch Schäuble nicht gerechnet hatte, wieder vorbei. Für Schäuble war mit dem 9. November auch das Ende der Bürgerbewegung gekommen, deren Ziel er in einer Erneuerung der DDR, aber nicht in der deutschen Einheit sah.

So wenig Schäuble mit der Öffnung der Grenzen gerechnet hatte, er erkannte doch den günstigen historischen Augenblick zur Herstellung der deutschen Einheit. Schnelles Handeln schien ihm erforderlich. Zu dieser Überzeugung gelangte er nicht zuletzt durch die Sorge, daß die Ereignisse in der DDR eskalieren könnten. Er zweifelte daran, daß die Sowjetunion es hinnehmen würde, wenn es während des revolutionären Prozesses zu Gewaltakten käme. Deshalb lag ihm daran, daß die Vorgänge im Osten friedlich blieben.

Bereits am 10. November führte er im Innenministerium ein Gespräch mit Vertretern anderer Ressorts und der Länder. Es ging dabei unter anderem um den Empfang der Besucher aus der DDR, die in den nächsten Tagen in Massen über die Grenze kommen würden. Wo gab es das geeignete Gemisch für ihre Zwei-Takter-Autos zu tanken? Wie sollten die Menschen an ihr Begrüßungsgeld gelangen? Auch die Frage der Übersiedler bedurfte einer Lösung. Allein am 8. November waren elftausend DDR-Bürger über Drittstaaten eingereist, danach pro Tag etwa zweitausend über die innerdeutsche Grenze. Es war abzusehen, daß irgendwann die Geduld der Westdeutschen am Ende sein würde, zumal auch weiterhin deutsche Aussiedler aus Osteuropa und Asylbewerber ins Land kamen.

Während der öffentlichen Diskussion über den Umgang mit dem anhaltenden Übersiedlerstrom wehrte Schäuble sich konsequent gegen Vorschläge Oskar Lafontaines, aber auch gegen Stimmen aus seiner eigenen Partei, die sozialen Leistungen, die ihnen zustanden, zu streichen und einen Nachweis über Wohnung und Arbeit zu verlangen. Dies hätte für Schäuble eine Schließung der innerdeutschen Grenze ohne Mauer bedeutet. Deshalb hielt er an der bisherigen Regelung fest, obwohl die euphorische Stimmung des 9. November bald vorübergegangen war und Umfragen ergaben, daß achtzig Prozent der Westdeutschen die Übersiedler als Last ansahen. Die deutsche Einheit und Freiheit für die Bürger der DDR zu erreichen, war für ihn das übergeordnete Thema, an dem gemessen die sozialen Probleme sekundär erschienen. Schäuble hatte schon damals das sichere Gespür, daß seine Partei durch konsequentes Festhalten am Einheitsgedanken die Wahlen gewinnen würde. Im nachhinein sieht er den Druck, der durch die vielen Übersiedler erzeugt wurde, als ein Element, das zur Beschleunigung des Einheitsprozesses beigetragen hat.

Um den Zustrom zu stoppen, erschien es Schäuble günstig, schon mit der Regierung Modrow über eine Währungs- und Wirtschaftsunion zu sprechen. Damit sollte den DDR-Bürgern das Gefühl vermittelt werden, daß sie, auch wenn sie in der DDR blieben, an der westlichen Währung teilhaben würden. Eine Zusammenarbeit mit Vertretern der SED erschien ihm auch deshalb sinnvoll, weil sie dazu beitragen konnte, eine gewaltsame Eskalierung des Wende-Prozesses zu verhindern. Er setzte sich mit dieser Meinung nicht durch, was er damals bedauerte. Heute ist er der Auffassung, daß Modrow, da er die Stasi-Auflösung behindert und die Sicherung des PDS-Vermögens nicht energisch genug betrieben hat, vielleicht nicht der beste Partner gewesen wäre.

Schäuble plädierte früher als andere Mitglieder des Parteivorstands für eine Zusammenarbeit mit der Ost-CDU, weil auch sie ihm für eine Stabilisierung der Verhältnisse hilfreich schien. Bei aller Kritik an der Führungsspitze erschien ihm die Mehrzahl der Mitglieder, soziologisch gesehen, der Wählerschaft der West-CDU recht ähnlich zu sein. Nicht zuletzt durch das Drängen Lothar de Maizières kam im Januar 1990 eine Kooperation zustande, die später zum Wahlbündnis führte.

Schon bald nach dem 9. November hatte Schäuble sich gefragt, ob es in der Bundesrepublik 1990 überhaupt noch zu getrennten Wahlen kommen würde. Aber er war damit den meisten anderen Politikern gedanklich weit voraus. Das Zehn-Punkte-Programm Helmut Kohls blieb hinter Schäubles Ziel, so schnell wie möglich die Einheit zu realisieren, zurück. Kohl sah für den Einigungsprozeß einen längeren Zeitraum vor und plädierte für einen föderativen Zusammenschluß beider Staaten. Schäuble ist heute der Meinung, daß der Zehn-Punkte-Plan zur Stabilisierung der Verhältnisse beitrug, weil er die Leute in der DDR zuversichtlich stimmte.

Seit dem Treffen von Modrow und Gorbatschow in Moskau, in dessen Vorfeld Gorbatschow erklärt hatte, die Sowjetunion habe grundsätzlich nichts gegen eine Vereinigung der beiden deutschen Staaten, war Schäuble zuversichtlich. Im Februar hatten auch Helmut Kohl und Hans-Dietrich Genscher Gorbatschow besucht, der erklärt hatte, die Deutschen müßten selbst die Frage der Einheit lösen und auch über deren Form und Zeit bestimmen, allerdings könne dies nicht ohne

Berücksichtigung Europas und der Ost-West-Beziehungen geschehen. Wenig später trafen sich in Ottawa die Außenminister der Bundesrepublik, der DDR, Frankreichs, Großbritanniens und der USA, um die „Zwei-plus-Vier-Verhandlungen“ vorzubereiten. Damit waren die wichtigsten Weichen für eine Vereinigung gestellt.

Die Wahlen waren inzwischen von der Regierung Modrow und dem Runden Tisch vom ursprünglich geplanten Termin am 6. Mai auf den 18. März vorverlegt worden, die konservative Allianz für Deutschland und Bündnis ’90 hatten sich bereits formiert.

Nun galt es, den Wahlkampf zu gewinnen, der für Schäuble am 14. Februar 1990, unweit von der früheren innerdeutschen Grenze, in dem auf DDR-Gebiet gelegenenen Nordhausen begann. Auf dem Weg dorthin im Hubschrauber des BGS hatte er Bedenken, ob es richtig gewesen war, Bonner Journalisten mitzunehmen, die im Fall eines Mißerfolgs ausführlich darüber berichten würden. An der Westseite der Grenze holten ihn Volkspolizisten ab und begleiteten ihn zu dem großen Saal, in dem die Versammlung stattfinden sollte. Der Raum war überfüllt, die Rede wurde ins Freie übertragen, und Schäuble erinnert sich, daß der Beifall besonders stark wurde, wenn er vom Scheitern des Sozialismus sprach. Für Schäuble war diese Wahl von großer Bedeutung, weil es sich um die ersten freien Wahlen in der DDR überhaupt handelte und weil an ihrem Ergebnis deutlich wurde, wie eng Freiheit und Einheit zusammengehörten. Aus der Bundesrepublik eher an routinierte Wähler gewöhnt, denen kaum noch bewußt ist, welchen Wert freie Wahlen darstellen, glaubte er, auf seiner Wahlkampfreise bei den Menschen in der DDR Freude darüber zu erkennen, daß sie nun endlich über ihre Zukunft selbst entscheiden konnten. Besonders in Sachsen fiel ihm auf, wie groß das Interesse an einer landsmannschaftlichen Zugehörigkeit war, obwohl die DDR die alten Länder zerschlagen hatte.

Das Ergebnis der Volkskammerwahlen am 18. März erbrachte eine Mehrheit für die Allianz für Deutschland und damit auch für die Form der Vereinigung, die Schäuble favorisierte, nämlich den Beitritt nach Artikel 23 des Grundgesetzes. Die von Bündnis '90 bevorzugte Einheit nach Artikel 146, bei der eine neue Verfassung hätte ausgearbeitet und diskutiert werden müssen, war Schäuble immer problematisch erschienen. Eine Diskussion über eine neue Verfassung würde monatelange, schwerfällige Debatten hervorrufen und die historische Chance zur Einheit möglicherweise zunichte machen. Durch den Wahlsieg war der von ihm bevorzugte Weg gangbar geworden, die Sorge um eine weitere Massenausreise von DDR-Bürgern gebannt. Diese konnten nun damit rechnen, daß sie nicht mehr in die Bundesrepublik gehen mußten, um an der D-Mark Anteil zu haben.

Jetzt mußten in kürzester Zeit die einzelnen Etappen bis zur Einheit realisiert werden, denn der wirtschaftliche Zusammenbruch der DDR war nur durch eine schnelle Vereinigung aufzuhalten.

Heute herrscht weitgehend Übereinstimmung darüber – auch bei denjenigen, die damals einen Beitritt der DDR zur Bundesrepublik vehement ablehnten –, daß Schäuble mit der schnellen Einheit – als Innenminister war er bei allen Entscheidungen federführend – in erstaunlich kurzer Zeit eine bedeutende Leistung vollbracht und die Gunst der Stunde genutzt hat. Rasch wurden die Vertragswerke erarbeitet, die die Grundlage des Beitritts bildeten. Ein derart komplexes Vertragsgeflecht fehlerlos zu realisieren ist seiner Meinung nach in einem so kurzen Zeitraum unmöglich. Seine Freude darüber, daß der Vereinigungsprozeß in der Form, in der er stattgefunden hat, inzwischen allenthalben als historische Leistung anerkannt wird, ist unübersehbar.

Schäuble ist den Weg, den er schon am Abend des Mauerfalls vorgezeichnet sah und von dessen Richtigkeit er immer überzeugt war, konsequent und unbeirrt gegangen. Bei allen Zweifeln von anderer Seite habe er, so sagt er, immer fest daran geglaubt, richtig zu handeln. Eigentlich hätten eine Rahmenregelung und ein Überleitungsgesetz, das die notwendigsten Punkte regeln sollte, genügt, in der Übergangszeit wollte er DDR-Recht weiterhin gelten lassen und hätte es gern gesehen, wenn erst nach Beitritt und gemeinsamen Wahlen ein gesamtdeutsches Parlament das Gesetzeswerk beschlossen hätte. Er stieß damit aber weder bei den Parteien noch bei den anderen Ministerien der Bundesregierung auf Gegenliebe. Vor allem Lothar de Maizière wollte, daß für die Bürger seines Staates bei einem Beitritt Rechte und Ansprüche verbindlich durch Festschreibungen gesichert würden. So mußte der hochkomplexe und schwierige Einigungsvertrag ausgehandelt werden. Bereits am 20. März beschloß die Bundesregierung, bis zum Sommer 1990 eine Währungs-, Wirtschafts-, und Sozialunion mit der DDR zu erreichen. Die ersten Gespräche begannen im April, am 12. Mai wurden sie abgeschlossen. Am 18. Mai wurde ein Vertrag unterzeichnet, der am 1. Juli in Kraft trat. Von diesem Zeitpunkt an war die D-Mark einziges Zahlungsmittel in Deutschland, Paß- und Grenzkontrollen an der innerdeutschen Grenze waren aufgehoben. Am 29. September trat der Einigungsvertrag in Kraft, die Voraussetzung für den Beitritt am 3. Oktober 1990.

Wolfgang Schäuble hat in weniger als einem Jahr realisiert, was er seit dem Fall der Mauer angestrebt hatte. Nur Tage nach der Vollendung der deutschen Einheit wurde er Opfer eines Attentats mit nachhaltigen Folgen. Dies hat ihn nicht davon abgehalten, sobald er dazu wieder in der Lage war, seine Arbeit als Politiker mit aller Kraft fortzusetzen. Ihm ist es wesentlich zu verdanken, daß Berlin deutsche Hauptstadt und Regierungssitz geworden ist. Am 21. Juni 1991, er war gerade wieder ins politische Leben zurückgekehrt, griff er auf Bitten von Parteifreunden in die Debatte um die Hauptstadtfrage im Bundestag ein. Seine Rede, die ursprünglich nicht geplant war und die er ohne gründliche Vorbereitung, dafür aber mit um so größerer Überzeugungskraft vortrug, hat entscheidend dazu beigetragen, die Mehrheit der Abgeordneten für Berlin als Hauptstadt zu gewinnen. Nicht nur dadurch ist Wolfgang Schäuble einer der Väter der sogenannten Berliner Republik.

Die schnelle Einheit der Deutschen ist in hohem Maß ihm zu verdanken. Daß er dazu soviel beitragen konnte, gefällt ihm bis heute sehr. Nach den langen Jahren zäher Vorbereitung, bei der er nicht wußte, ob er sein Ziel erreichen würde, erschien ihm die Einheit wie ein Geschenk.

Die Chance der Freiheit zu nutzen liegt, wie er meint, seit dem 3. Oktober 1990 in der Verantwortung jedes einzelnen Bürgers, und er wünscht sich, daß sie in vollem Umfang wahrgenommen wird. Er selbst ist darin unumstrittenes Vorbild. Trotz seiner Behinderung hat er kaum einen Tag darauf verzichtet, sich als Politiker für die Belange seines Landes einzusetzen, und er wird auch nach dem Umzug der Regierung nach Berlin ein wichtiger Faktor im Machtgefüge der Bundesrepublik sein.

Über alles, was ihm nach dem Fall der Mauer in der Deutschlandpolitik gelungen ist, ist er froh und auch dankbar, und als gläubiger Protestant ist er sich darüber im klaren, daß es bei seiner Arbeit, auch wenn er mit aller Energie am Werk ist, immer nur um die „vorletzten Dinge“ geht.

Der Geist kann mehr bewegen, als man denkt

Gesine Schwan

Wenn in Berlin politisch Sensationelles geschieht, ruft Radio Canada, ein französischer Sender aus Quebec, gern bei der Politologin Gesine Schwan an, damit sie die Situation für die kanadischen Zuhörer einschätzt und kommentiert. So geschah es auch am 9. November 1989 gegen 23 Uhr. Im Autoradio hatte sie Schabowski reden hören, konnte das Unglaubliche kaum fassen und sagte sich, wie seltsam, auf so banale Weise, auf dem Nachhauseweg auf der Autobahn von einem Ereignis zu erfahren, auf das sie jahrelang gewartet hatte.

Sie antwortete dem Sender auf die Frage, wie es nun weitergehe, ihrer Einschätzung nach werde es etwa zwei Jahre dauern, bis die deutsche Einheit verwirklicht würde. Schon 1987, als Reagan bei einem Berlin-Besuch den Abriß der Mauer forderte, hatte sie dem kanadischen Sender ein Interview gegeben. Damals hielt sie es für möglich, daß es innerhalb der nächsten zehn Jahre keine Mauer mehr gebe, die Veränderung könne aber nicht von Berlin, sondern müsse von der Sowjetunion ausgehen.

Die Nachricht von der Öffnung der Mauer kam auch für Gesine Schwan plötzlich und überraschend, doch daß sich die Verhältnisse ändern würden, hatte sie in der Zeit davor bereits vermutet. In der DDR, in der sie oft Freunde besuchte, spürte sie, daß die politische Disziplin und die Angst nachließen. Sie dachte an Montesquieus Werk *Der Geist der Gesetze*, wonach der Form einer Regierung ein bestimmtes Prinzip entspricht,

der Monarchie die Ehre, der Demokratie die Liebe zur Freiheit und Genügsamkeit, der Despotie die Furcht. Und sie sagte sich, wenn dieses Prinzip in der DDR nicht mehr galt, würde auch die Regierung bald zusammenbrechen. Auch würde durch Gorbatschows Politik Pluralität entstehen, die eine langsame Erosion der Macht bewirken würde.

Am Sonntag nach dem Fall der Mauer fuhr Gesine Schwan mit der S-Bahn zum Brandenburger Tor, zusammen mit lauter Ostdeutschen, die aus den Städten und Dörfern im Süden Berlins kamen und ebenfalls an den symbolischen Ort fuhren. Sie war beeindruckt, so viele Menschen in der sonst meist leeren S-Bahn zu sehen, zugleich bemerkte sie bei aller Euphorie auch Angst und Unsicherheit auf vielen Gesichtern, und ihr wurde klar, daß in der nächsten Zeit auf die Menschen der DDR neben der Freude über die Freiheit viele Belastungen zukommen würden.

In den Monaten Januar bis März 1990 gewann sie den Eindruck, daß die Regierung Kohl im Vereinigungsprozeß, den sie selbst für die logische Folge der Beseitigung des DDR-Regimes hielt, kein ganz redliches Spiel spielte. Die Behauptung des Bundeskanzlers, man könne die Einheit ohne Opfer der Westdeutschen realisieren, erschien ihr unhaltbar. Auf der einen Seite Lafontaine, der realistische Kalkulationen über die Kosten der Einheit vorlegte und ihr eher ablehnend gegenüberstand, auf der anderen Seite Kohl, der nicht zugeben wollte, daß der Einigungsprozeß ohne große finanzielle Mittel kaum möglich und überdies schwierig sein würde – dies war ein Dilemma, das eine vernünftige politische Lösung ausschloß.

So war es im Grunde die Eigendynamik der Verhältnisse, von der CDU schneller begriffen als von der SPD, welche das Geschehen vorantrieb. Doch hätten beide nach Schwans Meinung sich vernünftiger und realistischer verhalten, sich argumentativ begegnen und zusammenarbeiten können. Durch ihre falsche Zurückhaltung gegenüber der Einigung habe die SPD die Bedürfnisse der Menschen ignoriert, unnötig an Einfluß verloren und das Handeln allein der CDU überlassen.

Auch für die Haltung mancher Helfer aus dem Westen, die gegenüber den Leuten im Osten nicht bescheiden, sondern besserwisserisch auftraten, konnte sie wenig Sympathie empfinden. Die Art, wie die Parteien aus dem Westen, insbesondere die CDU, ihren Bruderparteien ihren Wahlkampfstil aufdrängten, erschien ihr politisch wie psychologisch inadäquat. Dabei war ihr die Problematik der Situation bewußt. Von eigenen Studenten, die an der Vorbereitung des Wahlkampfs mitwirkten, wußte sie, wie schwierig es war, sich bei der allgemeinen Unsicherheit und Unerfahrenheit in der DDR als Helfer zu betätigen. Weil sie westliche Kompetenz besaßen, bot man ihnen wichtige Funktionen an, die DDR-Leute noch nicht erfüllen konnten. Problematisch erschien Schwan auch die Skepsis gegenüber der Einheit, wie sie von manchen Intellektuellen im Westen vertreten wurde. Deren Sorge vor einem bedrohlichen Großdeutschland teilte sie zwar, doch hatte sie immer den gesamteuropäischen Kontext im Auge, in dem Deutschland nur im Zusammenspiel mit den Nachbarn existieren konnte, wodurch sein Einfluß relativiert wurde.

In den ersten Monaten nach der Wende nahm Schwan an zahlreichen Diskussionen zwischen Intellektuellen aus Ost- und Westdeutschland teil, die aus zwei verschiedenen Welten kamen und einander oft mit massiven Vorurteilen begegneten. Auf einer Veranstaltung, an der auch Jens Reich teilnahm, erklärte sie, die Diskrepanz zwischen Westdeutschen, die meinten, sie würden zu viel für die Einheit zahlen, und Ostdeutschen, die glaubten, sie hätten den schlechteren Part, könne sich erst lösen, wenn die Westdeutschen begriffen, daß die jetzige Situation eine Folge aus der Zeit vor 1945 sei, und nach Kriegsende hätten sie den leichteren Part gehabt. So sei es selbstverständlich, wenn sie nun einen finanziellen Beitrag für die Einheit leisteten. Am Ende der Diskussion sprach sie ein Mitarbeiter der öffentlichen Verwaltung Ost an. Wie sie es denn geschafft habe, an der Freien Universität Dekanin zu werden, wo sie doch aus dem Osten käme. Für ihn war es undenkbar, daß jemand aus dem Westen die Fähigkeit besaß, sich in die Situation der Ostdeutschen hineinzuversetzen und von einer Verpflichtung der Westdeutschen ihnen gegenüber zu sprechen.

Für Gesine Schwan war das eine Selbstverständlichkeit. Zu genau hatte sie in ihrer Kindheit und Jugend die Probleme in Ost und West, die in Berlin immer spürbar waren, kennengelernt. Sie war sich immer des Privilegs bewußt gewesen, in Heiligensee, das zu Westberlin gehörte, aufzuwachsen und nicht jenseits der nahen Grenze. Dies war jedoch kein Grund zu vergessen, welches Schicksal andere zu tragen hatten, nicht nur die Menschen im Osten Deutschlands. In Gesine Schwans Elternhaus, das sehr politisch war und in dem die Frage einer möglichen Wiedergutmachung für die Greuel des Nazi-Regimes im Ausland große Bedeutung hatte, war es selbstverständlich, den Blick nicht nur auf das eigene Land zu richten, sondern auch die Nachbarn einzubeziehen, ganz besonders deshalb, weil Deutschland ihnen im Krieg so viel Leid zugefügt hatte. Schon in den fünfziger Jahren nahm Schwans Mutter an Friedensfahrten nach Polen teil, die der Versöhnung dienen sollten. Aus Gründen der Völkerverständigung besuchte Gesine Schwan das Französische Gymnasium in Berlin-Wedding. Die Eltern wollten auf diesem Weg etwas gegen die so lange beschworene Erbfeindschaft zwischen Deutschen und Franzosen tun, die durch den Zweiten Weltkrieg neue Nahrung erhalten hatte.

Wie sehr es zum Verständnis eines Landes, seiner Probleme, aber auch seiner Reichtümer beiträgt, wenn man die Sprache beherrscht, hat Gesine Schwan durch die Begegnung mit der französischen Kultur früh erfahren. Später, als Studentin, erweiterte sie ihren Radius durch verschiedene Aufenthalte in Polen, auf denen sie auch diese Sprache lernte. Sie promovierte über den Philosophen Leszek Kolakowski, der 1966 aus der polnischen KP ausgeschlossen worden war und später sein Land verließ.

Die Erlebnisse in Polen haben ihre politische Haltung und besonders das Verhältnis zur DDR entscheidend beeinflußt, haben auch das von ihren Eltern vermittelte Weltbild in mancher Hinsicht relativiert. Diese waren während der Zeit des Nationalsozialismus im Widerstand gewesen, hatten in verschiedenen Gruppen, die gegen das NS-Regime agierten,

Linkssozialisten und Kommunisten kennengelernt und ein positives Bild von ihnen bewahrt, auch nach Gründung der DDR. So war Gesine Schwan, anders als viele junge Berliner, in den fünfziger und sechziger Jahren vom Geist des frontstädtischen Antikommunismus weit entfernt. Ihre Eltern waren gegenüber dem Westen kritisch eingestellt, selbst gegenüber Ernst Reuter, dessen Pathos ihnen manchmal übertrieben schien.

Gesine Schwan bildete sich schon als Mädchen eine eigene politische Meinung, auch aufgrund eigener Erfahrungen. Wenn sie in öffentlichen Verkehrsmitteln durch den Ostteil Berlins fuhr und Vopos begegnete, fürchtete sie sich. Auch die Ereignisse vom 17. Juni 1953 – sie war damals gerade zehn Jahre alt – erschreckten sie zutiefst. Die Schule hatte an diesem Tag früher als sonst geschlossen, und auf dem Heimweg nach Heiligensee sah sie in der überfüllten Straßenbahn Menschen, die vor den sowjetischen Panzern geflohen waren und nun von Ostberlin zurück in das gleich hinter der Grenze zu Westberlin gelegene Hennigsdorf fuhren. An der Angst, die ihnen ins Gesicht geschrieben stand, ließ sich die Wirkung des brutalen Militäreinsatzes ablesen.

Die Gedenkfeiern zum 17. Juni, die nun jährlich begangen wurden, standen, wie sie sich erinnert, bei ihren Adenauerkritischen Eltern „unter Ideologieverdacht". Zugleich waren sie, obwohl sie dafür votierten, daß man für die DDR Verständnis haben solle, hilfsbereit gegenüber Verwandten, die in den Westen gekommen waren. Eine junge Cousine wohnte ein Jahr lang in der Familie, damit ihr das Flüchtlingslager erspart blieb.

Gesine Schwan hatte schon ein recht differenziertes Bild von den Verhältnissen in Deutschand, als 1961 die Mauer gebaut wurde. Sie erfuhr davon auf einer Italienreise und war nicht sonderlich überrascht. Daß die DDR sich durch die seit Wochen anhaltende große Flüchtlingswelle zum Handeln herausgefordert sah, da dem Land wichtige Arbeitskräfte entzogen wurden, erschien ihr logisch. Gesine Schwan hat den Mauerbau jedoch sehr bedauert, denn sie hatte Berlin ja immer als Einheit erlebt. Persönlich hat er sie nicht allzu schmerzlich berührt, weil inzwischen alle ihre Verwandten aus der DDR in den Westen gekommen waren.

Zur militanten Antikommunistin wurde sie durch den Mauerbau im Unterschied zu vielen Berlinern nicht. Erst als sie sich 1965, 1967 und 1968 längere Zeit in Polen aufgehalten hatte, änderte sich ihre, vom Elternhaus vermittelte, betont objektiv-kritische und damit wohlwollende Einstellung gegenüber dem Kommunismus. An den Sprachkursen der Warschauer Universität nahmen auch Studenten aus der DDR teil, die streng getrennt von den Westdeutschen arbeiten und nicht einmal gemeinsam mit ihnen essen sollten. Gesine Schwan und andere westdeutsche Studenten beendeten diese absurde Situation, indem sie die Vorschriften durchbrachen, doch ihr wurde immer eindringlicher bewußt, welche Unterdrückung die DDR gegenüber ihren Menschen ausübte.

Noch mehr als diese Erfahrung beeindruckte sie die Begegnung mit polnischen Intellektuellen, durch die sie „vom zu Hause gepflegten Mythos des guten Kommunisten, der im Nationalsozialismus Widerstand geleistet hatte, befreit" wurde. Sie wohnte bei einer hochgebildeten Frau, die mehrere Sprachen beherrschte und 1967 aus der Partei ausgetreten war. Durch sie lernte Schwan Menschen kennen, die sowohl in Konzentrationslagern als auch in stalinistischen Lagern gesessen hatten, darunter viele Juden. Sie alle hatten sich vom Kommunismus abgewandt, und verspürten ein immenses Freiheitsbedürfnis. Gesine Schwan wurde damals noch deutlicher, wie sehr in den sozialistischen Ländern Unterdrückung und Unfreiheit herrschten und daß in den Volksrepubliken das Volk keineswegs auf der Seite der Regierenden stand. Durch viele Gespräche und gründliche Zeitungslektüre lernte sie, die komplizierte Situation, in der sich die polnische Intelligenz befand, besser zu verstehen. Die Zeitungen griffen damals den regimekritischen Kolakowski-Schüler Adam Michnik, der heute Chefredakteur der großen liberalen Zeitung *Gazeta Wyborcza* ist, heftig an und betonten in diesem Zusammenhang oft dessen jüdische Herkunft. Im Kampf gegen Andersdenkende scheute sich die polnische Regierung nicht, auf die alte Tradition des Antisemitismus in Polen zurückzugreifen, um dadurch eine breite Zustimmung bei der Bevölkerung zu finden. Zugleich unterdrückte sie die Menschen mit dem Argument, wie gefährlich die faschistischen Revanchisten in Westdeutschland seien. Gesine Schwan erinnert sich, daß es angesichts dieser Konstellation für sie als junge Deutsche in Polen nicht einfach war, eine politische Orientierung zu finden. Doch sowohl die Unterdrückung der Freiheit als auch der Antisemitismus waren ihr zuwider.

So begrüßte sie es sehr, als in der Bundesrepublik auf immer breiterer Ebene die Debatte über eine Aussöhnung mit den Nachbarn in Osteuropa geführt wurde. Sie versprach sich von einer veränderten Haltung der westdeutschen Politik und einer Anerkennung der Oder-Neiße-Grenze Erleichterungen für die Bevölkerung Polens, da die polnische Regierung auf diese Weise ein wichtiges Druckmittel gegen die eigene Bevölkerung verlor. Die Angst vor den Deutschen konnte nun nicht mehr als Argument für Freiheitsentzug und Unterdrückung gelten.

Seit Ende der sechziger Jahre ist Gesine Schwan regelmäßig nach Ostberlin gefahren, um den Kontakt zu den Menschen in der DDR nicht zu verlieren. Über Jahre traf sie regelmäßig eine Russisch-Dozentin der Humboldt-Universität, die nicht Mitglied der SED war, und erfuhr viele Einzelheiten über das Leben in der DDR. Auch besuchte sie gemeinsam mit ihrem 1989 verstorbenen Mann Alexander Schwan, dem langjährigen Professor für Politikwissenschaft an der Freien Universität, die Ostberliner Theater und erinnert sich noch an viele Aufführungen, darunter die des kritischen Stücks *Der Drache* von Jewgenij Schwarz Ende der siebziger Jahre. Jedesmal wenn sie die unangenehmen Grenzkontrollen hinter sich brachte, hatte sie ein Gefühl der Angst und Bedrohung und konnte keinerlei Sympathie für das DDR-Regime aufbringen.

Im Unterschied zu vielen ihrer Generation war sie auch dank ihres familiären Hintergrunds in der Lage, ideologiekritisch und unvorbelastet über das zu urteilen, was sie erfuhr, ohne sich einem zwanghaften „Antikommunismus" hingeben zu müssen, der eigentlich ein Antinazismus war, und zu einer falschen Toleranz gegenüber einem nichtdemokratischen Regime führte.

In ihrer kritischen Haltung und der Beurteilung politisch-sozialer Gegebenheiten hat sie sich nie beirren lassen, auch nicht nachdem sie 1970 wegen der Ostpolitik Willy Brandts Mitglied der SPD geworden war. Sich einer Parteiraison zu unterwerfen ist für sie undenkbar.

Die Fähigkeit, für sich auf radikale Weise Meinungsfreiheit in Anspruch zu nehmen, verdankt sie neben ihrem Elternhaus auch ihrem katholischen Glauben. Dieser bestärkt sie darin, sich auf ihr eigenes Urteil zu verlassen, befreit sie davon, alles von sich selbst erwarten zu müssen, und gibt ihr die Möglichkeit, die Hilfe einer höheren Kraft in Anspruch zu nehmen. Nicht nur ihre politisch-ethische Verantwortung wahrzunehmen wird ihr durch den Glauben erleichtert, sie verdankt ihm auch eine Lebensfreude, wie sie bei vielen anderen Menschen, auch im Umfeld der stark protestantisch geprägten SPD, nicht immer anzutreffen ist.

Ihre Unabhängigkeit hat sie mehrfach unter Beweis gestellt, etwa als sie 1979 als Mitglied der Grundwertekommission der SPD gegen Willy Brandt, Peter Glotz und die Mehrheit der Partei für den Nato-Doppelbeschluß eintrat. 1977 war sie vom Parteivorstand in die Kommission gewählt worden, die damals Erhard Eppler leitete. Mit ihm habe sie sich anfangs gut verstanden, erinnert sie sich. Möglicherweise aber habe er, so meint sie, als strenger Protestant ihre Sinnenfreude und ihren Optimismus nicht ganz geteilt und es lieber gesehen, wenn man ihr das Leiden an den Problemen in Politik und Gesellschaft ein wenig angemerkt hätte. An der Arbeit in der Grundwertekommission in den siebziger und achtziger Jahren hat ihr der Arbeitsstil sehr gefallen. Er war besonders von Richard Löwenthal geprägt, der über lange Jahre Mitglied des Gremiums war und dessen Fähigkeit zur klaren Analyse und geschickte Art, die Partei zu kritisieren, ohne mit ihr zu brechen, sie sehr bewunderte. Durch seine Fähigkeit, Konflikte auszutragen, ohne dabei die menschliche Wertschätzung seiner Gegner aufzugeben, hat er ihrer Meinung nach erheblich zur Zivilisierung politischer Konflikte beigetragen. Den von Löwenthal gepflegten Stil in politischen Grundsatzdebatten vermißt sie heute sehr.

Ihre eigene Positition in der Grundwertekommission war nie unumstritten. Als in den achtziger Jahren der Dialog zwischen SED und SPD begann, nahm man sie zu ihrem Bedauern nicht in die gemeinsame Arbeitsgruppe auf, weil man offenbar ihre kritische Haltung gegenüber der DDR fürchtete. Sie selbst meint, daß sie durchaus in der Lage gewesen wäre, ihre Kritik in der richtigen Form vorzubringen. Die geringe Bandbreite der Kommission – es gab auf seiten der SPD zur Verwunderung der SED-Gruppe keine einzige Frau – hat sie bedauert, aber nicht ändern können. Ihre Auffassungen hat sie jedoch weiterhin deutlich vertreten. Bereits in der Frage des Nato-Doppelbeschlusses hatte sie klar Stellung bezogen, später kritisierte sie das Verhalten der SPD gegenüber kommunistischen Regierungen und bemängelte, daß die Partei die Unterschiede zwischen Sozialismus und Demokratie zunehmend vernachlässigte und polnische und tschechische Dissidenten nicht genügend unterstützte. Dies führte 1984 zu ihrem Ausschluß aus der Grundwertekommission. Obwohl sich Richard Löwenthal und Hans-Jochen Vogel für sie eingesetzt hatten, bestanden Peter Glotz und andere auf einem Ausschluß. Dieser hat ihr schwer zu schaffen gemacht, doch hat sie ihre Positionen deshalb nicht revidiert.

Als man sie nach der Wende, 1995, auf Initiative von Wolfgang Thierse fragte, ob sie wieder in die Kommission gewählt werden wolle, sah sie dies als Signal dafür, daß man ihre Analyse im nachhinein vielleicht für nicht ganz falsch hielt. Sie stimmte der Aufnahme zu und war bemüht, denjenigen, die sie vorher ausgeschlossen hatten, ohne Ressentiment zu begegnen und konstruktive Arbeit in der Kommission zu leisten. Ob ihre Vorschläge und Initiativen dort auf fruchtbaren Boden fallen, weiß sie momentan nicht zu sagen. Die Atmosphäre der Grundwertekommission hat sich seit den siebziger und achtziger Jahren grundlegend geändert, und Schwan fragt sich, ob das Gremium noch die Bedeutung haben kann, die es früher für die politische Orientierung der Partei zweifellos hatte.

Gesine Schwan, die Politikwissenschaft am Otto-Suhr-Institut der Freien Universität Berlin lehrt und deren Forschungsschwerpunkte politische Philosophie und Demokratietheorie sind, gelingt es nicht nur in ihrer Lehre, sondern auch in ihren Veröffentlichungen, eine Verbindung zwischen Theorie und Praxis herzustellen. 1989 erschien das Buch *Politik und Schuld*, das sich mit den Auswirkungen nicht verarbeiteter Schuld auf die politische Kultur unserer Demokratie auseinandersetzt. Es zeigt, wie notwendig und zugleich befreiend die ernsthafte Beschäftigung mit einer schuldbehafteten politischen Vergangenheit ist, wie unabdingbar sie für die Bildung politischen Bewußtseins und die Förderung der *citoyenneté* ist. An verantwortlichem Bürgersinn hat es auch in der NS-Zeit entschieden gemangelt, und für seine Förderung stehen heute die Voraussetzungen, wie sie meint, nicht zum besten. Die Gelegenheit, an Vorbildern zu lernen, wie man selbst Verantwortung für Dinge übernehmen kann, die über die persönlichen Belange hinausgehen – eine Grundvoraussetzung für das Funktionieren einer Demokratie – nehmen immer mehr ab. Auf diesem Gebiet besteht, wie sie betont, in unserer Gesellschaft großer Handlungsbedarf, auch in ihrer eigenen Partei.

Ihre Ideen von einer Universität der Zukunft wollte Gesine Schwan an der FU realisieren. Dort kandidierte sie für das Amt des Präsidenten, unterlag jedoch bei der Wahl dem bisherigen Amtsinhaber. Inzwischen hat sie interessante andere Pläne. Bereits als Dekanin hat sie zahlreiche Erfahrungen in der Hochschulpolitik gemacht, die sie darin bestärkt haben, das akademische Leben, das für die Gesellschaft eine so wichtige Rolle spielt, durch ein neues Konzept zu verändern und neu zu beleben.

Eine Universität darf ihres Erachtens keine Einrichtung sein, die in technokratischen Reformen, Zahlen und Evaluationen aufgeht, in der die Einzeldisziplinen ohne Kommunikation untereinander nur ihrer eigenen Logik folgen. Ihr kommt es darauf an, daß alle Fächer sich über den Sinn ihres Tuns und die Methoden ihrer Urteilsbildung klar werden, sich neuen Entwicklungen öffnen und diese mit den bisherigen Erfahrungen sinnvoll verbinden. Die Arbeit an der Universität ist für Gesine Schwan von existentieller Bedeutung, auch für die Gesellschaft. Es ist ihr wichtig, den „Geist wieder lebendiger zu machen", wobei sie den Begriff Geist auch im religiösen Sinn versteht. Dieser Geist soll an der Universität wieder spürbarer werden, auch im Zusammenhang mit der klassischen Frage nach der Verantwortung der Wissenschaften. Die Gefahren, die sich aus der Freiheit der Forschung ergeben, können durch gesetzliche Regelungen nicht eingedämmt werden, davon ist Schwan überzeugt, unter anderem deshalb, weil dem grenzenlose Wißbegier, aber auch Karrierebewußtsein entgegenstehen. Diese Gefahren können nur von jedem einzelnen bekämpft werden. Der Beitrag der Universität zu einem friedlichen Fortbestand der Gesellschaft liegt für die Professorin darin, daß sie diejenigen, die in ihr arbeiten, dazu befähigt, andere Personen, Methoden und Denkarten zu begreifen und sie zusammenzubringen, damit es zu einer vermittelbaren Urteilsfindung kommen kann. Dies ist allerdings nicht ohne Einbindung in die Gesellschaft möglich. Deshalb hält Schwan es für unabdingbar, daß gesellschaftliche Eliten und das Wissenschaftssystem verstärkt miteinander kommunizieren. So kann die Gesellschaft von den Leistungen der Wissenschaften wie sogfältigem Analysieren, systematischem Denken und Herstellen von Zusammenhängen profitieren, die Gesellschaft ihrerseits kann und sollte ihre praktischen Erfahrungen und Probleme an die Wissenschaften herantragen.

Für den Wahlkampf, der auf dem Weg zu einer Uni-Präsidentschaft unvermeidlich war, brauchte Gesine Schwan gute Nerven und viel Kraft. Diese bezog sie auch aus ihrer Glaubensüberzeugung, die ihr Freiheit und nicht Zwang bedeutet und die ihr die Gelassenheit gab, ihre mögliche Wahlniederlage nicht als persönliches Scheitern zu betrachten, sondern als legitime gesellschaftliche Alternative. Für sich selbst dürfte sie andere Wege finden, ihre Vorstellungen so gut umzusetzen wie möglich.

Wer ihre Vorlesungen oder Vorträge besucht, erlebt weder eine typische Vertreterin der traditionellen Ordinarienuniversität noch eine Anhängerin einer technokratischen Hochschule der Zukunft. Gesine Schwan ist im akademischen Betrieb eine ungewöhnliche und seltene Erscheinung, eine elegante, lebhafte Frau, die energisch und klar ihre eigenen Standpunkte vertritt. Die enge Verknüpfung von Politik und Moral, für die sie häufig eintritt, verkörpert sie auch selbst, ohne Rigidität und ohne daß dabei ihr Charme verlorenginge.

Als im Januar 1999 der heutige polnische Außenminister Bronislaw Geremek die Ehrendoktorwürde der Freien Universität erhielt, war dies für Gesine Schwan, die Initiatorin des Ereignisses, weit mehr als eine gewöhnliche akademische Feier. Geremeks Gegenwart rückte die Erfüllung des viele Jahre gehegten Wunsches nach einem Ende der Unfreiheit Polens und der Länder des Ostblocks und einer Vereinigung Europas ins Bewußtsein. Gesine Schwan würdigte in ihrer Laudatio auf Geremek, in dessen Biographie sich die polnische Geschichte dieses Jahrhunderts spiegelt, den bedeutenden Historiker und Schüler Fernand Braudels und Freund Georges Dubys, aber auch den homo politicus, in dessen Biographie sich die bewegte Geschichte Polens deutlich spiegelt.

Als Kind hatte er das Konzentrationslager überlebt, war nach dem Krieg katholisch erzogen worden und 1950 als Reaktion auf die durch Krieg und NS „zertrümmerte Welt" in die polnische KP eingetreten. Im August 1968 hatte er nach den Ereignissen in Prag die Partei verlassen und sich forthin zunehmend der Wissenschaft gewidmet. Später war er für das Bündnis von Arbeitern und Intellektuellen eingetreten und hatte die Solidarność beraten. Dafür kam er ins Gefängnis, aber nach seiner Amnestierung rief er den Runden Tisch ins Leben, an dem sich alle politischen Gruppierungen trafen, womit er zum Ausdruck brachte, daß zu demokratischen Prozessen auch der Respekt vor der Würde des Gegners gehört.

Geremek hat für Gesine Schwan besondere Bedeutung, weil er eine Brücke von Ost- nach Westeuropa bildet und in verschiedenen Kulturen zu Hause ist, vor allem aber, weil er als von beiden totalitären Regimen des Jahrhunderts Verfolgter heute, nach dem Zusammenbruch des kommunistischen Blocks, eine wichtige politische Funktion innehat und die Entwicklung Europas von der Zeit der polnischen Besatzung durch die Deutschen bis zur Demokratisierung verkörpert. Auch hat er die Zukunft Polens in einem vereinten Europa zu seinem wichtigsten Anliegen gemacht. Er ist damit eine Symbolfigur der schrittweisen unblutigen Umgestaltung Polens von einem sozialistischen in einen demokratischen Verfassungsstaat, auf der Basis einer Versöhnung und Verständigung der verschiedenen politischen Gruppierungen, ein Phänomen, das Gesine Schwan, die so lange mit den Verhältnissen in Polen vertraut ist und viele Freunde unter polnischen Intellektuellen hat, immer ein wichtiges Anliegen war.

Verständigung unter früheren politischen Gegnern, wie sie in Polen auch deshalb möglich wurde, weil frühere Kommunisten bereit waren, begangenes Unrecht wiedergutzumachen, sollte nach Schwans Meinung auch in Deutschland gelingen. Frühere SED-Mitglieder, die sich mit den Fehlern der Vergangenheit auseinandergesetzt haben und versuchen, heute einen konsequent anderen Weg zu gehen, könnten an den zu erfüllenden Aufgaben im vereinten Deutschland entscheidend mitwirken.

Ob in der Funktion einer Universitätspräsidentin oder als Forscherin und Professorin – Gesine Schwan wird auch in Zukunft die politische Debatte in der Bundesrepublik beleben, denn ihre Freude an streitbarer Demokratie ist groß.

Musiker – Anwalt – Politiker

Lothar de Maizière

How can you know banana-split if you don't taste banana-split? Mit diesem Satz versuchte vor Jahren ein amerikanischer Psychotherapeut, einer Gruppe deutscher Akademiker, *crazy Germans*, beizubringen, daß viele Lebensphänomene mit abstrakter Begrifflichkeit und philosophischer Strenge nicht verstanden werden können. Hinter diesem eigentlich so banal klingenden Satz verbirgt sich ein ganzes Programm: Um Dinge richtig zu verstehen, muß man mit ihnen in Berührung gekommen sein, sich ganz auf sie eingelassen haben. Für Menschen gilt dies um so mehr.

Lothar de Maizière, der bei der deutschen Einheit als erster und letzter freigewählter Ministerpräsident der DDR eine so zentrale Rolle spielte, hält heute, zehn Jahre später, die äußere Einheit für gelungen, für die innere, so meint er, sei noch viel zu tun. Pauschale Urteile über Kommunisten, wie sie während des Kalten Krieges im Westen üblich waren, sind im Fall der DDR einem ganzen Land und seinen Menschen übergestülpt worden und gelten oft bis heute.

Immer noch erscheint de Maizière das Wissensdefizit vieler Westdeutscher über die DDR und ihre Menschen groß und das Urteil entsprechend undifferenziert, wenn nicht falsch. Sich als Ostdeutscher dagegen zu wehren ist schwer, da man entweder als Gegner der Einheit oder als undankbar eingestuft wird. Dennoch nimmt de Maizière, der eigentlich alles andere ist als ein Agitator, nicht nur im Inland, sondern auch auf sei-

nen Auslandsreisen jede Gelegenheit wahr, Menschen aufzuklären und Vorurteile zu beseitigen, damit sie sich ein realistischeres Bild von der Situation machen, in der die meisten DDR-Bürger gelebt haben. Am wenigsten gerecht wird man ihnen, so meint er, wenn man sie aufgrund der Zugehörigkeit zu einer Partei diffamiert. Es gab auch in den DDR-Parteien Oppositionelle, aber diese wurden mundtot gemacht, nicht anders, wie er glaubt, als es in den heute einflußreichen Parteien geschieht. Einheitspartei und Blockpartei bedeutete nicht, daß alle Mitglieder nur eines dachten und vertraten.

Es gab in der Geschichte der DDR immer wieder andersdenkende, kritische Geister. So war es in der Zeit vor dem Bau der Mauer, so war es während des Prager Frühlings. De Maizière selbst war damals ein großer Anhänger von Ota Šik, der zum ZK der tschechoslowakischen KP gehörte, ihm aber mit dem „dritten Weg", wie auch Šiks damals vielbeachtetes Buch heißt, jenseits von Kapitalismus und Kommunismus die richtige Lösung gefunden zu haben schien. Die Vorstellung einer marktorientierten Wirtschaftsordnung im Sozialismus überzeugte de Maizière. Er hatte zahlreiche Freunde in der ČSSR, mit denen er über die Situation diskutierte, kaufte sich frühmorgens regelmäßig die *Prager Volkszeitung* im tschechischen Pavillon nahe dem Bahnhof Friedrichstraße, bis dieser – ein unheilvolles Omen – im Sommer 1968 geschlossen wurde. Wenig später marschierten die Warschauer-Pakt-Truppen in die ČSSR ein, und der Prager Frühling, dieses, wie de Maizière glaubte, realisierbare Gegenmodell zum Sozialismus, wurde zerschlagen. Ähnlich wie nach dem Mauerbau 1961, bei dem die Westmächte sich stark zurückgehalten hatten, blieben sie auch bei diesem Ereignis im Hintergrund. De Maizière erlebte dies als große Enttäuschung, fühlte sich wie schon 1961 vom Westen verraten.

Zwanzig Jahre lang gab es danach in seinen Augen keine starke Demokratiebewegung mehr in Osteuropa. Für die polnische Solidarność-Bewegung fehlte ihm die rechte Sympathie. Die Gruppe war ihm zu wenig intellektuell, und erst spät erfuhr er, daß Walesa zwar die Massen begeisterte, daß aber die führenden Köpfe der Solidarność Leute wie Bronislaw Geremek, der jetzige Außenminister, und Adam Michnik, der heutige Chefredakteur der *Gazeta Wyborcza*, waren. Eines hatte de Maizière aus den Enttäuschungen von 1961 und 1968 gelernt: Es erschien ihm wenig sinnvoll, sich emotional hinreißen zu lassen, und er hielt es für besser, mit den gegebenen Verhältnissen zu leben und dabei seine christliche Überzeugung nicht zu verraten. In und außerhalb der Kirche fand er viele, die diese Einstellung teilten.

Die weitere Entwicklung der DDR betrachtete er nüchtern und realistisch. Der Traum vom „dritten Weg“ war für ihn zu Ende. Vielleicht ist seine frühere Begeisterung für Šiks Idee ein Grund, daß er heute so wenig von jenen hält, die ihr immer noch anhängen und, wie er meint, „noch nicht auf dem Boden der Tatsachen angekommen sind“.

Hoffnung auf eine Verbesserung der Verhältnisse schöpfte de Maizière erst wieder, als 1973 in Helsinki die KSZE eröffnet wurde, deren Schlußakte auch die DDR unterzeichnete. Auch den UNO-Menschenrechts-Konventionen über bürgerliche und zivile Rechte sowie soziale und wirtschaftliche Rechte war die DDR beigetreten und hatte sich verpflichtet, die Vorgaben soweit wie möglich in ihr eigenes Rechtssystem zu übernehmen. Daß Bürgerrechte in binnenstaatliches Recht überführt werden sollten, hieß für de Maizière, daß man sie in der DDR vielleicht eines Tages würde einfordern können. Als er 1988 an der Humboldt-Universität ein Seminar für Anwälte über rechtsstaatliche Prinzipien hielt, standen die Menschenrechte im Mittelpunkt. Er versuchte, den Teilnehmern zu vermitteln, daß Menschenrechte nicht zur Disposition gestellt werden können, sondern immer Geltung besitzen, und daß die Menschenwürde unverzichtbar ist, unabhängig davon, ob ein Staat sie gewährt oder nicht.

Was er in diesem Seminar lehrte, war schon seit Jahren Grundlage seiner täglichen Arbeit als Anwalt. Auch in der Zeit der Stagnation, bevor sich in den achtziger Jahren das Klima in der DDR zu verändern begann, sah sich de Maizière zusammen mit vielen anderen als heimlicher Oppositioneller, der in ungezählten kleinen und unauffälligen Schritten für eine Verbesserung der Verhältnisse sorgte. Daß viele heute glauben, nur eine kleine Schar Bürgerrechtler habe sich kritisch mit dem SED-Staat auseinandergesetzt, alle anderen seien mehr oder weniger Mittäter, bedauert er. Auch den Menschen, die sich nach dem Krieg und dem Zusammenbruch des Nationalsozialismus um eine politische Alternative bemühten und einige Zeit glaubten, ein sozialistischer Staat in Deutschland gebe ihnen die Möglichkeit dazu, darf man ihre Aufrichtigkeit nicht absprechen. Früh genug verloren viele ihre Illusionen über das Land und sein politisches System. Viele Menschen waren überzeugt gewesen, daß die DDR dem Sinn der Entwicklung der Geschichte entsprach. Schriftsteller wie Anna Seghers, Heinrich Mann, Bertolt Brecht und Arnold Zweig und viele andere, die sich nach der Emigration in der DDR niederließen, waren wichtige Leitfiguren gewesen. Bei aller politischen Stagnation gab es immer ein reiches kulturelles Leben in diesem Land, basierend auf einer soliden Bildungstradition. Die Menschen lasen viel, tauschten sich aus, diskutierten, und viele haben ihr Leben, wie de Maizière meint, gern gelebt.

Dabei lebten sie in einem Land, in dem Mangel herrschte, und hatten das legitime Bedürfnis, versorgt zu sein und vom Staat in Ruhe gelassen zu werden. Dessen Fürsorge in Anspruch genommen zu haben, kann man den Menschen in de Maizières Augen nicht zum Vorwurf machen, ebensowenig wie man ihnen ständig vorhalten kann, daß die DDR ein Unrechtsstaat war. DDR-Bürger gewesen sein zu dürfen, ohne sich ständig Selbstvorwürfe machen zu müssen, erscheint ihm eine Selbstverständlichkeit. Zu vergessen, daß es die DDR gegeben hat, ist für alle, die dort gelebt haben, undenkbar, denn sie ist Teil ihrer Geschichte. Eine intensive, unvoreingenommene Beschäftigung mit der Geschichte des Landes steht noch aus und würde de Maizières Meinung nach zur Vollendung der inneren Einheit erheblich beitragen.

Die Öffnung der Mauer 1989 war für de Maizière ein unglaubliches Ereignis. Als Ronald Reagan 1987 Gorbatschow aufforderte, die Mauer einzureißen, hielt er diese Forderung für vollkommen illusorisch, obwohl er sich nichts mehr gewünscht hätte.

Daß sich seit Ende der siebziger Jahre in der DDR etwas veränderte, wußte er aus der täglichen Berufspraxis, da er zu den wenigen Anwälten gehörte, die Oppositionelle verteidigten. Aber daß es zu einer Revolution kommen würde, ahnte er nicht. Erst im Frühjahr 1989, als es eine offizielle Erklärung von Kombinatsdirektoren gab, die auf Mißstände in der Wirtschaft hinwiesen, wurde er aufmerksam. So etwas hatte es bis dahin nicht gegeben. Üblicherweise wurden Berichte über die Situation der Wirtschaft an Honecker so verfaßt, daß er immer den besten Eindruck von der Ökonomie seines Landes haben mußte. Diese Erklärung war daher ein alarmierendes Signal.

De Maizière erkannte in den kommenden Wochen immer deutlicher, daß es bald Reformen geben müßte, aber nicht mit der Partei, sondern an ihr vorbei, ein für die Staaten des Ostblocks außergewöhnliches Phänomen. Überall spürte man die Aufbruchstimmung, aber auch Unsicherheit machte sich breit.

Die Synode des Kirchenbundes, deren Vizepräsident de Maizière seit 1988 war, stellte im September 1989 fest, daß es zu einem grundsätzlichen Wandel in der DDR kommen würde, und erklärte sich bereit, ihn mitzutragen. Daß es dabei zu schweren Problemen kommen könnte, wurde nicht ausgeschlossen. In ihrer für säkular denkende Menschen etwas befremdlichen kirchlichen Sprache formulierte die Synode, daß, wenn es ein „Kreuz zu tragen" gäbe, einer da sei, „der es mitträgt". Sie forderte den Staat auf, Meinungs- und Pressefreiheit, Reisefreiheit und ein gerechtes Wahlsystem zu gewährleisten. Damit setzte sie ein deutliches Signal, denn üblicherweise sprach die Kirche Bitten aus und stellte keine Forderungen.

Eine Strategie für den Ablauf der künftigen Ereignisse konnte es nicht geben. Es herrschte zu große Orientierungslosigkeit und mangelnde Klarheit über das, was geschehen könnte. In den Tagen nach der Synode hatte de Maizière zunehmend das Gefühl, das Land liege in Agonie. Trotz des feierlich mit Fackelzug, Militärparade und Volksfesten begangenen 40. Jahrestags der DDR am 7. Oktober war keinerlei Enthusiasmus in der Bevölkerung zu spüren. Statt dessen demonstrierten in der Nähe des Palasts der Republik dreitausend Menschen mit Slogans wie „Wir sind das Volk“, „Gorbi, Gorbi“ oder „Gorbi hilf uns“, während die DDR-Führung mit ihren Gästen aus dem Ausland, darunter auch Gorbatschow, den Festtag beging. Der berühmte Satz des sowjetischen Generalsekretärs: „Wer zu spät kommt, den bestraft das Leben“ gab der Bevölkerung neuen Mut, gegen Staat und Partei die Stimme zu erheben.

Die Krankheit Honeckers erschien de Maizière symptomatisch für die Situation der gesamten DDR. Ein besonderer Tag, der sein Leben in den nächsten Monaten entscheidend veränderte, war der 2. November. Gerald Götting, der Parteivorsitzende der Ost-CDU, ein eifriger Gefolgsmann der SED, trat zurück. De Maizière, der schon mit sechzehn Jahren in die Partei eingetreten war, aber bisher nie ein Amt bekleidet hatte, wurde die Kandidatur für den Parteivorsitz angeboten. Er versprach, sich bis zum nächsten Tag zu entscheiden. Für die Wahl hatte man den 10. November avisiert.

Am Vorabend der Wahlen nahm de Maizière an einem Treffen verschiedener Parteien und Gruppierungen im Französischen Dom teil, auf dem unter dem Thema „Kirche und Politik“ über die Situation des Landes und mögliches Handeln diskutiert wurde. Diese Versammlung war eine Art Vorstufe zum Runden Tisch. Bei dieser Veranstaltung sprach de Maizière zum erstenmal öffentlich für die CDU. Als die Nachricht von der Maueröffnung bekannt wurde, waren die Anwesenden, wie de Maizière sich erinnert, „wie vom Blitz getroffen“, blieben aber „brav preußisch sitzen“, bis alle zu Wort gekommen waren. Erst dann wurde die Konferenz beendet.

De Maizière begab sich anschließend zur Mauer, um sich zu überzeugen, ob die Nachricht auch der Realität entsprach, und fuhr dann, überwältigt von den Eindrücken, nach Hause, um sich auf die Sitzung der CDU am nächsten Tag vorzubereiten. Ihm war bewußt, daß ihm in nächster Zeit eine wichtige Aufgabe zufallen würde, und obwohl er kein Mann der Öffentlichkeit ist, sagte er sich, daß er sich in der gegebenen Situation nicht zurückziehen dürfe. Erwartungsgemäß wurde er am 10. November zum CDU-Vorsitzenden gewählt.

In den nächsten Tagen und Wochen überstürzten sich die Ereignisse. Am 13. November wurde Modrow nach dem Rücktritt von Willy Stoph mit der Bildung einer neuen Regierung beauftragt. Am 17. November trat de Maizière als stellvertretender Ministerpräsident und Kirchenminister in das Kabinett Modrow ein. Er war der Ansicht, die CDU habe eine Mitverantwortung für die vierzig Jahre DDR, außerdem wollte er die Bildung einer reinen SED-Regierung verhindern, da diese vermutlich vom Volk schnellstens verjagt worden wäre, was zu weiterer Instabilität geführt hätte. Er hatte Modrow mehrere Bedingungen für seine Mitarbeit gestellt: die Vorbereitung freier Wahlen, wodurch die Modrow-Regierung zu einer Übergangsregierung wurde, die Streichung der führenden Rolle der SED aus der Verfassung, den baldigen Beginn von Verhandlungen über eine Wirtschafts- und Währungsunion. De Maizière schätzte Modrow, der ein Anhänger Gorbatschows und deshalb in seiner Partei zum Außenseiter geworden war, und sieht ihn auch heute noch als einen „authentischen Demokraten“. Am 18. November bestätigte die Volkskammer die Regierung.

De Maizière und Modrow legten Wert auf eine enge Zusammenarbeit mit beiden Kirchen. Sie waren in Sorge wegen der unsicheren Lage und fragten sich, ob das Land den Winter bis zu den freien Wahlen ohne Kälte, Hunger und Blutvergießen überstehen würde. In der DDR waren 380 000 sowjetische Soldaten stationiert, Berlin war von sowjetischem Militärgelände umgeben, nur eine Panzerstunde entfernt. Die Lage zwischen den Soldaten der sowjetischen Armee und der Bevölkerung war angespannt, da immer mehr Ostdeutsche verlangten, durch das Militärgelände zu fahren, anstatt große Umwege zu machen. Außerdem herrschte unter den Sowjets Unsicherheit, ob die DDR nicht vielleicht inzwischen zur NATO, dem erklärten Feind der UdSSR, gehörte.

Am 4. Dezember trat die CDU aus dem demokratischen Block mit SED, Liberalen, Bauernpartei und NDPD aus. Sie wollte keine berüchtigte „Blockpartei" mehr sein.

Als am 11. Dezember der CDU-Bundesausschuß in West-Berlin tagte, wurde de Maizière nicht eingeladen. Er sah darin einen Affront, der nichts Gutes verhieß. Das Verhältnis der West- zur Ost-CDU stand zu seinem Bedauern von Anfang an unter keinem guten Stern.

Am 15./16. Dezember fand im Kosmos-Kino in Ostberlin ein CDU-Parteitag statt, auf dem sich die Ost-Partei zum erstenmal zur Einheit bekannte. Edmund Huber von der CSU und Eberhard Diepgen nahmen als Gäste teil. Als Huber Ansprüche auf Schlesien erhob, wies de Maizière dies energisch zurück.

Er hatte andere Vorstellungen vom Umgang mit der deutschen Geschichte, die später, in der zweiten Sitzung der frei gewählten Volkskammer, festgelegt und beschlossen wurden. Vier Punkte waren de Maizière besonders wichtig:

1. Das Bekenntnis zum Holocaust, 2. die Verurteilung des Einmarsches in die ČSSR 1968, 3. die Sicherung der polnischen Grenze, 4. eine ehrliche Versöhnung mit den Völkern der Sowjetunion.

Am 20. Dezember erhielt die DDR den ersten prominenten Gast seit dem Fall der Mauer. Der französische Staatspräsident Mitterrand kam zum Staatsbesuch und traf sich – entsprechend alter Gewohnheit – mit der Spitze der Partei, die inzwischen SED-PDS hieß und deren Vorsitzender Gregor Gysi war. Mit dem Regierungschef de Maizière kam Mitterrand nicht zusammen. Nur am Rande des Treffens konnte de Maizière ein Gespräch mit dem Leiter des französischen Präsidialamts führen, den er darauf hinwies, daß das geschlossene Handelsabkommen zwischen der DDR und Frankreich keine vier Jahre halten würde. Die Haltung der französischen Regierung, die eine allzu schnelle Wiedervereinigung nicht gern sah und dies auch offen aussprach, störte de Maizière und, wie er meint, auch viele DDR-Bürger nicht, sie waren von dem großen Tempo der Entwicklung nicht weniger überrascht als er selbst und vielfach skeptisch.

Daß es trotz der Hast, in der nun die Ereignisse aufeinanderfolgten, gelang, den Runden Tisch zu gründen, sieht de Maizière heute als wesentlich für den friedlichen Verlauf der Demokratisierung seines Landes an. Vorbild war der Runde Tisch aus Polen, ein Gremium aus verschiedenen Gruppierungen, die über die politische Situation des Landes ausführlich und ohne Vorbehalte diskutierten. Die Sitzungen, die im Fernsehen übertragen wurden, verfolgten große Teile der Bevölkerung aufmerksam. Viele fühlten sich durch diese spürbare Hinwendung zur Demokratie ermutigt. De Maizière, der während der gesamten Wendezeit ein Höchstmaß an Pragmatismus an den Tag legte, verfaßte vor dem ersten Treffen des Runden Tisches am 6. Dezember eine Geschäftsordnung, damit die Diskussionen und Abstimmungen nach bestimmten Regeln verlaufen konnten. Sie fand allgemeine Anerkennung, erwies sich als praktikabel und blieb bis zum 12. März 1990, der letzten Sitzung des Runden Tisches, in Kraft. Dem Runden Tisch gehörten 22 Gruppen mit je drei Vertretern an. Da das Rotationsprinzip galt, waren immer neue Leute an diesem Meinungsbildungsprozeß beteiligt. Im Unterschied zu den Mitgliedern von Bündnis '90, für die der Runde Tisch die „höchste Form von Demokratie" war, wie es de Maizière nennt, sah er darin immer eine Übergangslösung, bis es ein frei gewähltes Parlament gäbe. Sinn des Runden Tisches war für ihn, daß die diversen Gruppen miteinander friedlich diskutierten. Neben dem zentralen Runden Tisch in Berlin gab es noch viele andere in der Provinz, die von der Kirche organisiert wurden. Auch die Befähigung vieler Teilnehmer der Runden Tische zu demokratischen Diskussionen und Abstimmungen hat seiner Meinung nach mit der Kirche zu tun. Sie war wegen ihrer demokratischen Verfassung der einzige Ort, an dem es in der DDR vor der Wende so etwas wie praktizierte Demokratie gegeben hatte.

Während mit den Runden Tischen in der DDR erfreuliche Forschritte auf dem Weg in die freiheitliche Demokratie gemacht wurden, waren de Maizières Erfahrungen mit der West-CDU unerfreulich. Volker Rühe, der nicht mit ihm direkt kommunizierte, teilte ihm über das Fernsehen mit, die Ost-CDU müsse aus der Regierung „mit den Kommunisten" aussteigen. De Maizière weigerte sich, dieser Aufforderung zu entsprechen. Erstens wollte er die Verantwortung für die Übergangsregierung wahrnehmen, zweitens wollte er verhindern, daß die DDR allein von der PDS regiert wurde.

Um eine Annäherung von Ost- und West-CDU zu erreichen, erinnerte de Maizière die „Schwesterpartei", daß sich die SPD im Westen schon am 13. Dezember zur Ost-SPD bekannt und ihr tatkräftige Wahlhilfe zugesagt habe. So gelang es de Maizière, die West-CDU endlich zum Handeln zu veranlassen.

Nachdem der Termin für freie Wahlen auf den 18. März festgelegt worden war, wurde am 5. Februar die „Allianz für Deutschland" unter Beteiligung von DSU, DA, FDP, Ost- und West-CDU gegründet. De Maizière versprach sich von diesem Bündnis vor allem, daß sich bisher Unentschlossene mit ihm identifizieren könnten. Die wenig verläßlichen Umfragen wurden ernstgenommen, obwohl den Instituten keine Telefone und Adreßdateien zur Verfügung standen und nur eine Quotenbefragung durchgeführt wurde. Das Umfrageergebnis für die Allianz lag bei 35 Prozent der Stimmen.

Die Wahlkampfreise mit Kohl war für de Maizière eine neue Erfahrung, die ihn einige Anstrengung kostete, denn die Rolle des Volkstribuns lag ihm nicht sonderlich. Man erwartete von ihm Wahlreden, bei denen es nicht darauf ankam, Gedanken zu entwickeln und Probleme zu erörtern, sondern Thesen vorzutragen und unbewiesene Behauptungen aufzustellen. Der frühere Büroleiter des beredten Heiner Geißler wurde de Maizières Lehrmeister und versuchte mehr oder weniger vergeblich, de Maizière die Grundzüge volkstümlicher Wahlkampfrhetorik zu vermitteln.

Trotz des guten Wahlergebnisses der Allianz am 18. März – die CDU allein errang 40,6 Prozent der Stimmen – votierte de Maizière, der als designierter Regierungschef bemüht war, die weitere Entwicklung möglichst vernünftig zu steuern, für eine große Koalition. Sie schien ihm in diesem Fall die beste Lösung bei der Regierungsbildung, denn das neue Parlament würde viele Gesetze und Bestimmungen zu beschließen haben, für die eine Zwei-Drittel-Mehrheit erforderlich war. Außerdem fehlte die Zeit, in mühseliger Arbeit vor jeder Abstimmung die notwendigen Stimmen zu sammeln.

Mit dem Ergebnis der Wahlen war de Maizière deshalb besonders zufrieden, weil er darin eine Absage an den „dritten Weg" und den Wunsch einer Mehrheit nach schneller Vereinigung sah.

Am 12. April wurde er vor der Volkskammer vereidigt, am 19. April gab er die Regierungserklärung ab, in der er sich für einen Beitritt der DDR zur Bundesrepublik nach Artikel 23 des Grundgesetzes aussprach und für Kommunalwahlen am 6. Mai plädierte, an dem zum ersten Mal in der DDR Bürgermeister und Landräte frei gewählt werden sollten.

Die Zusammenarbeit mit der Kohl-Regierung intensivierte sich nach der Wahl immer mehr, de Maizière hat sie als durchaus konstruktiv empfunden und sich besonders mit Wolfgang Schäuble gut verstanden. Die Arbeit mit seinen Ministern –

alle waren neu in der Politik, drei Viertel waren Christen, und sie gehörten den verschiedensten Berufsgruppen an – fand er belebend und erfrischend. Die Tätigkeit der Regierung wurde auch dadurch erleichtert, daß jedem Minister ein Pendant aus dem Westen zur Seite stand.

Daß die Koalition, nachdem sie zahlreiche Gesetze und Verordnungen im Parlament erfolgreich durchgebracht und damit ein hohes Maß an Konsensfähigkeit bewiesen hatte, schließlich zerbrach, war eine Folge des nahenden Wahlkampfes. Die FDP trat für ein einheitliches Wahlgebiet Ost-West ein, de Maizière aber wollte den DDR-Parteien dazu verhelfen, die Fünf-Prozent-Hürde zu schaffen, was nur bei getrennten Wahlgebieten möglich war. Die FDP warf ihm Begünstigung der PDS vor und verließ die Regierung.

Auch die SPD machte Anstalten, sich zurückzuziehen. Oskar Lafontaine hatte erklärt, eine Koalition könne keinen Wahlkampf führen. Einer der Gründe für die Mißstimmung zwischen de Maizière und seinem Finanzminister Romberg, der später Europa-Abgeordneter wurde, war dessen Weigerung, kurz vor Beginn der Währungseinheit am 1. Juli 1990 die Staatsreserven zum halben Preis zu verkaufen. De Maizière aber insistierte, da es nach der Währungsunion einen freien Zugang zu Westwaren gab. Die weitere Entwicklung gab ihm recht.

Nach dem Austritt der sechs SPD-Minister am 19. August übernahm der Regierungschef das Außenressort selbst, um die Zwei-plus-Vier-Verhandlungen erfolgreich abschließen zu können.

Auch die Etappen zur Einheit wurden in atemberaubendem Tempo vollzogen. Wie viele andere, die wie er mitten im Geschehen waren, erinnert sich de Maizière an stundenlange Sitzungen zu immer neuen Fragen, an viele endlos scheinende Nächte intensiver Arbeit.

Am 18. Mai wurde der Staatsvertrag über die Schaffung einer Währungs-, Wirtschafts- und Sozialunion zwischen

Bundesrepublik und DDR geschlossen, am 23. Juli das Ländereinführungsgesetz, das de Maizière für besonders wichtig hielt, da die DDR die Länder zerschlagen und den Menschen damit eine wichtige Identifikation und das Gefühl der Zugehörigkeit auf regionaler Ebene genommen hatte. Die baldige Wiedereinführung der Länder sollte ihnen die Orientierung erleichtern.

Am 31. August wurde der Einigungsvertrag unterzeichnet, am 12. September der Zwei-plus-Vier-Vertrag. Daß mit ihm endlich der Friedensvertrag geschlossen und damit das Ende des Zweiten Weltkriegs besiegelt wurde, hat de Maizière nicht gleichgültig gelassen. Er konnte, wie er sich erinnert, nach der Unterzeichnung sein Bewegtheit nur schwer verbergen.

Mit Abschluß dieses Vertrags war für ihn der wichtigste Schritt zur Einheit getan. Gemessen an diesem Ergebnis erscheinen ihm auch heute die Kosten nicht zu hoch. Deutschland verpflichtete sich in dem Vertrag, 7,8 Milliarden DM für Soldatenwohnungen in der Sowjetunion und 5,2 Milliarden für die Stationierungskosten der Truppen bis zu deren Abzug zu bezahlen.

Das Tempo auf dem Weg zur Einheit war nicht zu verhindern. Doch eigentlich hätte de Maizière den DDR-Bürgern mehr Zeit gewünscht, sich in die neue Situation hineinzufinden. Niemand hatte diese Eile vorausgesehen, auch Helmut Kohl hatte ja in seinem Zehn-Punkte-Programm vom November 1989 mit acht bis zehn Jahren gerechnet. Ein wichtiger Grund für eine schnelle Vereinigung war für de Maizière die große Unsicherheit über das Verhalten der UdSSR.

Hinzu kam die katastrophale finanzielle Situation des Landes. Schon zur Zeit der Modrow-Regierung war intern bekannt geworden, daß die DDR bald nicht mehr in der Lage sein würde, Löhne und Gehälter zu bezahlen. Das Land war im Sommer 1990 mit über 500 Milliarden Mark verschuldet, die 160 Milliarden Ersparnisse der DDR-Bürger waren durch nichts abgedeckt. Bei Festlegung der Wechselkurse für die

Währungsunion wurde, obwohl genug Stimmen dagegen votierten, darunter der späte Bundesbankpräsident Schlesinger, darauf geachtet, daß diese Ersparnisse nicht verlorengingen. Es hätte keine Sinn gehabt, meint de Maizière, nachdem die Mauer geöffnet war, Finanzbarrieren gegen die DDR-Bürger zu errichten.

Für den miserablen Zustand der DDR-Wirtschaft gab es zahlreiche Gründe. Dazu gehörte zum Beispiel, daß die DDR der Sowjetunion die Rohstoffe zu Weltmarktpreisen abkaufen und die Produkte der eigenen Industrie und damit die oft beträchtlichen Leistungen der DDR-Bürger im Bereich der Wirtschaft weit unter Wert verkaufen mußte. Für die Stationierungskosten der Truppen mußte die DDR im voraus bezahlen, und nur ein geringer Prozentsatz des Bruttosozialprodukts wurde für Investitionen benutzt, wodurch es nicht zu Innovationen in Industrie und Technik kommen konnte.

Dank dem Fond deutscher Einheit, der vom Bund, über Kredite und die alten Länder finanziert wurde, wurde eine wichtige Basis für die neuen Bundesländer gelegt, auch wurde für sie stufenweise der heute von den reichen Ländern Bayern und Baden-Württenberg in Frage gestellte Länderfinanzausgleich eingeführt.

Die Zeit nach dem 3. Oktober 1990 hat de Maizière nicht nur in guter Erinnerung. Als Minister ohne Portefeuille in Bonn fühlte er sich nicht nur wegen mangelnder Bewegungsfreiheit und der strengen Fraktionsdisziplin unwohl. Daß er sich zum Beispiel mit seinem langjährigen Kollegen Gregor Gysi nur heimlich treffen konnte, weil ihm sonst Vorhaltungen gemacht wurden, hält er für grotesk. Auch wurde in Bonn die Tatsache genutzt, daß mehrfach Vorwürfe wegen Stasi-Mitarbeit gegen ihn erhoben worden waren. Zum erstenmal im Dezember 1989, als behauptet wurde, de Maizière habe gegen Geld für die Statssicherheit gearbeitet. All dies konnte widerlegt werden. Er selbst hatte bereits im Dezember dem Runden Tisch erklärt, daß er im Zusammenhang mit seiner Arbeit als Anwalt von politisch Verfolgten Kontakt mit der Stasi haben mußte, da diese die Untersuchungen führte, und daß er nichts zu verbergen habe.

Auch nach der Volkskammerwahl wurden vage Verdächtigungen geäußert, die sich als belanglos herausstellten. Am 10. Dezember 1990 kam der *Spiegel* mit einem Artikel auf den Markt, in dem behauptet wurde, de Maizière sei unter dem Decknamen Czerni für die Stasi aktiv geworden. Quelle dieser Publikation war die Gauck-Behörde. De Maizière stellte sich einem Untersuchungsausschuß des Innenministeriums, der zu dem Ergebnis kam, aus den Papieren gehe nicht eindeutig hervor, ob de Maizière gewußt habe, daß er als Mitarbeiter registriert worden sei. Er nennt dies ironisch einen „Freispruch zweiter Klasse". Ende 1992 wurde ein Überprüfungsverfahren durch die Berliner Justiz vorgenommen, und es wurde nichts Belastendes gefunden. Nach de Maizières Meinung gab es verschiedene Gruppen, die ein Interesse daran hatten, ihn zu diffamieren: Einheitsgegner im Umkreis von Bündnis '90 hätten ihn, gewissermaßen ein Symbol der Einheit, treffen wollen; in der SPD habe man die Hegemonie der CDU nicht gern gesehen, der CDU sei er zu stark gewesen. Was immer die Motive waren, de Maizière glaubt, daß er sich nichts vorzuwerfen hat. Doch legte er alle Ämter nieder, da er sich nicht dauernd öffentlich rechtfertigen wollte. Eigentlich hatte er von der neuen Demokratie gerade Respekt vor der Meinungsfreiheit und der Privatsphäre erwartet, auf den man in der DDR so lange hatte verzichten müssen. Daß ihm dies so kurz nach der Vollendung der Einheit versagt wurde, bedauert er.

Heute geht er wieder seinem Beruf als Anwalt nach und beschäftigt sich unter anderem mit Rehabilitierungsverfahren von Opfern der DDR-Justiz. Hierbei wird er immer wieder an seine frühere Arbeit als Verteidiger der Opposition erinnert. Seine Mandanten waren oft Vertreter von Friedens- und Menschenrechtsgruppen, Ausreisewillige oder Militärdienstverweigerer. Solche Strafsachen übernahm er ungern, aber die Kirche, besonders Bischof Forck, baten ihn immer wieder darum. Bei dieser Arbeit kam er zwangsläufig mit der Stasi in Verbindung, weil diese die Ermittlungen führte. Die Anklage wurde in ihrem Sinn erhoben, auch auf das Strafmaß hatte sie Einfluß. Wer aber mit der Stasi Kontakt hatte, konnte nie wissen, welchen Gebrauch sie von dem machte, was man sagte. Im Auftrag der Kirche und in der Rolle eines „bourgeoisen Relikts" versuchte de Maizière, das Grundrecht auf Verteidigung zu wahren. Gedankt wurde ihm das auch von den Mandanten nicht immer. Ein Ehepaar, das er nach der Liebknecht-Luxemburg-Demonstration vertrat, weil es das Transparent „Die Freiheit ist immer die Freiheit des Andersdenkenden" getragen hatte, entschied sich, als es die Wahl zwischen Abschiebung und Gefängnishaft hatte, in der Untersuchungshaft für eine Ausreise. Die beiden baten ihren Anwalt sogar, vor ihrer Abschiebung ein Vaterunser mit ihnen zu beten. Nach der Wende verdächtigten sie ihn der Stasi-Mitarbeit. De Maizière, den eine solche Erfahrung verletzen müßte, analysiert diesen Fall sehr nüchtern: Die neue Interpretation ihrer damaligen Situation als Opfer ihres eigenen Anwalts mache sie heute zu Helden.

Die Debatte um den Umgang mit der Stasi ist in der DDR sehr emotional geführt worden. Für viele Westdeutsche ist die Verurteilung von DDR-Bürgern eine Art Fortsetzung des traditionellen bundesdeutschen Antikommunismus mit anderen Mitteln. In diesem Zusammenhang sieht de Maizière auch die Gauck-Behörde kritisch. Allzu oft gingen Informationen an die Medien, die sie dann weidlich ausschlachteten, viele Aktenleser betrieben Voyeurismus, auch gäbe die Behörde über ihre Auskunftspflicht hinaus Bewertungen ab. Hier werde mit deutscher Gründlichkeit eine Art Hexenjagd betrieben, und so wirke manchmal ironischerweise durch die Gauck-Behörde die Stasi in die Zukunft fort. Für zehn Prozent der DDR-Bevölkerung, die als Kollaborateure oder Opfer erfaßt wurden, stelle die Gauck-Behörde eine Art Damoklesschwert dar.

De Maizière ist deshalb wie Friedrich Schorlemmer oder Richard Schröder für eine baldige Amnestie, damit die Dinge zur Ruhe kommen und man neu anfangen kann. Er wünscht sich, daß man sich seine Meinung über die anderen Deutschen unbefangen aus eigener Anschauung bildet und verweist in diesem Zusammenhang auf das Prinzip der *oubliance*, des Vergessens, das bei Erlaß des Nanter Edikts Geltung fand. Damals beschlossen in Frankreich Katholiken und Protestanten, nach vorn zu blicken, weil ihnen anders ein friedliches Miteinander nicht realisierbar erschien.

Für ein besseres gegenseitiges Verständnis wird de Maizière auch künftig werben und sich zugleich freuen, weil es die deutsche Einheit gibt, weil er sich wieder seinem Anwaltberuf und seiner eigentlichen Passion, der Musik, widmen kann und weil er bei allem nüchternen Realismus optimistisch bleibt. Er hat heute viele Freunde in Ländern, die früher der DDR sehr kritisch gegenüberstanden. Daß es zwischen Ost- und Westdeutschen gute Beziehungen geben kann, dafür ist ihm seine Freundschaft mit Wolfgang Schäuble ein wichtiges Zeichen.

Ein historisches Glückskind

Beatrice von Weizsäcker

Sie hat sich, seit sie 1967 mit Brüdern und Eltern in die Bundeshauptstadt kam, in Bonn zu Hause gefühlt und dort eine glückliche Kindheit und Jugend verbracht. Als sie sich im April 1991 auf dem Einwohnermeldeamt des Ortsteils Bad Godesberg abmeldete und der Mitarbeiter ihr mit traurigem Blick und belegter Stimme erklärte: „Sie sind die erste, die sich nach Berlin abmeldet!", war auch sie bewegt. Der ganze Kummer der Bonner Bevölkerung über den Verlust des Hauptstadtstatus fand hier seinen Ausdruck.

Nach dem 9. November 1989 hielt Beatrice von Weizsäcker nicht mehr viel in Bonn. Zwar hatte sie hier interessante erste Berufserfahrungen als Mitarbeiterin von Rita Süssmuth und im Bundeskanzleramt gemacht, doch interessierte sie sich schon damals besonders für das Verhältnis der DDR zur Bundesrepublik, das auch Thema ihrer Doktorarbeit war. Diese handelte von den Städtepartnerschaften, die es seit 1986 gab, und die durch sie entstandenen Begegnungen zwischen Bürgern beider Staaten. Nach dem Abend des 9. November, den sie mit ungläubigem Staunen, Gänsehaut und einer langen Diskussion darüber, was in Zukunft geschehen würde, bei Freunden verbrachte, stand für sie eines fest: Sie wollte nach Berlin, um künftig im Zentrum der Ereignisse zu sein. Daran, daß Berlin in kürzester Zeit wieder Hauptstadt ganz Deutschlands sein würde, zweifelte sie keinen Augenblick, ein Umzug der Regierung in allernächster Zeit schien ihr selbstverständlich.

Viele ihrer Bonner Bekannten sahen die Dinge anders, und so stieß sie mit ihren Plänen auf wenig Verständnis. Was sie in Berlin suche, das sei viel zu weit weg und werde so schnell keine Rolle spielen. Über solche Zweifel aber setzte sie sich mit der ihr eigenen Spontaneität und Souveränität hinweg. Sie hatte gute Gründe. Das historische Ereignis des Mauerfalls war auch für sie persönlich von großer Bedeutung. Schon lange hatte sie nach einer sinnvollen Aufgabe gesucht, und jetzt gewann sie den Eindruck, diese endlich gefunden zu haben. Die Vereinigung der beiden deutschen Staaten zu verwirklichen, erkannte sie als die zentrale Aufgabe ihrer Generation, so wie es der Wiederaufbau nach dem Krieg für die Generation ihrer Eltern gewesen war. Jetzt würde sie sich mit ihren Fähigkeiten und Kräften an der Realisierung der Einheit beteiligen. Der Zeitpunkt erschien ihr günstig, denn sie hatte ihre juristische Ausbildung abgeschlossen, war offen für Neues und damit in der Lage, sich eine für ihr Ziel geeignete Arbeit zu suchen.

Zunächst beschloß sie, ihre Doktorarbeit, deren rechtliche Ergebnisse durch die Maueröffnung über Nacht Historie geworden waren, zu aktualisieren. Gewiß würde sich dieses Ereignis auf die Städtepartnerschaften auswirken. Sie befragte Städte und Kommunen, ob und wie sich ihre Beziehungen durch die Öffnung der Grenzen verändert hatten.

Bis zum Herbst '89 waren 58 Partnerschaften geschlossen worden, weitere sechs waren zugesagt. Die erste war im April 1986, vermittelt durch Lafontaine und Honecker zwischen Eisenhüttenstadt im Osten und Saarlouis im Westen, entstanden und hatte sich gut entwickelt, obwohl die beiden Städte an die tausend Kilometer weit auseinanderliegen. Geographisch günstiger war die Lage der Nachbarstädte Hof und Plauen, die zehnte Partnerschaft. Bis 1989 waren immer mehr Städte gefolgt, darunter auch Hamburg und Dresden. Diese Form der Partnerschaft hatte die DDR schon seit den fünfziger Jahren angestrebt, sie war aber von westlicher Seite abgelehnt worden, da dies in gewisser Weise eine Anerkennung der DDR bedeutet hätte.

Ein großes Problem stellten bei den Partnerschaften die unterschiedlichen Verwaltungsstrukturen der beiden Länder dar. Da es in der DDR keine kommunale Selbstverwaltung gab, mußten dort alle Schritte mit der Zentralregierung abgestimmt werden, was zu einiger Schwerfälligkeit führte. Die westdeutschen Kommunen hatten es da einfacher. Auch kam es immer wieder vor, daß allzu autonome Städtevertreter aus dem Osten, denen man vorwarf, sie hätten sich dem Westen zu weit angenähert, nicht mehr reisen durften. Manchmal wurde von einem Treffen zum nächsten eine ganze Delegation ausgetauscht.

Der Fall der Mauer veränderte die Beziehungen zwischen den Städten auf geradezu sensationelle Weise. Westdeutsche Kommunen schickten nicht nur Unmengen von Gebrauchsgegenständen in die DDR, sondern auch Informationsmaterial wie Kopien ihrer gemeindlichen Satzungen. Berater wurden ohne Bezahlung tätig, damit im Osten schnell mit dem Aufbau kommunaler Strukturen begonnen werden konnte. So lernten manche schon vor der Vereinigung und vor der Bildung der Länder im Sommer 1990, was kommunale Selbstverwaltung bedeutet, und konnten ihr Wissen bald anwenden. Einige westdeutsche Städte boten sogar Dreier-, Vierer- oder Fünferpartnerschaften an. Was auf hoher staatlicher Ebene nur zäh vorwärtskam, weil darüber lange verhandelt wurde, funktionierte auf kommunaler Ebene fast wie von selbst. Noch während die beiden deutschen Staaten zäh um ein Abkommen über Schüleraustausch rangen, schickten Städte und Gemeinden Kinder und Jugendliche in die Partnerstadt. Die allererste Zeit nach der Wende war auf dieser Ebene eine der wichtigsten und lebendigsten, die Hilfsbereitschaft, Offenheit, Freigebigkeit und Vorurteilslosigkeit waren größer als je zuvor. Die Annäherung von beiden Seiten und die Bereitschaft zu teilen waren phänomenal und wurden nach Weizsäckers Meinung der Situation auf ideale Weise gerecht. Nur wenige Wochen nach dem 9. November wußte niemand mehr genau, wie viele Städteverbindungen es gab. Später kursierte die Zahl von fünfhundert.

Was sich in den ersten Monaten in Städten und Kommunen entwickelt hatte, wurde nach Weizsäckers Meinung in der Folge viel zu wenig genutzt. Gerade in dieser Zeit der direkten Begegnung von Menschen, die sich vorher nicht kannten, hatte sich gezeigt, daß Nähe das gegenseitige Interesse steigert und zu große Distanz zu Gleichgültigkeit führt. Anstatt blühende Landschaften zu versprechen, wäre es Weizsäckers Meinung nach besser gewesen, eine Politik der kleinen Schritte an der Basis zu fördern, durch die mehr Menschen einander hätten begegnen, sich helfen und austauschen können.

In der ersten Zeit nach der Wende, in der noch niemand dachte, der Osten nähme dem Westen alles weg, hätte man vielleicht eine solide Basis für bessere Beziehungen schaffen können. Jedenfalls ließ die große Dynamik in den Städtepartnerschaften dies erkennen. Erst als sich herausstellte, daß die deutsche Einheit einen langen Zeitraum in Anspruch nehmen würde, als der Solidaritätszuschlag gezahlt werden mußte, wandelte sich die Einstellung der Leute im Westen allmählich.

Wie aber soll man von Bürgern eines Landes hohe Bereitschaft zur Hilfe erwarten, wenn die Mitarbeiter ihrer Regierung derart auf ihre Privilegien pochen, Entschädigungsgelder, Umzugsbeihilfen, Freiflüge, günstige Kredite zum Immobilienerwerb und vieles andere fordern, wie es gleich nach der Wende geschah und bis heute geschieht?

Beatrice von Weizsäcker steht der Indifferenz vieler Westdeutscher kritisch gegenüber. Sie hat wenig Verständnis für jene Leute, die die Einheit zu ignorieren versuchen und sich in erster Linie für die Wahrung ihres Lebensstandards interessieren.

Nachdem sie ihre Dissertation über die Geschichte der Städtepartnerschaften und deren neueste Entwicklung als Buch mit dem Titel *Verschwisterung im Bruderland* veröffentlicht hatte, lernte sie über den Verleger Wolf Jobst Siedler den damaligen Chefredakteur des Berliner *Tagesspiegels*, Hermann Rudolph, kennen.

Seit April 1991 ist sie bei dieser Zeitung, seit sieben Jahren arbeitet sie für das Ressort Politik. Das Schreiben bietet ihr Gelegenheit, zu beobachten und im Detail zu verfolgen, was in der neuen Bundesrepublik geschieht. Ihre besondere Aufmerksamkeit gilt der Entwicklung des Rechtssystems und der Rechtskultur, den Kirchen und den Minderheiten, deren Schutz seit jeher eine der wichtigsten Aufgaben der Demokratie war. Ohne sie kann es keinen historischen Fortschritt geben, weder auf sozialem, noch auf ökonomischem, noch auf ökologischem Gebiet. Am Schutz ihrer Minderheiten muß sich jede Demokratie messen lassen, ohne ihn bringt sie sich selbst in Gefahr. Alle fortschrittlichen Bewegungen sind von ihnen ausgegangen, die Abschaffung der Todesstrafe wurde von einer Minderheit gefordert, die Friedens- und Menschenrechtsgruppen in der DDR, ohne die es keine gewaltlose Revolution gegeben hätte, waren eine Minderheit. Aber jede Gesellschaft, auch die neue Bundesrepublik, hat ihre Randgruppen und Minoritäten, um deren Schutz immer wieder gekämpft werden muß. Ein wichtiges Beispiel hierfür sind neben religiösen Minderheiten oder Homosexuellen die Ausländer, die gerade seit dem Fall der Mauer immer wieder Verfolgungen ausgesetzt sind und zu deren Ungunsten im Frühjahr 1999 von einer Partei, die Plebiszite immer abgelehnt hat, Unterschriften gesammelt worden sind.

Weizsäcker sieht es als wichtige Aufgabe an, den Umgang mit der Verfassung in den letzten Jahren zu analysieren. Die Änderung des Asylrechts, die Einführung des „großen Lauschangriffs“ bedeuten für sie Beeinträchtigungen des Grundgesetzes. Auch die „Reform“ von 1994, in der darauf verzichtet wurde, Elemente direkter Demokratie in die Verfassung aufzunehmen, den Minderheitenschutz zu verbessern und Staatsziele wie ein Recht auf Arbeit und Wohnung zu berücksichtigen, sieht sie kritisch.

In der Frage des Umgangs mit Ausländern, mit dem Weizsäcker sich seit Jahren beschäftigt, hat sie zu einer klaren und doch differenzierten Haltung gefunden. Sie ist für Integration der Ausländer, aber sie sieht auch, wie schwer es für manche Leute ist, diese zu akzeptieren – oft aus Unwissen oder mangelnder Erfahrung. Sie weiß und sagt immer wieder, daß der Umgang mit Fremden gelernt werden muß, daß man zur Kenntnis nehmen muß, daß in unserer Gesellschaft schon lange Menschen leben, die anders sind, die jedoch einen wichtigen Beitrag für das wirtschaftliche und kulturelle Leben leisten und ein Recht haben, akzeptiert zu werden.

Auf diesem Gebiet hat sich durch die Öffnung der Grenzen zu Osteuropa und die fortschreitende Globalisierung in den letzten Jahren viel verändert. Hier sind West- und Ostdeutschland ebenso betroffen wie andere Länder Europas. Doch Weizsäcker ist wichtig, wie die Deutschen mit diesem Problem umgehen, und so hält sie es für unerläßlich, für Verständnis zu werben und zu versuchen, gewaltsame Übergriffe, wie sie immer wieder vorkommen, zu verhindern. Was auf den Straßen geschieht, wenn Ausländer verfolgt, geschlagen oder in den Tod getrieben werden, ist nicht nur durch eine zunehmende Gewaltbereitschaft Jugendlicher zu erklären. Motiviert sind diese auch durch die Sichtweisen Erwachsener, die oft aus Unwissen Ausländern die Schuld an ihrer eigenen schwierigen sozialen Situation geben. Dabei ist ein ähnlicher Mechanismus am Werk wie der, welcher im Dritten Reich in den Juden die Ursache für alle Probleme sah. Durch Information, Darlegung von Fakten und Zusammenhängen hofft Weizsäcker, auch auf diesem brisanten Feld etwas bewirken zu können.

Zu vermitteln, was Demokratie bedeutet, wie jeder einzelne seine Rechte wahrnehmen kann, um damit am Ende Freiheit und Gerechtigkeit für alle zu erhalten, ist Weizsäcker besonders wichtig, und im Schreiben sieht sie eine Möglichkeit, immer wieder daran zu erinnern. Auch in falscher Information und undifferenzierter Darstellung wichtiger Gegebenheiten sieht sie eine Gefahr und ist bemüht, Dinge richtigzustellen und komplexe Sachverhalte ausgewogen und differenziert darzustellen. Dabei ist sie auch offen für die Meinung anderer und liest sorgfältig Leserbriefe über ihre Artikel. Es kommt auch vor, daß sie eine Meinung revidiert und neu nachzudenken beginnt. So geschah es Anfang der neunziger Jahre nach einem ausführlichen Telefongespräch mit einem Mann aus Ostberlin, das sie eines Abends während des Spätdienstes in der Redaktion führte. Eigentlich war sie froh, daß sie ihren Kommentar zum Thema strafrechtlicher Umgang mit der DDR fast fertiggeschrieben hatte, aber nach diesem Gespräch kamen ihr Bedenken.

Der Mann hatte ihr erzählt, er empfinde es als ungerecht, wie oft in der Zeitung über Menschen aus der DDR geurteilt werde. Wer im Westen könne überhaupt wissen, wie viele Menschen oft unbemerkt und unauffällig in kleinen Nischen gearbeitet und für Freiheit, Demokratie, ein besseres Klima und ein erträgliches Miteinander gekämpft hätten. Diese Leute seien keine Berühmtheiten, aber jetzt, wo es in der DDR eine Demokratie gäbe, seien sie schon wieder die Verlierer. Bei der Vergabe von Arbeitsstellen seien meist die Leute genommen worden, die schon vorher da gewesen seien, weil sie sich ausgekannt hätten, weil sie die Erfahrung gehabt hätten, dabei aber früher keineswegs zur Verbesserung des Klimas oder zu gerechten Verhältnissen beigetragen hätten.

Nach dieser Stellungnahme löschte sie den Kommentar im Computer, schrieb ihn ganz neu und versuchte, die Gedanken des Mannes dabei zu berücksichtigen. Auf diese Weise kann auch ein aufmerksamer und kritischer Leser, wenn er einen verständigen Journalisten erreicht, auf die öffentliche Debatte einwirken. Beatrice von Weizsäcker ist für diese Art Dialog offen. Sie hofft, daß er zur inneren Einheit beiträgt.

Jetzt, wo sie seit acht Jahren in Berlin wohnt und erlebt, mit wieviel Mühe sich die Ostberliner und die Menschen aus der DDR in der neuen Gesellschaft einleben, wie viele Veränderungen sie bei allen Vorteilen, die ihnen die Einheit gebracht hat, hinnehmen und wieviel Neues sie lernen mußten, denkt sie nur noch mit Kopfschütteln an die in Bonn geführte Debatte um die Zukunft der Hauptstadt. Die Diskussion erschien ihr schon 1990/91 reichlich absurd. Bei aller Sympathie für Bonn war sie überzeugt, daß ein baldiger Regierungsumzug notwendig war, sah ihn als symbolische Handlung, ein Zeichen dafür, daß sich die westdeutsche Regierung und ihre Mitarbeiter öffnen, Interesse an den Problemen der Ostdeutschen erkennen lassen, so wie es an Tagen wie dem 17. Juni immer ausgesprochen worden war. Bei der großen Entfernung Bonns von der DDR und Berlin konnte sich der Blick nicht weiten und so auch kein Verständnis für die Ostdeutschen und die Geschichte ihres Landes entstehen. Daß man überhaupt eine Diskussion führte, welche Stadt Hauptstadt werden sollte, verwunderte sie zutiefst. Es kam ihr vor, als ob Dornröschen plötzlich nicht mehr Dornröschen sein durfte, nachdem der Prinz gekommen war. Die vielen Klagen von Regierungsmitarbeitern, die den Verlust von Privilegien fürchteten, ihre mangelnde Flexibilität, die Angst von Bundesländern, die im Vergleich zur DDR in schöner Blüte standen, wirtschaftliche Nachteile in Kauf nehmen zu müssen, waren ihr in dieser historischen Situation unverständlich. Auch das Argument, in Berlin könne wegen mangelnder Infrastruktur nicht regiert werden, erschien ihr wenig stichhaltig. Schließlich war die gesamte DDR-Regierung immer hier gewesen, und es gab genug geeignete Gebäude, außerdem war in Bonn Improvisation seit jeher üblich gewesen. Ständig wurde dort gebaut, all die Jahre, in denen Bonn Hauptstadt war. Generell ist sie der Meinung: „Eine Hauptstadt befindet sich immer im Bau, sie muß im wahrsten Sinne des Wortes eine Baustelle sein, jedenfalls solange es sich um eine Demokratie handelt."

Der im Juni 1991 mit knapper Mehrheit gefallene Hauptstadtbeschluß zugunsten Berlins wird 1999, wie sie meint, viel zu spät in die Tat umgesetzt, nachdem Privilegien gesichert sind und besondere Wohnungen gebaut werden, sogar die Preise für den Erwerb von Wohneigentum und selbst öffentliche Verkehrsmittel für ehemalige Bonner Beamte subventioniert werden sollen. Leider haben in Berlin gerade Leute, die nur wenig verdienen und auf kaum sicheren Stellen arbeiten, keine so starke Lobby. Bonner Regierungsbeamte haben einen Sonderstatus, der zu einem besseren Einvernehmen zwischen Ost und West kaum beitragen wird. Viele Bonner werden in Beamtenghettos leben und nur wenig von der Berliner Lebenswirklichkeit spüren, die sich von der in einer westdeutschen Kleinstadt wie Bonn erheblich unterscheidet. Und wie soll man für ein Land arbeiten, dessen Hauptstadt man kaum kennt? Allein die Zugstrecke von Bonn nach Berlin ist für Weizsäcker symptomatisch für den Mangel an Wirklichkeitssinn. Es sei eine geradezu aseptische Trasse durch unbewohntes Gebiet, in dem der Zug nicht hält. Keine Gelegenheit, sich umzuschauen, anzuhalten, zu sehen, wie die Menschen in Ostdeutschland leben.

Beatrice von Weizsäcker möchte dennoch optimistisch sein, so wie sie es bei ihrer Arbeit jeden Tag aufs neue ist, auch wenn sie feststellt, daß die Ideen, für die sie kämpft, in der Politik oft nicht realisiert werden und daß es auf allen Gebieten immer wieder Rückschläge gibt. Sie hofft, daß die Bonner, wenn sie nach Berlin kommen, trotz allen Zögerns und aller Verspätung „ein offenes Herz und einen offenen Geist" haben werden.

Die Mauern von Jericho

Thomas Krüger

Die alternative kulturelle Szene war Thomas Krügers bevorzugtes Betätigungsfeld. Er empfand es als befreiend, sich außerhalb des sozialistischen Kontextes eigene Welten zu entwerfen. Von 1981 bis 1987 studierte er Theologie, auch deshalb, weil es ein wirklich freies Studium war, doch im Lauf der Jahre ist die Theologie zu seiner Sache geworden, die er bis heute mit Überzeugung vertritt, obwohl er nicht mehr Pfarrer, sondern Politiker ist. Zu seinen Lehrern gehören Wolfgang Uhlmann und Richard Schröder, über Jahre konnte er in Diskussionen mit ihnen seinen Horizont erweitern, weit über die DDR hinaus. Das Studium bot den geeigneten Rahmen für subversives Denken, in einem Seminar über John Locke und die Bedeutung des Eigentums in demokratischen Gesellschaften zum Beispiel ließ sich ausführlich über Staat und Gesellschaft der DDR debattieren, und so entstand an der „Sprachenkonvikt" genannten theologischen Hochschule in Ostberlin, ursprünglich eine Einrichtung der Bekennenden Kirche, ein kreatives und subversives oppositionelles Potential. Auch Einflüssen aus dem Westen gegenüber war Krüger immer aufgeschlossen. Seine Mutter stammte aus Westberlin und hatte, was nicht häufig vorkam, in den Osten geheiratet. Lange Zeit war ein amerikanischer Diplomat der US-Botschaft in der DDR Krügers Gesprächspartner, ebenso hatte er Kontakt zu Sozialdemokraten aus Westberlin, die ihn, der ursprünglich eher zu den politischen Ideen der Grünen neigte, der SPD nahebrachten.

Krüger gehörte im Oktober 1989, er war damals dreißig Jahre alt, zu den Mitbegründern der SDP, der Sozialdemokratischen Partei der DDR, die im Januar 1990 unter Einfluß der West-SPD entsprechend umbenannt wurde. Krüger erinnert sich, daß er damals dagegen aufbegehrte und die Parteifreunde provokant fragte: „Wollt ihr schon heute zu Kofferträgern der westlichen Sozialdemokratie werden?" Er fand damals kaum Verständnis bei seinen Kollegen, doch inzwischen ist die Konsolidierung der Gesamt-SPD abgeschlossen, wenn auch ein wenig anders, als Krüger es sich gewünscht hätte. Gruppen wie das Anfang 1996 von Manfred Stolpe ins Leben gerufene Forum Ost der SPD, in dem insbesondere die Probleme und Befindlichkeiten der neuen Länder besser vertreten werden sollen, richten wenig aus. Am liebsten hätte Krüger, anstatt die SDP neu zu gründen, die alte SPD im Osten neu belebt, hätte auch gern Mitglieder, die durch die Zwangsvereinigung in die SED geraten waren, wieder mit ihren alten Parteiausweisen versorgt, die man aus dem Westen hätte rüberschmuggeln müssen. Er hätte auch die früheren Kreisbüros wiedereröffnet, notfalls in Privatwohnungen, um dann neue Mitglieder zu werben, und es hätte ihm gefallen, wenn sich plötzlich Leute aus der SED gemeldet hätten, die wieder gerne Sozialdemokraten geworden wären. Die SPD hätte dadurch im Osten eine ganz besondere Dynamik erhalten.

Die tatsächliche Gründung vollzog sich anders. Krüger lernte den charismatischen Ibrahim Böhme kennen. „Wir wußten ja noch nicht, was damit auf uns zukommen würde", meint Krüger im Hinblick auf die Stasi-Verstrickungen Böhmes, die der SPD geschadet haben. Im Gründungskomitee waren überdurchschnittlich viele Theologen und Leute aus kirchlichen Kreisen, was der Partei den Zugang zur Bevölkerung, wie Krüger meint, ein wenig erschwert hat. Gegründet wurde die SDP am 7. Oktober 1989, ohne daß, wie verlangt, eine staatliche Genehmigung eingeholt wurde. Man legte sich auf Organisationsstrukturen und bestimmte programmatische Ziele fest: zu den Grundsätzen gehörten Gewaltenteilung, ökologisch orientierte soziale Marktwirtschaft, Einführung freier Gewerkschaften, Auswanderungsrecht, Anerkennung der Zweistaatlichkeit Deutschlands.

Thomas Krüger wurde gleich nach der Parteigründung als Emissär tätig und schmuggelte die Korrespondenz der Partei über die Ständige Vertretung in den Westen. Sehr bald erhielt die kleine SDP von dort Unterstützung. Schon im Oktober 1989 trafen sich ihre wichtigsten Mitglieder in einer Ostberliner Privatwohnung mit Bundestagsabgeordneten. Am selben Tag hatte auch Rainer Eppelmann in der darunterliegenden Wohnung eine wichtige Besprechung, die er aber immer wieder unterbrach, um bei der SDP und SPD vorbeizuschauen und ein wenig zu kontrollieren, was dort geschah. Erst später, als Krüger in Berlin Senator war, erfuhr er durch den Fahrer des Dienstwagens, wer Eppelmanns prominenter Gast gewesen war: Eberhard Diepgen.

Am 4. November begann Krüger als Geschäftsführer der SDP Ostberlin mit dem Aufbau der Ostberliner Kreisverbände. In seinem Büro, das er als Mitarbeiter des Kunstdienstes beim Bund der evangelischen Kirche in der Auguststraße zur Verfügung hatte, stellte er zunächst fest, welche der neueingetretenen Parteimitglieder ein Telefon besaßen. Sie wurden zu Parteisprechern gemacht, zunächst kommissarisch. Danach wurden Büros angemietet, Krüger selbst zog an den Hausvogteiplatz, von wo aus er auch die bevorstehenden Wahlkämpfe organisieren wollte.

Darin daß die SDP von vornherein klare Strukturen, aufgeteilte Funktionen und ein in den Grundzügen festgelegtes Programm hatte, sieht Krüger noch heute einen Vorteil. Wie sollte sich sonst die Bevölkerung orientieren. Die Zeit der großen „Gemeinde", die später den Namen Bürgerrechtler erhielt, war seit der Gründung der verschiedenen politischen Gruppen vorbei. Vorher hatten alle zusammengehört, waren sich bei politischen oder kulturellen Veranstaltungen und Aktivitäten begegnet, hatten regen Kontakt untereinander und ein Gefühl der Zusammengehörigkeit. Alles war noch offen, und jeder sprach mit jedem. Zwar hatte man seine besonderen Zirkel, in denen man häufiger war als anderswo, aber Gruppierungen, die gegeneinander gearbeitet hätten, gab es noch nicht.

Dies wurde im Herbst '89 anders. Es gab Gruppierungen wie das Neue Forum, den Demokratischen Aufbruch, die Demokratie Jetzt und viele andere. Es entwickelte sich eine Konkurrenz um Anhänger, spätere Wähler. Die SDP war von allen Gruppierungen in Krügers Augen am ehrlichsten, da sie von vornherein ihre Strukturen festlegte und keinen Hehl daraus machte, daß es bestimmte Funktionäre gab. Im Neuen Forum etwa wurde viel von basisdemokratischen Strukturen gesprochen, dabei hatten sich längst bestimmte Stars herausgebildet wie Bärbel Bohley und andere. Dadurch gelang es ihnen nicht, eine Verankerung in der Bevölkerung zu finden, meint Krüger. Zu früh hätten diese Leute über den eigenen Stellenwert nachgedacht und zu sehr ihre eigene Interessen im Blick gehabt, hätten geglaubt, alles kontrollieren zu müssen, und wenig Verständnis für offene Prozesse gezeigt. Deswegen hätte sich zu wenig politische Dynamik entfaltet, die notwendig gewesen wäre, um die alten Machtstrukturen in der DDR abzulösen. Dies ist für Krüger auch ein Grund dafür, daß die SED-Nachfolgepartei PDS immer noch so viel Einfluß hat.

Krüger und den anderen SDP-Gründern war es von Anfang an wichtig, ihrer Partei eine solide Grundlage zu geben, um eine Verbindung zur Basis herstellen zu können. Die Mitglieder der SDP-Ost, die dann bald SPD hieß, spielen auch heute ihre Rolle im politischen Leben. In der Wendezeit hätte er sich, auch von seiner Partei, etwas mehr „Wildheit und Offenheit" gewünscht, mehr oppositionelle Farbe neben der SED und den alten Blockparteien, die Etablierung einer politischen Kultur, die den Ostdeutschen mehr Selbstbewußtsein und ihren Belangen in den vereinigten Parteien vielleicht mehr Gewicht verliehen hätte. Doch ist ihm klar, daß dies innerhalb der Gesamtdynamik des Vereinigungsprozesses nur schwer möglich war.

Mit der Parteigründung und der vorwiegend organisatorischen Arbeit, die darauf folgte und in der Krüger zum Realpolitiker wurde, ging für ihn eine längere Phase kreativer, kritischer und manchmal auch antiautoritärer Betätigung zu Ende. In den achtziger Jahren arbeitete er in verschiedensten politischen Gruppen mit, noch lieber jedoch engagierte er sich im Bereich der Kultur, führte mit Gemeindegliedern Theaterstücke auf, darunter *Wolokolamsker Chaussee*, von Heiner Müller, er machte Straßentheater, malte, sang in Chören mit und organisierte Ausstellungen und Performances, Veranstaltungen, die für DDR-Verhältnisse eher ungewöhnlich waren. Er zog die Kultur der Politik vor, nicht zuletzt, weil es hier mehr Freiräume gab. Die Arbeit in den politischen Gruppen war durch die angespannte Atmosphäre, anstrengende gruppendynamische Prozesse, die sehr ernst genommen wurden, immer etwas aufreibend. Auch konnte man davon ausgehen, daß alle diese Gruppen von der Stasi unterwandert waren. Dennoch engagierte sich Krüger, zum Beispiel für die wegen zu großer ideologischer Freizügigkeit verbotene sowjetische Zeitschrift *Sputnik*, und wirkte bei den Aktionen im Zusammenhang mit der Liebknecht-Luxemburg-Demonstration vom Januar 1988 und den auf sie folgenden Festnahmen mit. Er hielt in der Galiläa-Kirche eine Andacht zum Thema „Es ist ein Ton gefragt, der Mauern zum Einstürzen bringt" und erntete damit sogar ein bundesweites Presseecho, weil die *Frankfurter Rundschau* seine Meditation auf der Dokumentationsseite abdruckte. Krüger bezog sich auf den Bericht vom Einsturz der Mauern Jerichos im Buch Josua, und hielt eine politische Predigt, die die Oppositionellen zum weiteren Handeln ermutigen sollte: „Und so kommt es schließlich zum Einsturz der Mauern. Und alle, sagt Josua, sollen nun hinaufsteigen und die Festung einnehmen. Was heißt das für uns anderes, als nicht auf halbem Wege stehenzubleiben. Nicht beim Einsturz der Mauern selbstzufrieden umzukehren, sondern einzukehren, dann dankbar den Erfolg zum Ende zu führen. Die Inhaftierten, für die wir uns solidarisch einsetzen, sind unsere Opfer. Wir wollen sie darum zurückholen in unsere Mitte. Wir wollen nicht, daß sie auf der Strecke bleiben, wir lassen sie nicht im Stich, sie gehören zu uns. Und wenn sie wieder bei uns sind, dann werden wir mit ihnen lachen, und uns freuen und weinen über die Erfüllung der Prophezeiung Gottes, die uns den Rücken gestärkt hat. Amen."

Auch an der Kontrolle der Kommunalwahlen vom Mai

1989 wirkte Krüger im Rahmen der Vereinigung *Kirche von unten* mit. Er war damals Vikar, und Manfred Stolpe hatte ihn als theologischen Begleiter der Wahlkontrollaktion in den Bezirken Friedrichshain, Weissensee und Prenzlauer Berg eingesetzt. In Friedrichshain gab es zahlreiche politische Gemeindeglieder um Rainer Eppelmann, die sich engagierten, in Weissensee waren Studenten der Kunsthochschule beteiligt, in Prenzlauer Berg eine bunte Mischung von Punks, Aussteigern, Künstlern, Leuten verschiedenster Couleur. Hier klappte es mit der Überwachung der Auszählung nicht so gut wie in den beiden anderen Bezirken, weil manche der Beteiligten in Kneipen versackten und nicht mehr rechtzeitig ins Wahllokal oder zur Auszählung in die Zionskirche kamen. Dennoch war die Aktion im ganzen gelungen, es wurde öffentlich der Beweis erbracht, daß bei den Wahlen Betrug verübt worden war.

Auch an den Protesten gegen das Massaker auf dem Tiananmen-Platz vom 4. Juni 1989 nahm Krüger teil. Damals fürchtete man auch in der DDR eine „chinesische Lösung" bei weiteren Massenprotesten.

Angst hat er bei all seinen Aktivitäten nie empfunden, da er sich im Schutz der Kirche fühlte. Dennoch gefiel ihm die angespannte Atmosphäre, in der man nie wußte, was passiert, nicht sonderlich. Zugleich hatte er den Eindruck, daß die DDR-Führung ziemlich am Ende war und immer neue Ärgernisse und Aktionen sie zunehmend verunsicherten. Daran mitzuwirken hat ihm „Spaß gemacht" und ihm ein ereignisreiches Jahr 1988 und aufregende Monate bis zum Mauerfall beschert.

Am 9. November nahm Krüger für den Kunstdienst des Bundes der evangelischen Kirchen an einem Video-Workshop im Französischem Dom teil. Es waren Vertreter der Ostberliner Kulturszene da, außerdem Videokünstler aus Westberlin und Westeuropa. Man diskutierte lebhaft und merkte vom Mauerfall zunächst nicht das Geringste. Erst am späten

Abend kam ein Mitarbeiter der Ständigen Vertretung vorbei und erklärte, was geschehen war. Allzu groß war das Interesse der Teilnehmer nicht, auch wurde die Nachricht allgemein ungläubig aufgenommen. Wenn es stimmt, sagte sich Krüger, dann sind wohl jetzt alle Bemühungen, die die Opposition unternommen hat, um neue Parteien zu gründen, mehr oder weniger überholt. Er fürchtete ein wenig, daß die politischen Ansätze, die man im Osten entwickelt hatte, entwertet werden könnten. Der Workshop dauerte noch bis zum Abend des 10. November. Zwischendurch stattete Krüger der Ost-CDU einen kurzen Besuch ab. Dort wurde über einen neuen Parteivorsitzenden diskutiert, und Krüger schlug Katharina Witt vor, da sie für ihre vielen Goldmedaillen gewürdigt werden müßte. Dies war wohl eine der letzten Handlungen, die etwas von einer Spaßguerilla hatten. Krüger hatte jedoch einen Grund. Verärgert hatte er registriert, daß hier plötzlich lauter Personen redeten, die sich während der Oppositionszeit vor dem Mauerfall nie hatten blicken lassen. Mit, wie Krüger es nennt, „hypermoralischen Argumenten“ gaben sie nun ihrer politischen Haltung öffentlich Ausdruck, aber vorher hatte niemand von ihnen irgend etwas riskiert. Über sie wollte sich Krüger mit seinem Antrag ein bißchen lustigmachen.

An diesem Tag sah er zum erstenmal Anzeichen dafür, daß ein Großteil der vertrauten Gesichter aus dem politischen Leben verschwinden und der folgende Prozeß zunehmend die „Politarithmetik des Westens“ übernehmen würde.

Erst nach Ende des Workshops am späten Abend hatte Krüger Zeit, sich die geöffnete Grenze anzusehen. Er ging am Übergang Checkpoint Charlie nach Westen und hat sich den Stempel in seinem Ausweis bis heute als Souvenir aufgehoben. In Westberlin besuchte er Freunde, von denen einer nach fünfjähriger, nicht immer einfacher Wartezeit im August ’89 in den Westen gegangen war. Mit einiger Überraschung empfing der seine früheren Landsleute, die jetzt so einfach und problemlos herüberkommen konnten.

In schöner Erinnerung hat Krüger das Beethoven-Konzert in der Berliner Philharmonie am 12. November, an dem Barenboim für Besucher aus Ostberlin und der DDR gratis spielte und dirigierte. Beeindruckt war er auch von den Szenen am Brandenburger Tor und an den Grenzübergängen. Zugleich wurde ihm eines klar: Von nun an würde die Bevölkerung sich nicht mehr so einfach für die politischen Ziele der Opposition mobilisieren lassen.

Doch Thomas Krüger hat nichts von einem Fundamentalisten, und deshalb fiel es ihm nicht schwer, sich auch unter den neuen Umständen für die SDP und den Aufbau der Demokratie in der DDR zu engagieren. Seine nächste Aufgabe war die Vorbereitung der Volkskammerwahlen vom 18. März, mit einigem Erfolg, denn hier erzielte die SPD das beste Ergebnis in der gesamten DDR, erhielt 36 Prozent gegenüber einem Durchschnitt von 24 Prozent. Über einen Listenplatz wurde Krüger in die Volkskammer gewählt, wo er Mitglied des auswärtigen Ausschusses wurde. Nach den Kommunalwahlen am 6. Mai blieb ihm nicht mehr viel Zeit für die Arbeit in der Volkskammer, da er sich dann auf die Kommunalpolitik im Ostteil Berlins konzentrierte. Er wurde stellvertretender Bezirksvorsitzender, war an den Koalitionsverhandlungen für die Stadtverordnetenversammlung und den Magistrat von Ostberlin beteiligt, mit dem Ergebnis einer SPD-CDU Koalition, entgegen der ursprünglichen Absicht, auch Bündnis '90/Die Grünen zu integrieren. Diese hatten eine Koalition mit der CDU abgelehnt. Die PDS hatte 30 Prozent erhalten und bildete die stärkste Oppositionspartei. Krüger wurde Stadtrat für die Ressorts Inneres und Justiz. Letzteres ging bei Bildung der Bundesländer im Oktober in die Zuständigkeit des Landes über. Als Vertreter Ostberlins nahm Krüger auch an den Verhandlungen zum Einigungsvertrag teil, Westberlin vertrat der

Chef der Senatskanzlei Dieter Schröder. An dem langen Tisch im Berliner Stadthaus saßen sich Ost- und Westvertreter gegenüber, nur Krüger und Schröder hatten sich auf die jeweils andere Seite gesetzt, um Zusammengehörigkeit zu dokumentieren.

Seit Juni 1990 arbeiteten die Verwaltungen der beiden Teile Berlins eng zusammen. Das gegenseitige Verhältnis war freundschaftlich und kooperativ, so daß es bei den meisten Problemen zu befriedigenden praktikablen Lösungen kam. So wurden Verwaltungen zusammengeführt, Abteilungen umgruppiert, neue Strukturen entworfen – oft in kürzester Zeit. Überraschenderweise ist es dabei, wie Krüger meint, kaum zu Fehlentscheidungen gekommen. Froh ist er, daß alle Ostberliner Theater in den gemeinsamen Haushalt übernommen wurden und keines geschlossen wurde, auch, daß die meisten Jugendeinrichtungen erhalten werden konnten. Das Know-how der Mitarbeiter aus der Westverwaltung war in vielen Situationen hilfreich, und die Atmosphäre hat er als sehr angenehm in Erinnerung.

Abenteuerlich war die Übernahme der Ostberliner Innenverwaltung in Hohenschönhausen. Als Krüger zum erstenmal als neuer Stadtrat für Inneres in die Verwaltung kam, stellte er fest, daß es weder Hauptabteilungsleiter noch Abteilungsleiter, sondern nur noch Unterabteilungsleiter und Referatsleiter gab. Die Mitarbeiter hatten sich alle selbst degradiert, weil man damals immer die Höhergestellten zuerst nach Hause schickte, da sie dem Regime am nächsten gestanden hatten. Auch viele ehemalige Bezirksbürgermeister hatten sich in die Innenverwaltung versetzen lassen, in der Hoffnung, dort zu überleben. Die meisten von ihnen standen jedoch auf den sogenannten Nomenklaturkaderlisten, waren also Schlüsselfiguren des DDR-Regimes und am Wahlbetrug beteiligt gewesen. Ihnen konnte er nicht vertrauen. Krüger suchte sich deshalb Mitarbeiter aus der Westberliner Verwaltung. Da eine

Zusammenlegung mit Westberlin bevorstand, arbeitete Krüger außer bei normalen verwaltungsinternen Angelegenheiten nicht nach klassischen Verwaltungsmustern, sondern mit Arbeitsstäben, die sich mit Fragen der Öffentlichkeitsarbeit und der Bekämpfung von Regierungskriminalität beschäftigten sowie Entscheidungen trafen, welche Strukturen überführt, abgewickelt oder erhalten werden sollten. In den Stäben arbeiteten Leute, die Krügers Vertrauen hatten, darunter Werner Fischer, der Anfang 1990 an der Stasi-Aufklärung mitgearbeitet hatte, und andere Mitglieder der Grünen. Die kleinen, effektiv arbeitenden Gruppen wurden von der Westberliner Verwaltung in vielen Belangen hilfreich unterstützt.

Gleich nach seinem Amtsantritt forderte Krüger die Polizeihoheit für Berlin, die aber von DDR-Innenminister Diestel, an das zentrale System der DDR gewöhnt, verhindert wurde. Es kam zu einer öffentlichen Auseinandersetzung. Bei einem weiteren Streit mit Diestel ging es um den Betrieb von Chiffriermaschinen aus DDR-Zeiten im Innenministerium und den Bezirksrathäusern, die in Geheimräumen standen und nach wie vor benutzt wurden. Dabei wurden alle möglichen Vorgänge aus dem Magistrat ans Innenministerium weitergeleitet, als habe es nie einen Systemwechsel gegeben. Diestel bestritt dies ebenso wie die Existenz des zuständigen Mitarbeiters. Dieser wurde dann von der Presse ausfindig gemacht. Krüger forderte erneut, die Chiffriermaschinen abzustellen. Als Diestel ablehnte, ließ Krüger die versiegelten Räume öffnen. Gelegentlich waren bei diesen Aktionen auch Journalisten mit laufenden Kameras dabei, und hinter den verschlossenen Türen wurden tatsächlich Leute entdeckt. Diestel warf daraufhin Krüger vor, er veranstalte eine Köpenickiade und habe Verfolgungswahn.

Damit brachte er Krüger auf eine besondere Idee. Er lud zu einer Pressekonferenz ins Rathaus Köpenick ein. Als er die geheimen Räume betrat, waren die Chiffriermaschinen gerade in Betrieb. Die Presse begleitete das Geschehen ausführlich. Nun ließ sich nicht mehr leugnen, daß hier alte DDR-Gewohnheiten weitergepflegt wurden.

Damit Ostberlin in der Öffentlichkeit weiterhin Beachtung fand, veranstaltete Krüger eine Begehung des Führerbunkers, der auf Ostberliner Gebiet lag. Das weltweite Presseecho war groß. Dreihundert Journalisten kamen von überallher.

Nachdem bei den ersten Gesamtberliner Wahlen die Regierung Momper die Mehrheit verloren hatte, wurde Krüger im Januar 1991 auf Vorschlag von Momper im Diepgen-Senat Senator für Jugend und Familie. In seiner Erinnerung gab es von da an „in der Politik einen rapiden Geschwindigkeitsverlust“. Die beiden Stadthälften gehörten nun formal zusammen, die Zeiten waren weniger dramatisch, die Sitzungen dauerten nicht mehr so lange, weil der Streit zwischen SPD und Grünen wegfiel, und es kehrte beinahe Normalität ein. Krüger nutzte die Ruhe, um sich während der folgenden Monate in das neue Politikfeld einzuarbeiten. Besonders wichtig war ihm, die innere Vereinigung voranzutreiben. Jugendliche, die zur Zeit des Mauerfalls noch Kinder gewesen waren und jetzt in die Pubertät kamen, sollten es einfacher haben, in das gemeinsame Deutschland hineinzuwachsen. Besonders der kulturelle Aspekt der Jugendpolitik war Krüger wichtig, da er anders als reine Betreuung und Fürsorge weitere Perspektiven eröffnet, den Jugendlichen mehr Selbstbewußtsein verleiht und es ihnen leichter macht, sich gegenüber anderen zu öffnen. Krüger wollte erreichen, daß Jugendliche beider Seiten lernten, aufeinander zuzugehen. Die Infrastruktur der Kinderbetreuung wurde verbessert, im Westen entstanden 12 000 neue Kita-Plätze. Einrichtungen, die im Osten Überkapazitäten hatten, öffnete Krüger für die an Ostbezirke angrenzenden Westbezirke wie Wedding, Kreuzberg und Tiergarten. Die Möglichkeiten wurden von Westberlinern gern genutzt.

Auch Programme gegen Jugendgewalt wurden aufgelegt,

sie hatten Vorbildcharakter für das gesamte Bundesgebiet. Auf die Vorgänge in Hoyerswerda und Rostock-Lichtenhagen reagierte Krüger mit dem aufwendigen Programm „Jugend mit Zukunft“, in das innerhalb von drei Jahren 300 Millionen Mark flossen. Kulturprojekte, Streetworker, und die Betreuung von Straffälligen konnten damit finanziert werden. Das Geld wurde hier sinnvoll eingesetzt und „nicht einfach abgeregnet“, wie er sagt. Auch ausländischen Jugendlichen kamen diese Programme zugute.

Das Interesse an öffentlichen Fragen sollte nach Krügers Meinung schon bei Kindern geweckt werden. Zu diesem Zweck entwickelte er mit Mitarbeitern das Projekt „Kinder beraten den Senator“. Im Rathaus Schöneberg, gegenüber von Krügers Büro, wurde ein Raum eingerichtet, in dem Kinder, mit Fax und Telefon ausgerüstet und von Betreuern unterstützt, sich um lokalpolitische Belange kümmern konnten. Sie riefen den Verkehrssenator an, wenn nicht genügend Tempo-30-Schilder aufgestellt waren, wiesen auf Versagen der Verwaltung hin, kritisierten die Taschengeldverordnung bei Heimkindern, sammelten Beschwerden unter Kindern und Jugendlichen. Einmal im Monat gab es ein Gespräch mit Krüger, bei dem sie ihre Probleme vortrugen.

Wenn Kinder sich früh mit öffentlichen Angelegenheiten beschäftigen und die Möglichkeit der Mitsprache haben, können sie später zu guten Demokraten werden, ist Krügers Meinung, und deshalb nahm er das Projekt ernst. Seit 1995 ist er Präsident des Kinderhilfswerks und setzt sich auch dort für die Belange und Rechte von Kindern ein.

Viele Ideen und Neuerungen, die aus dem Westen nach Ostdeutschland gekommen sind, hat Krüger gern übernommen. Doch nicht alles, was für die Menschen in der früheren DDR wichtig war, sollte in Bausch und Bogen abgeschafft werden. Als wichtigen Faktor für das Leben von Familien und Jugendlichen sieht Krüger die im Westen gänzlich unbekannte

Einrichtung der Jugendweihe an. Sie ist im Grunde nichts anderes als ein Initiationsritual, das den Übergang der Jugend ins Erwachsenenleben markiert und sich weltweit in den unterschiedlichsten Kulturen findet. In weniger säkularisierten Gebieten als der früheren DDR haben Konfirmation und Firmung diese Funktion. Die Bekämpfung der Jugendweihe durch die Kirche hält Krüger für problematisch. Er selbst nimmt gern als Redner an diesen Feiern teil, weil er weiß, wie wichtig sie für die Familien und damit auch für die Stabilität der Gesellschaft sind. Eine andere Position vertritt Krüger in der Frage des Unterrichtsfaches Lebenskunde-Ethik-Religion, das in Brandenburg eingeführt wurde. Für ihn ist Religionsunterricht schon deshalb wichtig, weil in der abendländischen Kultur ein Grundwissen über christliche Zusammenhänge zur Allgemeinbildung gehört. Eine Beschäftigung mit anderen Religionen müssen die Curricula des Religionsunterrichts in seinen Augen keineswegs ausschließen.

Das Senatorenamt nahm Krüger bis zum Herbst 1994 wahr, als er in den Bundestag gewählt wurde. Vielen ist er noch heute durch ein Wahlplakat bekannt, auf dem er ohne Kleider mit dem Slogan „eine ehrliche Haut“ zu sehen war. Hauptanliegen war damals, der PDS nicht zu viele Wählerstimmen zu überlassen. Ein Wahlforscher der Freien Universität hatte der SPD-Ost geraten, einen besonders originellen Walkampf zu machen. Mit Hilfe einer ehrenamtlich arbeitenden Werbeagentur kam dann eine ungewöhnliche Kampagne zustande, bei der Kinowerbung gemacht wurde, Postkarten in Kneipen verteilt und moderne Werbeträger benutzt wurden. Als jemand den Vorschlag mit dem Plakat machte und die Mehrheit dafür stimmte, ließ Krüger sich überreden. Ein kleines Dia wurde an den *Spiegel* geschickt, und wenig später war das Bild in allen Tageszeitungen zu sehen. Die Aufmerksamkeit, die die SPD erregte, zahlte sich aus. Die CDU erhielt das schlechteste Ergebnis bundesweit, Krüger konnte viele Erststimmen gewinnen, auch wenn er den PDS-Kandidaten nicht schlug. In den Bundestag kam er über einen Listenplatz, und nun begann wieder eine neue Etappe seiner politischen Laufbahn.

Die Umstellung von exekutiver Politik auf Sacharbeit eines Abgeordneten war nicht immer leicht. Krüger bewarb sich um den Posten des Sprechers für Kultur, Film und Medien und war in der Fraktion für Kunst und Kultur zuständig. Er kümmerte sich um Themen wie Urheberrecht, Filmförderung und Medien, setzte sich für eine Verankerung der Kultur auf bundespolitischer Ebene im Kanzleramt ein und nahm damit in der Planung vorweg, was später unter Michael Naumann realisiert wurde.

Momentan beschäftigt sich Krüger, der für seinen einjährigen Sohn Joshua Erziehungsurlaub genommen hat – dessen Mutter Brigitte studiert Ethnologie und Theaterwissenschaften – ehrenamtlich mit Film-und Medienpolitik, er berät die Berliner SPD und gibt sein Wissen und die Erfahrung, die er im Bundestag erworben hat, weiter. Auch in der Parteipolitik ist er aktiv, besonders in Fragen des Verhältnisses zur PDS. Schon seit mehreren Jahren plädiert er dafür, sich ihr gegenüber zu öffnen, um Zugang zu den Milieus zu finden, die sie wählen.

Daß man die PDS nach der Wende ausgegrenzt hat, hält er für einen großen Fehler, weil sie dadurch immer stärker geworden sei. Eine intensive Auseinandersetzung erscheint ihm um so notwendiger, als in seinen Augen große Teile des PDS-Klientels nicht für freiheitliche Demokratie sind und auch die Grundwerte des Parlamentarismus nicht anerkennen. Er möchte bei Mitgliedern und Wählern der PDS das Bewußtsein wecken, daß der Appell an traditionelle Gefühle und Befindlichkeiten kein adäquates politisches Mittel ist, um Interessen durchzusetzen. Bei einem konstruktiven Streit mit der PDS, so glaubt Krüger, kann sich die SPD sowohl inhaltlich profilieren, als auch viele Wähler davon überzeugen, daß sie bei der SPD besser aufgehoben sind, zumal viele grundsätzliche Werte der PDS in ähnlicher Form auch von der SPD vertreten werden. Den alten Streit zwischen Sozialdemokraten und ihrer Konkurrenz von links möchte Krüger gern zugunsten der SPD beenden. Dieses Ziel kann, so meint er, nicht erreicht, werden, wenn man die PDS aus machtpolitischem Kalkül hofiert und als Mehrheitsbeschafferin sieht, wie es beide großen Parteien immer wieder tun.

Kinder werden größer, und auch Erziehungsurlaub geht zu Ende. Man kann hoffen, daß Thomas Krüger, der in unterschiedlichen Zeiten und Situationen viele originelle Akzente in die Politik gebracht hat und dabei immer Pragmatiker blieb, bald wieder aktiv in die Politik zurückkehrt, noch aktiver, als er dies jetzt schon ist.

Einander verstehen

Peter Steinbach

Schon als Kind und Jugendlichem war Peter Steinbach, als er im ehemaligen Fürstentum Lippe in Westfalen aufwuchs, bewußt geworden, daß es nicht nur ein Deutschland gab. Er wuchs in einer Siedlung auf, in der sich viele Flüchtlinge niedergelassen hatten. Ihre Sprachfärbung, ihre Erzählungen und ihre unübersehbar schwierige soziale Lage weckten seine Aufmerksamkeit. Durch die Begegnung mit den „Berliner Ferienkindern", die ihre Ferien in Westdeutschland verbrachten, erfuhr er von der schwierigen Situation Berlins. Er hörte zu, wenn Flüchtlinge und Vertriebene von Städten wie Königsberg, Danzig, Dresden und Rostock berichteten, und ein Blick auf die Karte zeigte ihm, wie Deutschland früher ausgesehen hatte. Er wußte, daß die deutsche Teilung und der Verlust der Gebiete im Osten eine Folge des Krieges waren, die Probleme der Betroffenen aber ließen ihn nicht gleichgültig. Seither interessierte er sich für die unterschiedliche Entwicklung, die die beiden deutschen Staaten nahmen, und für ihr Verhältnis zueinander. Im Zusammenhang mit einer Verwaltungsprüfung beschäftigte sich sein Vater ausführlich mit dem Rechtssystem der Bundesrepublik und vermittelte seinem Sohn memorierend auf Spaziergängen zahlreiche Kenntnisse. Er machte ihm auch den Unterschied zwischen der Verfassung der Bundesrepublik, der des NS-Regimes und der DDR klar, so daß Peter Steinbach schon in jungen Jahren wußte, was es bedeutet, in einem Verfassungsstaat zu leben.

An den 13. August 1961 erinnert er sich genau. Er war damals dreizehn, baute in seinem Zimmer ein Modellflugzeug und hörte Radio, als von der Teilung Berlins durch die Mauer berichtet wurde. Die weiteren Ereignisse verfolgte er im Fernsehen. Als die Alliierten nicht eingriffen und der amerikanische Vizepräsident Johnson nicht mehr Zusagen machte, als die Freiheit des Westteils zu garantieren, war auch Peter Steinbach klar, daß der andere Teil Deutschlands für die Amerikaner so gut wie abgeschrieben war. Dafür fand er in Willy Brandt einen Politiker, der für ihn wegen seines großen Engagements zum Leitbild wurde. Drei Tage nach Beginn des Mauerbaus hatte Brandt die Berliner aufgefordert, gegenüber dem Schicksal der Menschen in Ostdeutschland nicht gleichgültig zu bleiben, er hatte seine Empörung über die Ereignisse deutlich gezeigt und schien entschlossen, alles zu tun, was im Rahmen seiner Möglichkeiten stand. Brandt wurde Peter Steinbachs politisches Idol. Der damalige Bundeskanzler Adenauer hingegen enttäuschte ihn zutiefst. Erst Tage nach dem Bau der Mauer kam er nach Berlin, sah sich an einigen Stellen die Grenze an, besuchte den Senat während einer Sitzung und reiste wieder ab. Die Bevölkerung und ihr Schicksal schienen ihm nicht sonderlich am Herzen zu liegen, offenbar war ihm der Wahlkampf wichtiger. Mit dieser Haltung stand der nach Westen orientierte Adenauer nicht allein. Berlin und die DDR verschwanden zunehmend aus dem Gesichtsfeld der Westdeutschen, Westberlin wurde in den folgenden Jahren zu der bekannten Insel, seine Einwohner blickten immer weniger nach Osten und waren mit sich und ihrem durch Subventionen großzügig unterstützten Leben beschäftigt. Die Zeit des wirtschaftlichen Aufschwungs in der Bundesrepublik und Westberlin war auch eine Zeit des Rückzugs ins Private, in dem viele weniger an das Gesamtwohl als an das eigene dachten.

Peter Steinbach gehörte zu denen, die versuchten, das Leben in der DDR kennenzulernen, obwohl sich die deutschen Staaten zunehmend voneinander entfernten und die Polarisierung zwischen beiden immer größer wurde. Es war damals in Westdeutschland nicht immer einfach, unmittelbare Eindrücke von der Situation in Ostdeutschland zu gewinnen. Die Adenauer-Ära war stark vom Antikommunismus geprägt, der die öffentliche Diskussion, die Medien und auch den Unterricht an den Schulen dominierte. So war ein ungetrübter Blick auf das andere Deutschland kaum möglich. Nicht zufällig hieß eine der ersten Publikationen zu diesem Thema, die von den Zeit-Redakteuren Marion Gräfin Dönhoff, Theo Sommer und Rudolf Walter Leonhardt verfaßt wurde, *Reise in ein fernes Land.* Erst als 1964 die Denkschrift der Evangelischen Kirche über eine Aussöhnung mit dem Osten veröffentlicht wurde, kam in der Bundesrepublik ein Prozeß der Aufklärung über die DDR in Gang. Aber noch immer wurde die Vision einer Verständigung mit Osteuropa marginalisiert, und erst die Brandt-Regierung begann, sie gegen den oft erbitterten Widerstand konservativer Kreise, besonders der Vertriebenenverbände, umzusetzen. Es kam zu einer ersten Öffnung des Eisernen Vorhangs, über die Länder Osteuropas und die DDR war jetzt mehr zu erfahren. Es war höchste Zeit, denn mit jedem Jahr, das seit 1961 vergangen war, hatten sich Ost- und Westdeutschland mehr entfremdet.

Steinbach suchte seinen eigenen Weg, um sich ein Bild von der DDR zu machen. Er las Autoren, die von dort stammten, besonders Uwe Johnson, Erich Loest und Christa Wolf, aus deren Romanen man viel über das Leben in der DDR, ihre Menschen, die Probleme zwischen Ost und West erfahren konnte. Dies trug dazu bei, daß er in seinem Denken dem Nachbarland und seinen Menschen nie ganz fern stand. Allgemein war das Interesse der Menschen im Osten am Westen und der dortigen Art zu leben viel größer als umgekehrt. Trotz der Politik der Annäherung durch die sozialliberalen Regierungen wandten die Westdeutschen dem Osten immer mehr den Rücken zu.

Peter Steinbach studierte in Marburg Geschichte und Politische Wissenschaften und verfolgte auch von dort aus weiter aufmerksam die Ereignisse. Der Enthusiasmus, den es in der Westberliner Bevölkerung in der Zeit vom Kriegsende bis zum Mauerbau gegeben hatte, war nicht mehr wiederzufinden. Auf politischer Ebene geschah wesentlich mehr als in den Köpfen der Normalbürger. Das Verhältnis der Bundesrepublik zur DDR begann sich zu normalisieren, selbst konservative Regierungen setzten diese Politik fort, die ihren Höhepunkt Jahre später, 1987, im Staatsbesuch Honeckers bei einem CDU-Kanzler finden sollte.

Die Mentalität der Bundesbürger blieb hinter dieser Entwicklung weit zurück. Sie war immer noch von der Westorientierung der Adenauer-Politik beeinflußt und nahm Ereignisse wie den Prager Frühling und seine Niederschlagung 1968 nur bedingt zur Kenntnis. Westdeutschland und Westberlin blieben binnenorientiert. Der Osten war weit weg, das DDR-System stieß auch während der Revolte von '68 nur auf marginales Interesse.

Berlin finanziell zu unterstützen, um die Zugehörigkeit der Stadt zur Bundesrepublik zu wahren, war allerdings zu einer Selbstverständlichkeit geworden. Auch dies trug zu einer Wandlung der Lebenseinstellung der Berliner bei. Bei vielen, auch in intellektuellen Kreisen, entstand durch die günstige finanzielle Situation eine „Anspruchshaltung, ein Kreisen um sich selbst", das Steinbach zwischen 1973 und 1978 aus der Nähe kennenlernte. Nach seiner Promotion 1973 war er als Assistent an die Freie Universität Berlin gekommen, wo er 1978 mit einer Arbeit über die Wahlkämpfe in der Bismarckzeit habilitiert wurde. Er machte die Erfahrung, daß an der FU durch Überleitung älterer Assistenten in Professuren ein nahezu geschlossenes Sytem herrschte. Ein Heisenberg-Stipendium ermöglichte ihm die Fortsetzung seiner Arbeit an der Universität. Als er 1981 einen Ruf an die Universität Passau als Professor für historische und theoretische Grundlagen der Politik erhielt, nahm er ihn aus zwei Gründen an: Die Professur ermöglichte es ihm, in beiden Disziplinen, Geschichte und Politik, zu arbeiten, auch glaubte er, er sei mit gut dreißig Jahren noch zu jung, um schon jetzt für immer an dem Ort zu bleiben, der ihn wegen seiner historischen Bedeutung und geographischen Nähe zur DDR faszinierte wie kein anderer. Doch schon 1983 wurde er neben seiner Passauer Professur auch wieder in Berlin tätig: Der Regierende Bürgermeister beauftragte ihn mit dem Aufbau und der Entwicklung einer Gedenkstätte für den deutschen Widerstand gegen den Nationalsozialismus. Bei der Entwicklung des Konzepts hatte Steinbach vor allem eines im Auge: die Gedenkstätte sollte nicht nur von Westdeutschen, sondern auch von DDR-Bürgern besucht werden, und beide sollten sich und ihre Geschichte dort wiederfinden. Da die DDR und die Bundesrepublik in ihrer Sicht und Darstellung der jüngeren Geschichte verschiedene Traditionen pflegten, war diese Aufgabe nicht leicht zu erfüllen. Steinbachs integrales und vorausschauendes Konzept – heute ist die Gedenkstätte für alle Deutschen in gleicher Weise relevant und zieht keine politische Interpretation des Widerstands einer anderen vor – führte zu zahlreichen, teilweise heftigen Kontroversen, die ihn jedoch nicht von seiner Überzeugung abbrachten. Daß er sich zur Vorbereitung der Ausstellung auch mit DDR-Historikern traf – aus wissenschaftlicher Perspektive eine Selbstverständlichkeit, zumal es auf zahlreichen Gebieten einen regelmäßigen Austausch zwischen Forschern aus beiden Teilen Deutschlands gab –, brachte ihm und der Gedenkstätte später den Vorwurf konservativer Kritiker ein, mit der angeblich „wertfreien eine wertlose" Gedenkstätte geschaffen zu haben. Sogar Gefügigkeit gegenüber der SED wurde ihm nachgesagt. Was heute grotesk erscheint, wirft im nachhinein ein Licht auf die Schwierigkeit gerade westdeutscher Historiker, sich um der historischen Wahrheit willen ohne Vorbehalte auf im Westen vernachlässigte und in der DDR zu Recht erforschte Traditionslinien einzulassen. Nach Jahren der Anfeindung von seiten konservativer Kreise, selbst von Politikern, denen es schwerfiel, einem unabhängigen Wissenschaftler nicht in sein Konzept hineinzureden, konnte Steinbachs Ausstellungskonzept auch dank der Unterstützung eines kundigen und weitsichtigen Senatsbeamten realisiert werden. Die Gedenkstätte Deutscher Widerstand wurde 1989, kurz vor dem Mauerfall, eingeweiht. Mit ihr gelang es Peter Steinbach, schon vor der Vereinigung der deutschen Staaten ein Forum gesamtdeutscher politischer Erinnerung zu schaffen.

Er ahnte damals nicht, daß sehr bald alle DDR-Bürger Zugang zu der Gedenkstätte haben würden. Daß sich das Klima in der DDR veränderte, nahm er zum ersten Mal wahr, als er 1985 zu einem Treffen nach Ostberlin ins Konsistorium der evangelischen Kirche in die Neue Grünstraße fuhr und wegen der Herausgabe einer kirchenhistorischen Zeitschrift auch mit dem Dozenten am Naumburger Sprachenkonvikt, Martin Onnasch, zusammentraf. Seit den frühen achtziger Jahren war er etwa dreimal jährlich dort gewesen und war auch mehrfach Manfred Stolpe begegnet. Steinbach war es gewohnt, daß man bei solchen Begegnungen nie ganz ungezwungen reden konnte und auf die Wahl seiner Worte achten mußte. Die Staatssicherheit war allgegenwärtig. An jenem Tag im Jahr 1985 aber war die Atmosphäre anders als sonst. Onnasch sagte gleich zu Anfang ihres Gesprächs mit einem ironischen Blick an die Zimmerdecke, wenn man davor Angst habe, brauche man erst gar nicht mit der Arbeit zu beginnen. Steinbach war erstaunt und froh über den Mut und das Selbstbewußtsein, die diese Bemerkung zum Ausdruck brachte. Bisheute ist er mit Onnasch befreundet.

Nach seiner Rückkehr verfolgte er die Ereignisse in der DDR mit noch größerer Aufmerksamkeit als sonst. Eine Liberalisierung der DDR hatte er sich lange nicht vorstellen können, jetzt aber schien es erste Anzeichen dafür zu geben.

Steinbach, der auch Mitglied der von Hans Herzfeld begründeten und inzwischen abgewickelten Historischen Kommission war, reiste oft nach Berlin. Da er an einer bayerischen Universität lehrte, versuchte er, auch die Menschen dort für das Schicksal der Stadt und der DDR zu interessieren, doch der Erfolg war gering. Im September 1989 änderte sich das schlagartig und zwangsläufig, denn plötzlich wurde die CSU-Hochburg Passau Anlaufstelle und Auffangstation einer großen Zahl von DDR-Bürgern, die über Ungarn in den Westen gekommen waren. So viele Ostdeutsche hat es, setzt man die Größe der Städte in Relation, in Westberlin auch nach dem Fall der Mauer nie gegeben. Dieser Zustand hielt etwa eine Woche an. In der traditionsreichen Nibelungenhalle wurde ein Notaufnahmelager eingerichtet, in der Stadt herrschte Ratlosigkeit. Die Begegnung mit Menschen aus der DDR hat damals bei den Bayern zu mehr Verständnis für die Situation Ostdeutschlands geführt.

Peter Steinbach besuchte am Abend des Mauerbruchs, wie er den Vorgang plastisch benennt, einen Vortrag in der Universität, und als seine Frau Renate ihn anrief und nichts weiter sagte als:„Du, die machen auf!", reagierte er so ungläubig wie wohl Millionen andere an diesem Abend.

Man kann auf ein Ereignis jahrzehntelang hoffen, doch zu realisieren, daß es tatsächlich eingetreten ist, kann schwer sein. Peter Steinbach begriff sehr schnell, was geschehen war, und zog daraus sogleich praktische Konsequenzen. Er bewarb sich mit allem Nachdruck um eine Professur in Berlin, um die politische Entwicklung aus der Nähe mitzuerleben und möglichst selbst daran mitzuwirken. Er wäre zu diesem Zweck auch gern an eine Universität der DDR gegangen. Die Berufung dauerte drei Jahre, „das übliche Berliner Maß", wie er nicht ohne Sarkasmus bemerkt, da anderswo Berufungsverfahren etwa fünf Monate dauern. Als er 1992 den Ruf erhielt, beschlossen er und seine Frau, die sein Engagement für die Belange der früheren DDR-Bevölkerung teilt und heute in Potsdam als Studien- und Berufsberaterin für Abiturienten und Hochschüler arbeitet, in den Osten zu ziehen und nicht in schon bekanntes Westberliner Terrain, um möglichst bald zu einem engeren Kontakt und Austausch mit den Menschen zu finden.

Seit sie in Kleinmachnow wohnen, haben sie eine im Westen ganz unbekannte Art von Gemeinsinn und Zusammenleben kennengelernt. Die Menschen haben sich einen Blick für die Sorgen der anderen bewahrt, fragen einander, ob man Hilfe braucht. Eine solche Art intensiver Kommunikation, soviel selbstverständliches soziales Handeln kennen Renate und Peter Steinbach aus dem Westen nicht.

Mit der Zeit haben sie auch einen Blick für die Probleme bekommen, von denen frühere DDR-Bürger betroffen sind und die man aus der Distanz nicht ohne weiteres versteht. Etwa, welchen Mut es bedeutet hat, die gesamte DDR hindurch als unabhängiger Bäcker gelebt zu haben, oder was man empfindet, wenn plötzlich eine ganze Reihe Nachbarn wegziehen muß, weil ihre Häuser, rückübertragen an Eigentümer aus dem Westen, verkauft werden. Gerade an der Eigentumsproblematik wird deutlich, wie tief der Graben zwischen Ost- und Westdeutschen ist. Durch die Entscheidung der Politik für das Prinzip Rückgabe vor Entschädigung haben viele Menschen ihre Wohnung und die vertraute Umgebung verloren. Daß sie darüber hinaus oft ihren Arbeitsplatz und die bisher gewohnte staatliche Fürsorge entbehren müssen, trägt stark zur Verunsicherung bei.

Seit der Maueröffnung sind von westdeutscher Seite in Peter Steinbachs Augen gravierende Fehler gemacht worden, die den Graben zwischen Ost- und Westdeutschen mehr vertieft haben als notwendig. Daß die anfängliche Euphorie kein Dauerzustand sein konnte, steht außer Frage, aber Steinbach bezweifelt, daß man den Ostdeutschen genug Gelegenheit gab, eine neue Identität zu finden, zu lernen, sich vom Obrigkeitsstaat zu verabschieden und in einer Demokratie zurechtzukommen. Daß eine Zivilgesellschaft sich ihre Institutionen selbst schafft, daß ein Polizist kein Repräsentant der Staatsmacht ist, sondern eine Institution, die sich Steuerzahler selbst leisten, ist ein bedeutsamer Unterschied und hat Folgen für die Lebenspraxis. Dies aber setzt voraus, daß man seine Rechte als freies Individuum auch kennt und wahrnimmt. Daß uns unsere Verfassung dazu berechtigt, ist etwas, was auch die Bürger im Westen erst lernen mußten, was sie oft genug auch heute noch nicht wissen. Steinbach ist der Meinung, eine Diskussion und eine plebiszitäre Abstimmung über die gemeinsame Verfassung hätte zu mehr rechtsstaatlichem Bewußtsein geführt.

Sicher wäre dadurch auch mehr Gemeinsamkeit und ein Gefühl der Zusammengehörigkeit unter Deutschen zwischen Ost und West entstanden. So ist die Verfassung den Leuten fremd und abstrakt geblieben und hilft kaum, ein neues politisches Bewußtsein zu entwickeln.

Die Verfassung der Bundesrepublik kann wie fast keine andere politisches Selbstbewußtsein stärken. In den ersten zwanzig Artikeln der Verfassung wird versucht, die Grenzen des Staates zu definieren. Um die Rechte, die sie garantiert, auch in Anspruch nehmen zu können, muß jemand, der vierzig Jahre in einer Diktatur gelebt hat, wissen, wie dies geschieht. Doch wenn man den Bürgern die institutionellen Voraussetzungen ihrer Freiheit nicht erklärt, sind sie wertlos. Was man früher in einer Eingabe als Bitte an die Obrigkeit richtete, kann man heute als Recht einfordern. Dazu gibt es die Institution von Verwaltungsgerichten. Wo aber soll man dies erfahren, wenn man damit beschäftigt ist, sich auf beinahe allen Lebensgebieten neu zu orientieren.

Einen weiteren Fehler beim Vereinigungsprozeß sieht Steinbach darin, daß man im Osten das Parteiensystem des Westens geklont hat. Die Westdeutschen haben dabei nicht nur einen Mangel an Flexibilität, sondern auch an Empathie bewiesen. Als besonderer Fauxpas in diesem Zusammenhang erscheint Steinbach die ärgerliche „Rote-Socken-Kampagne", durch die viele DDR-Bürger in eine spezifische Ost-Mentalität gedrängt wurden und der Vereinigungsprozeß unnötig erschwert worden ist.

In mancher Hinsicht ist die Wende durch den schnellen, durch die Umstände wohl kaum zu vermeidenden Beitritt fast wie ein „Anschluß" vollzogen wurden; der Prozeß ist für viele nicht nachvollziehbar gewesen, man hat die Ereignisse auch durch die Versprechungen im Wahlkampf und durch die „schnelle" D-Mark allzu sehr auf Materielles beschränkt, ohne deutlich zu machen, welche Probleme gerade in diesem Bereich und durch die außenpolitischen Umwälzungen, insbesondere den Zusammenbruch der Ostmärkte, auf die neuen Bundesbürger zukommen würden.

Ein wichtiges Ziel des Grundgesetzes, für alle Menschen möglichst gleiche Lebensbedingungen zu schaffen, ist Steinbachs Auffassung nach dadurch so schwer zu realisieren, weil die Westdeutschen sehr bald nach der Öffnung der Mauer angefangen haben zu rechnen, was sie die Überwindung der Teilung kostet. Dabei könnte Volksvermögen gar nicht besser investiert werden als in fünf neue Länder, als in den Aufbau einer neuen Demokratie. Nachdem das Vermögen der Eltern- und Großelterngeneration für zwei Weltkriege ausgegeben wurde, können die heute Lebenden zufrieden sein, daß ein Teil ihres Geldes als Investition in die Zukunft einer großen Region verwendet wird. Im übrigen wird oft vergessen, daß auch die Bürger Ostdeutschlands den Solidaritätszuschlag zahlen.

Um die Situation der Menschen aus der früheren DDR zu verstehen, bedarf es nicht nur einer gewissen Distanz zu eigenen Interessen – wobei nicht vergessen werden sollte, daß die Vereinigung vielen westdeutschen Firmen riesige neue Märkte erschlossen hat –, es bedarf auch der Anschauung. Deshalb hofft Peter Steinbach, daß sich, je mehr Westdeutsche in den Osten kommen, was mit dem Umzug der Regierung zwangsläufig der Fall sein wird, auch mehr Verständnis für das Leben der Menschen in Ostdeutschland entwickeln wird.

Er selbst hatte in den letzten Jahren vielfach Gelegenheit dazu, weil er sich aktiv in der Lehrerfortbildung betätigte, woran er sich besonders gern erinnert. Er lernte dabei die Lebensumstände und die Mentalität der früheren DDR-Bürger sehr genau kennen. In aller Offenheit und ohne falsche Rücksicht wurde in diesen Kursen über die Unterschiede im Denken und über die verschiedenen Erfahrungen gesprochen. Ein Thema, das immer wieder zur Sprache kam, war die Abschaffung des Bürgertums und des Mittelstands in der DDR. Daß eine Schicht von Intellektuellen kritisch das Handeln des Staates betrachtet, das eigene kulturelle Erbe und seine Bildungstradition an die nächste Generation weitergibt und damit dazu beiträgt, eine Demokratie lebendig zu halten, war undenkbar. Selbstbewußte Individuen waren unerwünscht und hatten in der Gesellschaft der DDR kaum Chancen. Daß man jetzt ein Recht auf Bildung, auf freie Entfaltung der Persönlichkeit, auf freie Meinungsäußerung in Anspruch nehmen kann und diese Rechte sogar praktizieren muß, weil davon die Zukunft der Demokratie abhängt, war eine neue, befreiende Erfahrung für viele Lehrer aus dem Osten. Steinbach seinerseits erfuhr von ihnen, was es sie gekostet hat, trotz der widrigen Umstände bestimmte Fortschritte zu erreichen, das Leben ihrer Schüler erträglich zu machen, welche subtilen Handlungsstrategien dazu oft entwickelt werden mußten. Vor solchen Leistungen hat er größten Respekt.

Nach der Wende erfuhr Steinbach, daß er über längere Zeit von einem Potsdamer Kollegen, mit dem er gemeinsame wissenschaftliche Projekte betrieb, bespitzelt worden ist. Als er dies erfuhr, war er tief erschüttert, da er und seine Frau sich dem Mann gegenüber stets offen und gastfreundlich gezeigt hatten und die Zusammenarbeit ein Versuch gewesen war, Grenzen zu überwinden. So weiß auch er durch eigene Anschauung um die perfiden Methoden der Stasi.

Peter Steinbach hat bis heute, 1999, den Eindruck, daß viele Bürger in Westdeutschland nicht begriffen haben, daß 1989 ein langgehegtes Ziel endlich erreicht wurde, das alle vor neue Aufgaben gestellt hat. Bis die deutsche Einheit wirklich vollzogen ist, bedarf es noch großer Schritte. Einer der wichtigsten ist nach Steinbachs Auffassung, mehr Einblick in das Leben der jeweils anderen zu nehmen, mehr Verständnis für sie zu haben. Welche enorme Anpassungsleistung die früheren DDR-Bürger vollbringen müssen, erkennt im Westen kaum jemand an. Deshalb hält Steinbach es für wünschenswert, daß man sich in den nächsten Jahren auch auf breiter Ebene intensiver mit den verschiedenen Mentalitäten beschäftigt, die sich im Lauf von vierzig Jahren in den beiden deutschen Staaten herausgebildet haben, daß man fragt, wie es dazu gekommen ist, daß das Gegenüber anders denkt als man selbst, daß man überhaupt bereit ist, sich darüber Gedanken zu machen. Damit wäre viel gewonnen, um die Teilung zu überwinden. Sein eigenes Beispiel zeigt, daß solche Lernprozesse möglich sind.

Der Vereinigungsprozeß hat Steinbach veranlaßt, kritisch darüber nachzudenken, daß das Geschehen während der Wende im Zeichen der Machtpolitik stand. Viele „Gewinner der Einheit" genießen nicht nur berufliche, sondern auch finanzielle Vorteile und entsprechenden Einfluß. Im Rahmen seiner Aufgaben an der Universität hat Steinbach die Möglichkeit, über Alternativen nachzudenken. Unter Politik, so meint er, könne man auch etwas anderes als Machtpolitik verstehen. Hierbei orientiert er sich an einer in oppositionellen Kreisen Osteuropas, besonders in der Tschechoslowakei, Ungarn und Polen entwickelten Art politischen Denkens, die aus der Not heraus unter Dissidenten entstand, die keine Möglichkeit hatten, auf die Politik ihres Landes Einfluß zu nehmen. Es waren politisch denkende Menschen, *citoyens,* die von der Macht ausgeschlossen waren. An der bestehenden antidemokratischen Gesellschaftsordnung und ihren Institutionen vorbei riefen sie das Prinzip der „Antipolitik" ins Leben, den Versuch einer Einflußnahme auf gesellschaftliche Prozesse, die sich allein an Überzeugungen orientiert und nicht auf Beteiligung an der Macht spekuliert. In der Person Vaclac Havels, der Sprecher der oppositionellen Gruppe Charta 77 war und mehrfach als Dissident im Gefängnis saß, sieht Steinbach dieses Prinzip verkörpert. Havels Buch *Meditationen,* das er besonders schätzt, vermittelt eine Vorstellung davon. Die Antipolitik ist in einem Raum größtmöglicher Freiheit angesiedelt, in dem Ideen nicht durch die Versuchung der Macht korrumpiert werden können. Auch in einer Demokratie sollte man darauf zurückgreifen. Gerade hier, wo jeder politisch aktiv werden kann, sollte die Antipolitik mehr zum Maßstab des Handelns werden, da sie ein klares, auf das Gemeinwohl gerichtetes Denken ermöglicht, das frei von persönlichem Vorteil ist. Ihre Erfinder waren couragiert und besaßen eine seelische Kraft, mit deren Hilfe sie Dinge wie Vorladungen zu Verhören und alle Arten von Demütigungen, denen sie als Dissidenten ausgesetzt waren, besser verkrafteten und am Ende so etwas wie eine Gegenkraft zum Regime bildeten. Eben diese Kraft war es, die Peter Steinbach seit 1985 auch bei Martin Onnasch entdeckte und die ihn im Hinblick auf die weitere Entwicklung in der DDR zuversichtlich stimmte. Auch außerhalb einer Diktatur, so meint Steinbach, sei es wichtig, sich immer wieder darauf zu besinnen, daß politisches Denken sich fernab aller Pragmatik in einem Freiraum bewegen muß, von dem aus neue Impulse in eine Gesellschaft gelangen können. Auch in Kultur und Kunst könnte dieses Prinzip Anwendung finden, aber die Praxis der Preisvergaben und der Förderung ist in Steinbachs Augen nicht frei von Macht und Einflußnahme.

Auch zu einer wirtschaftlichen Frage, im Hinblick auf die großen finanziellen Gewinne von Grundstückseigentümern, hat Steinbach eine Idee, die dem Gesamtwohl nützen könnte. Wenn ein Teil der Erlöse von Immobilienverkäufen in einen Fond für die deutsche Einheit gelangte, könnte man damit manches finanzieren und die Entwicklung schneller vorantreiben.

Diese Überlegungen mögen in unserem System, in dem jeder, geschützt durch das Recht auf Eigentum, so viele Gewinne machen kann, wie er will, utopisch sein. Zu oft aber gerät in Vergessenheit, daß Eigentum auch Verpflichtung bedeutet und der Handlungsspielraum für Vermögende sehr groß ist.

In seinen Wirkungsbereichen, als akademischer Lehrer, als Forscher, als wissenschaftlicher Publizist und Leiter der Gedenkstätte Deutscher Widerstand hat Steinbach viele Dinge in Bewegung gebracht. Er nimmt jede Gelegenheit wahr, die Öffentlichkeit über historische Prozesse aufzuklären, Diskussionen zu initiieren und wachzuhalten, das Verständnis der Deutschen füreinander zu fördern und sie einander näherzubringen. Daß er dabei hin und wieder auch provokante und nicht alltägliche Überlegungen äußert, trägt zur Belebung der Entwicklung und zu etwas Leichtigkeit in all der Schwerfälligkeit bei, mit der sich die deutsch-deutsche Annäherung vollzieht.

Prinzip Hoffnung

Manfred Stolpe

Seine Beharrlichkeit und Ausdauer sind ungewöhnlich. Jahrzehntelang hat Manfred Stolpe seine Kraft in politische Arbeit investiert, und dies unter nicht immer einfachen Umständen. Wer zu DDR-Zeiten als Jurist nicht in den Staatsdienst trat, sondern bei der Kirche arbeitete, hatte nicht mit einer brillanten Karriere, sondern mit einem eher dornigen Pfad zu rechnen. Er entschied sich für diesen Weg aus Überzeugung. Durch Herkunft und Erziehung stark vom Christentum geprägt, war es für ihn eine Herausforderung, in einem Staat, der seiner Religion den Kampf angesagt hatte, deren Ansprüche zu verteidigen, was konkret hieß, sich im Sinn der Nächstenliebe für Menschen und ihre Belange einzusetzen. Dabei hat er oft genug die Rolle eines Mittlers übernommen, also auch Geschick im Finden von Kompromissen bewiesen. Manfred Stolpe ist niemand, der mit dem Kopf durch die Wand rennt, sondern ein behutsam agierender Realist, der seine Ziele nicht aus den Augen verliert.

Die Auffassung von der Geschichte als Prozeß, der sich in verschiedenen Stufen auf die ideale Gesellschaft, den Kommunismus, hin bewegt, teilt Manfred Stolpe nicht. Allerdings war er sich immer der Tatsache bewußt, daß die Vorstellung von einer besseren Welt aus der jüdisch-christlichen Tradition stammt und der Marxismus aus dieser Quelle geschöpft hat. Doch das Prinzip Hoffnung versteht Stolpe anders. Er hat die Bergpredigt vor Augen, in der Jesus von Nazareth einen utopi-

schen und zugleich konkreten Gesellschaftsentwurf vorlegt. Christ zu sein bedeutet für Stolpe, an dieser Sozialutopie immer neu mitzuwirken und die tägliche Arbeit an diesem Entwurf zu messen. Dabei weiß er, daß diese häufig an den Maßstäben dieser Vision scheitern muß, die Dialektik der Hoffnung aber gerade darin besteht, das Ziel immer wieder ins Auge zu fassen und die Kraft zu neuer Hoffnung aus den Augenblicken zu schöpfen, in denen etwas von dieser Utopie in die Tat umgesetzt wird. Daraus ergibt sich eine Perspektive für den Menschen, die Möglichkeit, sich zu jeder Zeit bessere Verhältnisse vorzustellen und an ihrer Realisierung mitzuwirken. Daß man den Himmel auf Erden schaffen könne, hat er nie geglaubt, am allerwenigsten im Hinblick auf die jüngste Vergangenheit, den historisch gescheiterten Versuch einer idealen Gesellschaft in der DDR.

Stolpes berufliche Tätigkeit war von Anfang an mit dem Ziel verknüpft, bessere Lebensbedingungen und mehr Freizügigkeit für die Menschen zu erreichen. Manfred Stolpe ist ein dynamischer Mensch, der nicht gern auf der Stelle tritt, der die Dinge in Bewegung bringen muß. Und so ist es nicht verwunderlich, daß er in den vielen Jahren, in denen es zwei deutsche Staaten gab, zu denjenigen gehörte, die sich nicht nur in ihrem eigenen Land umsahen, sondern sich auch den Blick nach außen bewahrten und Gelegenheiten, in den Westen zu fahren und dort Verbindungen zu knüpfen, wahrnahmen.

Nicht zufällig wurde Manfred Stolpe in den letzten Monaten der DDR, zur Zeit der Regierung de Maizière, von beiden großen Parteien der Bundesrepublik, CDU und SPD, umworben. Es gibt kaum einen westdeutschen Politiker, der Manfred Stolpe nicht von früher kennt. In den Jahren vor der Wende spielte er eine entscheidende Vermittlerrolle zwischen DDR und Bundesrepublik, besonders wenn es um humanitäre Erleichterungen für DDR-Bürger ging.

Für die SPD entschied er sich erst spät. Er tat es nicht nur wegen seiner langjährigen Beziehungen zu Helmut Schmidt oder Johannes Rau, mit denen er als Repräsentant der evangelischen Kirche oft zusammengetroffen war. Ihm erschien es in der Zeit nach dem Fall der Mauer besonders wichtig, daß sich die Vereinigung Deutschlands ohne große soziale Benachteiligung der DDR-Bevölkerung vollzog, ein Anliegen, das in seinen Augen die SPD ernster nahm als die CDU, deren Pragmatismus bei der Vorbereitung des Einigungsprozesses die sozialen Aspekte, wie er fürchtete, zu wenig berücksichtigte.

Seinen Entritt in die SPD Ende Juni 1990 erklärte Stolpe auf unkonventionelle, aber unmißverständliche Art: Er schickte der Partei eine Postkarte mit einer Karikatur, auf der ein Mensch mit Augen aus DM-Symbolen in den Abgrund rennt. Stolpe wollte sich bei seiner künftigen politischen Arbeit der sozialen Situation der Menschen besonders widmen.

Darüber hinaus kannte Stolpe nicht nur viele Persönlichkeiten aus dem Westen, er war auch mit dem dortigen Rechtssystem bestens vertraut. Nach seinem Jurastudium in Jena hatte er von 1959–1961 an der Freien Universität Berlin studiert, und er hatte die Vision, daß eines Tages beide Teile Deutschlands wieder in einem Rechtsstaat zusammenleben würden, nie aufgegeben. Allerdings zweifelte er nie daran, daß dies ein langer Weg sein würde. Als er in den späten achtziger Jahren die Vermutung äußerte, daß die deutsche Einheit zwischen 2015 und 2020 realisiert werden würde, brachte ihm dies bei Bekannten und Freunden den Ruf eines Optimisten ein.

Stolpes nüchtern-realistische Einstellung in politischen und gesellschaftlichen Fragen war in den Erfahrungen begründet, die er während des Aufstands vom Juni 1953 als Siebzehnjähriger machte und die ihn auf Jahre geprägt haben. Er hatte damals die Entwicklung aufmerksam beobachtet und wie ein Großteil der Bevölkerung auf einen politischen Kurswechsel gehofft, der dann durch den Einsatz russischer Panzer gegen die Opposition brutal und blutig verhindert wurde. Die Folgen sieht er in einer „sozialpsychologischen Langzeitwirkung“, wie er es in seiner Ansprache zum 17. Juni 1990, dem ersten Gedenktag beider deutscher Parlamente, formulierte. Nach der Niederschlagung des Aufstands hatte kaum jemand noch den Mut, gegen das DDR-Regime zu opponieren, und die wenigen, die es taten, mußten schwere Repressalien hinnehmen.

Noch gravierender wirkten sich die Ereignisse vom August 1961 aus, an die Stolpe sich lebhaft erinnert. Auch damals hatte er wegen der Entspannungspolitik Kennedys und der Reformen Chruschtschows im Zuge der Entstalinisierung an eine Verbesserung der Verhältnisse zwischen den beiden Blöcken und damit auch in der DDR geglaubt. Aber diese Hoffnung teilten nur wenige, und deshalb verließen die Menschen massenhaft das Land. Im Bahnhof von Potsdam bildeten sich Trauben von Menschen, die in den Westen reisten. Die Klügeren hatten Fahrkarten gekauft, die weiter reichten als bis Berlin-Zoologischer Garten. Wer nur eine S-Bahn-Karte gelöst hatte und mit einem Koffer unterwegs war, wurde der Republikflucht verdächtigt und aufgehalten. Die Kirche richtete trotz ihrer kritischen Haltung gegenüber dem Staat zahlreiche Appelle an die Bevölkerung, im Land zu bleiben, da sie befürchtete, daß durch den massenhaften Weggang bald für das soziale Leben wichtige Personen fehlen würden. Doch der Strom derer, die die DDR verließen, war nicht aufzuhalten. Die Menschen hatten zu lange vergeblich auf eine Verbesserung ihrer Lage gehofft.

Manfred Stolpe war schon im Frühsommer '61 klar, daß die DDR-Regierung in dieser Situation nicht untätig bleiben würde. Man vermutete, daß Berlin abgeriegelt werden sollte, überlegte, ob ein Ring um die Stadt gezogen oder ob sie geteilt würde. Stolpe schien eine Teilung der Stadt unvermeidlich.

In der Nacht zum 13. August rollten ab 22 Uhr auf dem in der Nähe seiner Potsdamer Wohnung gelegenen russischen Kasernengelände die Panzer. Die ganze Nacht über hörte er Radio, telefonierte mit Kollegen, besorgt, daß es zu Kriegshandlungen kommen könnte. Als er am Morgen nach Berlin ins Konsistorium fuhr, war der normale Weg bereits versperrt. Er mußte die schon vor Monaten angelegte Strecke um Berlin nehmen und erreichte das Stadtzentrum gegen zehn Uhr. Am Spittelmarkt lagen knapp einen Meter hohe Stacheldrahtrollen. Sie markierten die Grenze, an der in den folgenden Stunden und Tagen die Mauer errichtet wurde. Mehrfach sah

Stolpe, wie Menschen über den Stacheldraht nach Westen sprangen.

Stolpe glaubte zunächst, daß die Westalliierten diese Vorgänge nicht dulden würden, aber sehr bald erkannte er, daß man sich mit der Situation der Teilung für lange Zeit abfinden mußte. Die Westalliierten hatten keinerlei Interesse an einer kriegerischen Auseinandersetzung und reagierten nur zurückhaltend. Solange sich die beiden großen Blöcke feindlich gegenüberstanden, war eine Entspannung der Lage höchst unwahrscheinlich. Stolpe ahnte, daß die DDR-Bürger, die nun nicht mehr die Möglichkeit hatten, ungehindert in den Westen zu reisen, an materiellem Mangel, aber auch am Verlust ihrer Freiheit leiden würden, und sah seine wichtigste Aufgabe in den nächsten Jahren darin, ihnen bei der Bewältigung ihrer Probleme zu helfen. Dies hat er auf vielfache Weise während seiner Tätigkeit in der evangelischen Kirche versucht. Für zahlreiche Ausreisewillige und Dissidenten, die als „Republikflüchtlinge" und Feinde des Staates ins Gefängnis kamen, war er ein Hoffnungsträger und hat vielen zur Ausreise verholfen oder ihr Schicksal erträglich gemacht.

Er wirkte entscheidend dabei mit, der Kirche, die bis in die sechziger Jahre im Abseits gestanden und innerhalb der Gesellschaft nur wenig Spielraum hatte, eine neue Gestalt zu geben. Als „Kirche im Sozialismus" war sie nicht mehr auf totale Konfrontation mit dem Staat aus, sondern versuchte, innerhalb der DDR gesellschaftsverändernd zu wirken. Obwohl die DDR-Kirche von der EKD getrennt wurde, gelang es Stolpe, stets in engem Kontakt zur Kirche im Westen zu bleiben, sich mt ihren Vertretern auszutauschen und wenn notwendig Hilfe in Anspruch zu nehmen. So wurde er auch in den schwierigen Jahren, in denen nicht mit einer baldigen Besserung der Verhältnisse zu rechnen war, zu einem der wichtigsten Vermittler zwischen Personen und Institutionen der beiden deutschen Staaten. Die hiermit verbundenen Anstrengungen und oft zähen Bemühungen, die nicht immer befriedigende Ergebnisse brachten, nahm er auf sich, weil er überzeugt war, daß es, wie er es kurz und prägnant formuliert, „eine Macht gibt, die etwas anderes will". Die Humanität, zu der das Christentum die Menschen auffordert, sah er als Grundverpflichtung an. Diese Orientierung auf eine Utopie ermöglichte es ihm, die zähen Erfahrungen des Alltags nicht zu verabsolutieren. Daß Menschen Hoffnung und Mut für die Zukunft brauchen, um den Alltag zu bewältigen, war für ihn schon damals ein wichtiger Grundsatz, und er bestimmt sein Handeln bis heute.

Die Öffnung der Mauer, die Stolpes politischem Weg eine ganz neue Richtung gab, hat er nicht vorausgesehen, aber daß eine Welle der Liberalisierung durch die DDR ging, war vorher deutlich zu spüren. Als Gorbatschow in der Sowjetunion mit den Reformen begann, hoffte er, daß sich nun auch neue Perspektiven für die DDR ergeben würden. Bald machte sich auch in der Bevölkerung eine positive Stimmung breit. Stolpe erlebte es bei dem Besuch Gorbatschows in Potsdam, als die Leute dem Generalsekretär der KPdSU begeistert mit dem Kosenamen „Gorbi" zujubelten. Die durch den Bau der Mauer entstandene Grundhaltung, man könne ohnehin nichts ändern, brach auf, die Menschen wurden mutiger, begannen über gesellschaftliche Alternativen und eine Verbesserung ihrer Lebensverhältnisse nachzudenken. Der Staatsbesuch von Honecker in Bonn 1987 und die Erleichterungen im Reiseverkehr in der Zeit danach ermöglichten immer mehr DDR-Bürgern einen Kontakt mit ihren Landsleuten im Westen, mit einer anderen Denk- und Lebensweise. Nicht nur eine kleine Avantgarde hatte den Willen zur Veränderung, sondern immer mehr DDR-Bürger.

Ein deutliches Signal für einen Mentalitätswandel der Bevölkerung war in Stolpes Augen die Wahlbeobachtung bei den Kommunalwahlen im Mai 1989, als überall in der DDR, an mindestens hundert Orten, Menschen in die Wahllokale gingen und bei der Auszählung der Stimmen zusahen. Als die Zahlen offiziell verkündet wurden, stellten die Beobachter eine deutliche Abweichung zu den tatsächlich ausgezählten Stimmen fest. Dieser offenkundige Wahlbetrug mobilisierte die Menschen. Spontan entstand eine Bewegung aus Leuten aller Schichten. Die Menschen waren nun nicht mehr bereit, sich alles gefallen zu lassen. Einmal im Monat fanden auf dem Berliner Alexanderplatz Versammlungen statt, auf denen eine Annullierung der Wahlen gefordert wurde.

Schon seit der Luxemburg-Liebknecht-Demonstration im Januar 1988, auf der Mitglieder von Friedens- und Menschenrechtsgruppen verhaftet worden waren, kümmerte sich Stolpe intensiv um das Schicksal von Oppositionellen. Die Kirche gab bis zur Wende zahlreichen Bürgerrechtlern, Ausreisewilligen und Friedensgruppen Unterschlupf und bot der Opposition ein wichtiges Forum zur Verbreitung ihrer Ideen. Nur so konnten die durch Gorbatschow entstandenen neuen Freiräume wirklich genutzt werden.

Der entscheidende Tag in dem Prozeß, der zur Öffnung der Mauer führte, war für Stolpe der 9. Oktober 1989, als am Abend in Leipzig die größte Demonstration seit dem 17. Juni 1953 stattfand. In den Tagen zuvor war es in Berlin und Dresden zu gewaltsamen Auseinandersetzungen mit der Polizei gekommen, die mit großer Brutalität gegen Protestierende vorgegangen war, und alle fürchteten eine Eskalation der Gewalt bei der abendlichen „Montagsdemonstration". Viele unterschiedliche Gruppierungen hatten an die Vernunft appelliert und sich für Gewaltverzicht aller Seiten eingesetzt. Am Abend wurde in der Nikolaikirche über die Ereignisse vom Vortag in Dresden berichtet. Danach zogen 70000 Menschen durch die Stadt, ihre Parole „Wir sind das Volk" war eine ungeheure Herausforderung an die DDR-Regierung, die den Anspruch vertrat, das Volk zu repräsentieren. Für Stolpe war dieser Abend deshalb der wichtigste während der Revolution, weil nicht geschossen wurde, ein deutliches Zeichen dafür, daß die Regierung darauf verzichtete, mit Einsatz von Gewalt ihre Macht zu erhalten. Dies kam einer Kapitulation gleich, die das Ende der DDR-Diktatur einläutete, und als am 18. Oktober der Sturz Honeckers erfolgte, schien ihm ein wichtiger Schritt zur Befreiung der DDR-Bürger getan.

Am 23. Oktober fand eine erste Pressekonferenz oppositioneller Gruppen in einer Berliner Kirche statt. Bürgerinitiativen legten eine Dokumentation zu den Polizeieinsätzen vom 7. und 8. Oktober vor. Durch sie kam eine öffentliche Diskussion und Verurteilung der staatlichen Gewalt in Gang. An diesem Abend wurde ein Tabu gebrochen. Manfred Stolpe brachte dies mit den Worten „Mut zur Wahrheit, auch wenn sie schmerzt" zum Ausdruck. Er wollte damit einerseits deutlich machen, daß es keine leichte Sache ist, einen Staat zu kritisieren, in dem man jahrelang gelebt und den man nie öffentlich in Frage gestellt hat, und andererseits eine Polarisierung zwischen Regimekritikern und -anhängern verhindern.

In den folgenden Wochen, in denen die Forderungen der Opposition immer breiteren Raum einnahmen und die Regierung in die Enge trieben, wurde Stolpe zunehmend bewußt, daß zur Vermeidung chaotischer Zustände bei dem Transformationsprozeß, der bereits in vollem Gang war, ein gemeinsames Handeln der verschiedenen Gruppierungen notwendig war. Zwischen ihnen zu vermitteln, um überflüssige und gefährliche Konflikte zu vermeiden, sah er als seine wichtigste Aufgabe an. Nach der Wahl von Egon Krenz zum Vorsitzenden des Verteidigungsrats kam es zu starken, nur allzu verständlichen Protesten der Bevölkerung. Zu lange hatte Krenz dem DDR-Regime gedient. Außerdem hatte er sich durch seine Billigung des Massakers vom Tiananmen-Platz in Peking viele Feinde unter den Oppositionellen gemacht.

Inzwischen versuchte die SED-Führung, die sich zunehmend bedroht sah, die Diskussionen von der Straße zu holen und zu kanalisieren; selbst führende Politiker wie Wolfgang Berghofer und Hans Modrow äußerten sich inzwischen positiv zu der revolutionären Entwicklung. Aber das Ruder war der herrschenden Partei längst entglitten, für Stolpe nicht nur ein Grund zur Freude, sondern auch zu einer gewissen Besorgnis, daß sich die Lage allzu sehr destabilisieren könnte.

Am 9. November nahm Stolpe deshalb im Französischen Dom an einer Versammlung von Vertretern verschiedener Parteien und Gruppierungen teil, um über ein weiteres gemeinsames Vorgehen zu beraten. Während dieses Treffens wurde ihm ein Zettel mit der Nachricht übergeben, Schabowski habe erklärt, daß die DDR die Grenzen geöffnet habe und daß sich die Leute an den Übergängen sammelten.

Von seiner Berliner Wohnung im 21. Stock eines der großen Wohngebäude in der Leipziger Straße konnte Stolpe das erregte Treiben auf den Straßen beobachten. Von einem befreundeten Arzt erfuhr er am folgenden Tag, daß sich am Übergang Checkpoint Charlie die Lage dramatisch zugespitzt hatte, weil Menschen, die durch andere Übergange in den Westen gegangen waren, versuchten, über den Checkpoint Charlie zurückzukehren und nicht hereingelassen wurden. Der Arzt sprach mit dem Grenztruppenkommandeur und bat ihn, den Übergang für die Rückkehrenden zu öffnen, aus humanitären Gründen und um Panik zu vermeiden. Noch immer hatten die Menschen die Angst vor einem gewaltsamen Eingreifen der Russen nicht verloren. Schließlich ließen die Russen sie unversehrt über den Checkpoint nach Hause zurückkehren.

Auch nach Öffnung der Mauer war es Stolpes oberstes Ziel, zwischen den verschiedenen politischen Gruppen zu vermitteln, damit sich die bevorstehenden Veränderungen im Konsens vollziehen konnten.

An eine Vereinigung dachte er damals noch nicht, sondern hielt zunächst an der Zweistaatlichkeit Deutschlands fest. In der Regierung Modrow, die am 17. November gebildet wurde, sah er einen wichtigen Faktor zur Stabilisierung der Verhältnisse in der dramatischen Übergangszeit. Eigentlich sollte er in dieser Regierung das Ressort „Kirchen" übernehmen, verzichtete aber darauf, weil die Kirchenleitung eine Niederlegung seines Amts als Konsistorialpräsident forderte. Lothar de Maizière, stellvertretender Ministerpräsident der Modrow-Regierung, übernahm das Ministerium an seiner Stelle.

Der Gedanke eines Beitritts der DDR zur Bundesrepublik nach Artikel 23 der Bonner Verfassung kam Stolpe zum erstenmal im Februar 1990. Er stellte sich dabei allerdings eine Übergangszeit von zehn Jahren vor, um soziale Härten zu vermeiden und es DDR-Bürgern zu ermöglichen, sich an die neuen Lebensverhältnisse zu gewöhnen.

Wie sich die Einigung tatsächlich vollzog, sieht er bis heute kritisch. Bedingt durch das Wahljahr 1990 und die großen Versprechungen Kohls, der Wähler gewinnen wollte, ereignete sich alles wie in einem „Sturzflug, bei dem viele Menschen verletzt" wurden. Stolpe weiß, wie hart sie der Verlust des Arbeitsplatzes getroffen hat, und hätte sich daher mehr Initiative und Mut zu Investitionen von seiten der Wirtschaft gewünscht. Strukturen und Institutionen haben sich schnell entwickelt, aber für die Menschen, welche die Transformation am eigenen Leib gespürt haben, war sie oft schmerzhaft, stellte ihre bisherige Existenz in Frage und schürte die Angst vor der Zukunft. Die eigentlichen Gewinner der Vereinigung, so glaubt Stolpe, werden erst die Kinder und Enkel sein. Seine Generation muß den Hauptteil der Probleme tragen, die mit diesem einschneidenden historischen Prozeß unweigerlich verbunden sind.

Bis der Gegensatz zwischen Ost und West spürbar gemildert oder aufgehoben ist, wird es nach Stolpes Meinung noch einige Jahre dauern. Anzeichen, daß die Vereinigung sich auch in den Köpfen vollziehen wird, sind seiner Meinung nach aber schon zu spüren, etwa bei Katastrophen wie der Oderflut, bei der Menschen aus ganz Deutschland geholfen haben. Darin, daß inzwischen viele Menschen aus dem Osten gleichberechtigt und effektiv in der Wirtschaft und bei sozialen und kulturellen Prozessen mitwirken, sieht er einen großen Fortschritt bei der Integration der neuen Länder. Auch gibt es immer mehr gesamtdeutsche Themen, die nicht allein die frühere DDR betreffen. Eines der wichtigsten ist die Arbeitslosigkeit. Sie ist zwar im Osten wesentlich größer, aber die Menschen im Westen sind selbst zunehmend von ihr betroffen, und sie ist ein Problem, das keineswegs allein durch den Zusammenbruch des Ostblocks hervorgerufen wurde. Die Verteilung der Arbeit in der DDR vermittelte den Bürgern allerdings die Illusion der Vollbeschäftigung, und so war für sie, im Gegensatz zu den Bundesbürgern, die Erfahrung, nicht mehr gebraucht zu werden, sich nicht mehr auf die Fürsorge des Staates verlassen zu können, radikal und neu. Die Lage war um so gravierender, als durch den Zusammenbruch der Ostmärkte DDR-Produkte keinen Absatz mehr fanden und die Arbeitslosenquote in den Jahren nach der Wende viel höher war als im Westen, ein Zustand, der sich bis heute nicht wesentlich geändert hat.

Da die traditionelle Arbeit durch Rationalisierung und technischen Fortschritt immer mehr abnimmt, hält Stolpe es für erforderlich, über einen neuen Arbeitsbegriff nachzudenken. Daß Arbeit ein Grundbedürfnis des Menschen ist, hat schon Luther festgestellt, für den der Mensch zur Arbeit geboren ist wie der Vogel zum Fliegen. Auch Freud sieht ein erfülltes Leben im „Lieben und Arbeiten". Jede Epoche muß, so meint der Ministerpräsident eines Bundeslandes, das mit Beschäftigungslosigkeit besonders zu kämpfen hat, den Arbeitsbegriff neu definieren. Im Zeitalter der Hochtechnologie kann sie nicht im herkömmlichen Sinn der Vollbeschäftigung verstanden werden. Neue Modelle sind gefragt, darunter die Unterscheidung von sozialer Sicherung einerseits und Beschäftigung andererseits. Stolpe sieht in einem solchen Konzept eine große Chance für die Gesellschaft. Er kann sich vorstellen, daß bei einer allgemeinen Grundsicherung neue Formen von Arbeit entstehen können, die der freien Entfaltung der Persönlichkeit eher entsprechen als traditionelles Geldverdienen.

Daß die notwendige Diskussionen um einen neuen Arbeitsbegriff von Politikern kaum geführt wird, sei verständlich, wie er meint, kein Politiker wolle gern seine Wähler verunsichern, besonders ungern in Wahlkampfzeiten. Dennoch hält Stolpe es für dringend notwendig, daß sich alle politischen Parteien außerhalb der Wahl- und Wahlkampfrituale mit dem Problem der Arbeit befassen. Er hofft darauf, daß man sich im Zusammenhang mit dem Bündnis für Arbeit, im gesellschaftlichen Diskurs und auch in den Kirchen mit dem Thema beschäftigt.

Mit solchen Gedanken, die jenseits aller Realpolitik zu liegen scheinen, auf lange Sicht aber zur Veränderung von Leben und Gesellschaft beitragen, beschäftigt sich Manfred Stolpe, obwohl ihm der politische Alltag nur wenig Zeit dazu läßt. Gerade im Land Brandenburg sind noch immer viele Probleme zu lösen. Wegen der gescheiterten Länderfusion von Berlin und Brandenburg muß das Zusammenwachsen der Region über die Ländergrenzen gestaltet werden, was die Probleme vergrößert, besonders im Bereich der Wirtschaft, in dem es, gerade bei der Ansiedlung von Unternehmen, oft zu Konkurrenzsituationen kommt. Außerdem muß wegen des Modernisierungsbedarfs nach wie vor erheblich mehr in die Infrastruktur des Landes investiert werden als anderswo. Denn der Aufbau einer funktionierenden Wirtschaft im Agrarland Brandenburg, dessen Produktionszentren in der Lausitz und an der Oder, wie in Schwedt und Eisenhüttenstadt, die in der Zeit nach dem Fall der Mauer schwere Einbußen erlitten haben, dauert lange. Darüber hinaus stellt der Umbau der Landwirtschaft und deren Anpassung an die europäische

Agrarordnung und der Umbau der LPGen das Land und seine Bevölkerung vor große Herausforderungen.

Ein gravierendes Problem der Nachwendezeit sieht Stolpe im Rechtsradikalismus in Ostdeutschland. Durch ausländerfeindliche Übergriffe diskreditiert sich Brandenburg als Tourismusregion und schreckt außerdem Investoren aus dem Ausland ab. Die Fremdenfeindlichkeit widerspricht der brandenburgischen Tradition der Toleranz, der sich Stolpe besonders verpflichtet fühlt. Er besitzt ein ausgeprägtes Geschichtsbewußtsein und sieht im Großen Kurfürsten, der das Land für Menschen von außen öffnete, ein wichtiges Vorbild. Auch zu DDR-Zeiten gab es Fremdenfeindlichkeit bereits, doch wurde sie nie öffentlich sichtbar. DDR-Bürger kamen mit Fremden nur selten in Berührung, heute glauben viele, Ausländer seien maßgeblich schuld an der schwierigen Situation auf dem Arbeitsmarkt.

Seit dem Fall der Mauer ist es in den neuen Bundesländern immer wieder zu fremdenfeindlichen Exzessen gekommen, und Stolpe meint, daß die Öffentlichkeit gegenüber Brandenburg besonders streng urteile. Mittlerweile haben sich in verschiedenen Orten Brandenburgs Bürgerinitiativen gebildet, die sich bemühen, mit Aufklärung und Aktionen für Toleranz im Umgang mit Ausländern zu werben.

Der Ort Niedergörsdorf im Kreis Teltow-Fläming, in dem verschiedene Nationalitäten, darunter viele Aussiedler aus Kasachstan, zusammenleben, ist eine gelungene Synthese aus Konversion ehemaliger sowjetischer Liegenschaften, Aufnahme von Aussiedlern und kommunaler Entwicklung. Dieses Dorf hat sich in kürzester Zeit aus dem Nichts entwickelt, hat eine pluralistische Religionsgemeinschaft ausgebildet und beherbergt zahlreiche Ehepaare verschiedener Nationalität. Stolpe sieht darin ein hoffnungsvolles und nachahmenswertes Beispiel für tolerantes Zusammenleben und den Gewinn, den alle daraus ziehen können. Solche Anlässe zur Freude gibt es nur selten, und oft genug versucht Stolpe, durch Diskussionen und Aufgeschlossenheit gegenüber den Problemen der Menschen an den Brennpunkten selbst in das Geschehen einzugreifen. Auch ist zu hoffen, daß die im März 1990 von der Ausländerbeauftragten des Landes Almut Berger eingerichtete Antidiskriminierungsstelle, bei der ausländerfeindliche Übergriffe gemeldet werden können, die aber auch Kurse zur besseren gegenseitigen Verständigung anbieten will, zu einem toleranten Umgang zwischen Brandenburgern und Ausländern beiträgt. Nicht nur Initiativen der Landesregierung, auch Aktionen von Kirchen und Gewerkschaften begrüßt Stolpe, die den Menschen vermitteln, daß eine Zivilisation sich daran mißt, wie sie mit anderen umgeht, und daß es im Interesse von ökonomischer und sozialer Stabilität darauf ankommt, friedlich miteinander zu leben.

Auch im Hinblick auf Osteuropa liegt Stolpe an einer guten Nachbarschaft, an kultureller und wirtschaftlicher Kooperation und baldiger Integration der Länder in die Europäische Union. Besonders zu Polen, mit dem Brandenburg eine gemeinsame Grenze hat, wurden in den letzten Jahren enge Kontakte geknüpft. Hierbei geht es allerdings nicht nur um Kooperation in verschiedenen Bereichen der Gesellschaft sowie in Wirtschaft und Kultur, sondern auch und besonders um die Verständigung zwischen Deutschen und Polen und einen ungezwungenen Umgang miteinander. Das früher von oben verordnete Verhältnis zum sozialistischen Bruderstaat hat sich noch nicht überall in Brüderlichkeit unter den Nachbarn verwandelt, immer wieder manifestieren sich bei den Deutschen alte antipolnische Ressentiments.

Daß Manfred Stolpe heute, nach den vielen Jahren, in denen er sich um die Verbesserung der Lebenssituationen der Menschen in der DDR bemühte, und nach einem knappen Jahrzehnt Aufbauarbeit in der neuen Demokratie immer noch Zuversicht ausstrahlt und für viele Menschen Hoffnung verkörpert, hat für ihn zwei Gründe: seinen Glauben an die bereits erwähnte „Macht, die etwas anderes will“ und seine naturgegebene Ausdauer und Beharrlichkeit. Seinen Zielen näherzukommen sieht er als seine Lebensaufgabe an, und er will sie weiterführen, solange es die Umstände und seine Kräfte erlauben. Nach der Landtagswahl im September 1999 würde seine dritte Amtsperiode beginnen. Stolpe sieht mit Optimismus in die Zukunft. Was bisher in Brandenburg erreicht wurde, stellt ihn zwar noch nicht zufrieden, aber die Transformationsleistungen der letzten neun Jahre erscheinen ihm, gemessen an der Situation während der DDR, beträchtlich.

Der Wechsel vom Repräsentanten der Kirche zum Politiker nach seiner Wahl zum brandenburgischen Ministerpräsidenten 1990 war für ihn kein allzu großer qualitativer Sprung, wenn auch jetzt ganz andere politische Verhältnisse herrschen. Im Rahmen der Kirche trug er ebenso Verantwortung für ein Land und seine Menschen wie heute. Obwohl sein Handlungsspielraum größer geworden ist, sind seine Anforderungen an sich selbst die gleichen geblieben. Die Neustrukturierung der Kirche als Amtskirche nach westlichem Muster ist für ihn eine logische Folge des politischen Wandels. Daß die frühere Kirche der DDR, ein Sauerteig im SED-Staat, der Verfolgten Raum gab und sie schützte, heute weniger spektakulär in Erscheinung tritt, liegt auch daran, daß ein großer Teil ihrer damaligen Aufgaben überflüssig geworden ist. Die Rolle, welche die Kirche heute wahrnimmt, erscheint ihm jedoch nicht weniger wichtig. Auf der Ebene der Ortsgemeinden ist die Kirche seiner Beobachtung nach lebendiger als zuvor und gerade im sozialen Bereich sehr engagiert.

Daß Manfred Stolpe sich gern an schwierige Dinge heranwagt und sich auf Probleme einläßt, die unüberwindbar scheinen, hat auch mit einer Haltung zu tun, die man Trotz nennen könnte, mit allen Assoziationen, die zu diesem Wort gehören:

Herausforderung, Widerstand, Mut und Stolz. Er selbst nennt seine Fähigkeit, nicht aufzugeben und seine Pläne voranzutreiben, auch wenn die Lage aussichtslos scheint, selbstironisch Sturheit. Gewiß hat sie neben seiner Überzeugung, im Sinne der Menschen richtig gehandelt zu haben, entschieden dazu beigetragen, die schwierigen Jahre, in denen ihm seine Kontakte zu Staatssicherheit zur Last gelegt wurden, zu überstehen.

Wenn die Ost-Elbier, wie er gern sagt, eine besondere Spezies mit ungewöhnlicher Ausdauer, Energie und Willensstärke sind, dann ist er ohne Zweifel ein typischer Repräsentant dieser Gruppe.

Wo die Einheit Alltag ist

Ingrid Stahmer

Der Abend des 9. November ist kühl und regnerisch, einer jener Abende im Spätherbst, die man gern in behaglicher Wärme zu Hause verbringt. Aber heute wird es anders kommen. Ingrid Stahmer, Sozialsenatorin und Bürgermeisterin von Berlin, fährt nach einem langen Arbeitstag nach Hause. Im Autoradio plötzlich die aufsehenerregende Nachricht: Ost-Berlin soll die Grenzen geöffnet haben. Ungläubig und zugleich alarmiert wendet sie das Auto und fährt zurück zum Rathaus Schöneberg. Hier herrscht einige Aufregung, überall Menschen mit neuen Meldungen, der Regierende Bürgermeister hat aufgrund der Ereignisse noch um 22 Uhr eine Sondersitzung des Senats anberaumt.

Bereits in den Wochen zuvor hat sich die Sozialsenatorin ausführlich mit der Flüchtlingsproblematik beschäftigt. Seit Ungarn am 10. September die Grenzen geöffnet hat, sind immer mehr DDR-Bürger nach Berlin gereist und nicht in die DDR zurückgekehrt, 4700 im September, 7100 im Oktober. Die Aufnahmekapazitäten für weitere Übersiedler werden allmählich knapp. Ende Oktober hat der Senat eine Arbeitsgruppe zur „Vorbereitung auf einen verstärkten Besuchs- und Reiseverkehr aus Ost-Berlin und der DDR“ gegründet, weil nach internen Informationen aus der DDR-Regierung ab Dezember mit einem starken Besucherstrom aus Ostdeutschland gerechnet werden muß. Geleitet wird die Gruppe vom Staatssekretär im Wirtschaftssenat unter der Rubrik Tourismus. Es ist zu ver-

muten, daß für die künftigen Berlin-Reisenden, wenn sie in großer Zahl kommen, viele Betten zum Übernachten und zusätzliche öffentliche Verkehrsmittel notwendig sind. Die große Hoffnung ist, daß sie wieder in ihr Land zurückfahren und nicht alle bleiben wollen. Was soll geschehen, wenn die Leute nicht mehr in die DDR zurückkehren wollen? Berlin kann nicht mehr so viele Besucher verkraften, denn die Unterbringungskapazitäten sind durch die vielen Flüchtlinge, die über Ungarn in die Stadt gekommen sind, ausgeschöpft.

In der Senatssitzung werden an diesem späten Abend die

Aufgaben für die nächsten Tage abgesprochen. Wieviele Personen werden Berlin besuchen, vielleicht zweihunderttausend pro Tag? Ingrid Stahmer ist relativ gefaßt und glaubt, daß die erwartete Reiseregelung nur früher in Kraft tritt als vorgesehen, daß man also die Pläne ein wenig rascher umsetzen muß. Noch ahnt der Senat nicht, daß es hier nicht nur um Reiseerleichterungen geht, sondern daß die Mauer gestürmt werden wird und statt zweihunderttausend Personen am nächsten Wochenende zwei Millionen in die Stadt kommen werden. Nach zehn Tagen werden es bereits zehn Millionen aus der gesamten DDR sein.

Der Chef der Senatskanzlei Dieter Schröder nimmt Kontakt mit der russischen Vertretung auf, um zu erfahren, ob sie in das Geschehen eingreifen werden, und zu seiner großen Erleichterung erfährt er, daß sie sich in deutsche Angelegenheiten nicht einmischen wollen. Damit ist eines der wichtigsten Probleme gelöst.

Nach der Senatssitzung telefoniert Ingrid Stahmer mit ihrem Mann, der früher im Innenministerium Leiter des Katastrophenschutzes war und die für Notunterbringung zuständigen Referenten kennt. Sie notiert sich die Namen. Um zu erklären, wozu sie sie braucht, reicht die Zeit nicht. Dann ruft sie die Katastrophenreferenten zusammen und berät mit ihnen, wo man noch Übernachtungsplätze finden kann.

Bei Herrn Stahmer rufen ständig Journalisten an, die alle auf der Suche nach seiner Frau sind. Amerikanische Journalisten haben sogar die Polizei alarmiert. Erst gegen vier Uhr morgens kommt Ingrid Stahmer nach Hause, muß aber gleich wieder fort, denn um fünf Uhr dreißig erwartet sie CBS-News zu einem Interview am Brandenburger Tor.

Nach dem „Innendienst“ der nacht erwartete nun auch der „Außendienst“. Am nächsten Tag sind fast alle Übergänge geöffnet, auch der an der Glienicker Brücke. Ingrid Stahmer fährt mit ihrem Pressereferenten dorthin. Auf dem Weg sehen beide, daß zahlreiche DDR-Bürger nach ihrem Besuch in Westberlin wieder nach Potsdam zurückkehren. Wieder eine Sorge weniger, offenbar wollen doch viele Bürger in ihrem Land bleiben und sind nur zu Besuch gekommen. Stahmers Befürchtungen, daß sie aus Angst vor einer erneuten Schließung der Grenzen lieber im Westen bleiben, haben sich nicht bewahrheitet.

Der Glienicker Schloßpark ist eine der Lieblingsgegenden von Ingrid Stahmer in Berlin. Wie oft war sie hier zum Spazierengehen am idyllischen Havelufer ganz in der Nähe der abstoßend verbarrikadierten und mit Stacheldraht bewehrten Brücke der Einheit. Hier war eine der Stellen, an denen man am besten nach drüben sehen konnte, in die Landschaft am anderen Ufer, die der diesseits des Flusses so ähnlich ist. Jetzt ist die Einheit der Landschaft wiederhergestellt.

Spontan entschließt sie sich zu einem Ausflug in die Gärten von Sanssouci, obwohl sie längst ins Rathaus zurückkehren müßte. Sie geht zu dem Offizier auf der Brücke und fragt, ob sie nur für kurze Zeit unbürokratisch die Grenze passieren dürfe. Er reagiert erstaunt, murmelt etwas von fünfundzwanzig Mark, verschwindet dann in der Grenzbaracke. Nach einer Weile kommt er wieder und teilt Stahmer in aufrechter Haltung mit: „Hier liegt eine besondere Situation vor, Sie können passieren, melden Sie sich in einer Stunde wieder bei mir."

Ingrid Stahmer merkt, daß er zum erstenmal in seiner Laufbahn selbst ermessen muß und kann, was in einer bestimmten Situation zu tun ist.

Auf ihrem Ausflug nach Sanssouci passiert sie Straßen mit riesigen Schlaglöchern, kommt an zerfallenen, finsteren Gebäuden vorbei, sieht aber zugleich, welch wunderbare Bausubstanz in Potsdam erhalten geblieben ist, eine Stadt des 18. Jahrhunderts, wie man sie sonst kaum kennt. Park und Schloß von Sanssouci sind so schön, wie sie erwartet hatte. Sie kehrt begeistert – und pünktlich – zurück.

Von der allgemeinen Euphorie, die jetzt in Berlin herrscht, darf die Sozialsenatorin sich nicht mitreißen lassen. Sie muß darauf achten, daß die Stimmung in der Stadt wegen der chaotischen Zustände nicht umschlägt. Ein Problem sind die endlosen Warteschlangen beim Begrüßungsgeld. Menschen stehen zu Hunderten vor den Schaltern, Millionen von D-Mark müssen verteilt werden. Bislang sind die Sozialämter für die Verteilung des Begrüßungsgeldes zuständig gewesen. Jetzt sollen auch Banken und Postämter bei der Auszahlung mithelfen. Nur ungern sind die Banken dazu bereit, und erst nachdem Stahmer in einer nächtlichen Sitzung mahnende Worte über nationale Aufgaben an die Bankrepräsentanten gerichtet hat, geben sie ihre Zustimmung. Da die Höhe der Zahlungen diesmal den Betrag, der sonst nur an in den Westen reisende DDR-Rentner ausgezahlt wurde, bei weitem übersteigt, nimmt Ingrid Stahmer Kontakt zu Bundesinnenminister Schäuble auf, der ihr die Zahlung der Gelder garantiert.

In den nächsten Tagen ist Berlin voll von Menschen, überall die langen Schlangen Wartender, die ihr Begrüßungsgeld abholen wollen. Da sie nicht bereit sind, andere Ausgabestellen aufzusuchen, setzt Stahmers Pressesprecher sogenannte „Schlangenbeschwörer" ein, Leute mit Plakaten auf Bauch und Rücken, die darauf hinweisen, daß es viele andere Ausgabestellen gibt. Die Leute reagieren nicht. Wer aus Zeiten der DDR gewohnt ist, in Schlangen auf etwas Begehrtes zu warten, verläßt seinen Platz nicht so schnell. Schließlich gelingt es, die Schlangen durch Gespräche zu verkürzen. „Folgen Sie mir, ich kenne da hinten eine Stelle …" Hinterher kehren sie mit den Leuten zurück, die den anderen bestätigen, daß sie tatsächlich ihr Geld erhalten haben, anderswo und schneller.

Nach etwa vierzehn Tagen werden in der Westbevölkerung Stimmen laut, die fragen, warum sie nicht auch hundert Mark geschenkt bekommen. Argwöhnische vermuten, manche DDR-Bürger holten sich mehr als einmal hundert Mark ab, da es nirgendwo einen Beweis gibt, daß sie ihr Begrüßungsgeld schon erhalten haben. Stempel in Pässen sind unzulässig, und so gibt es keine Nachweismöglichkeiten. Mißgunst beginnt sich auszubreiten.

Ingrid Stahmer denkt an die nächsten Wochen und Monate. Laut Gesetz kann ab Januar 1990 jeder DDR-Bürger erneut hundert DM Begrüßungsgeld abholen, und so bittet sie Dorothee Wilms, Ministerin für gesamtdeutsche Beziehungen in Bonn, für eine Änderung des entsprechenden Gesetzes zu sorgen. Erst nach Vermittlung durch Innenminister Schäuble wird das Problem geregelt, das Gesetz in letzter Minute außer Kraft gesetzt.

Ein weiteres praktisches Problem ist der Mangel an öffentlichen Toiletten im tourismusfreundlichen, aber auf einen solchen Ansturm von Besuchern nicht vorbereiteten Westberlin. Der Senat läßt aus Wäldern und Parks die Toiletten entfernen und in die Stadt bringen, um der Lage einigermaßen Herr zu werden. Die inzwischen überall verbreiteten Baustellen-Miettoiletten gab es damals noch nicht.

Im Lauf der nächstenWochen läßt der Einheitsjubel nach, die Stadt ist immer noch voller Menschen, die Läden sind überfüllt und oft zum Ärger der aus Mauerzeiten verwöhnten Westberliner leergekauft, die Verkehrsmittel überfüllt. Die Belastung für die Bevölkerung wächst. Stahmer möchte verhindern, daß aus der anfänglichen Erregung und Begeisterung nun Resignation oder Verbitterung wird, weil sich inzwischen zeigt, wie viele Probleme zu lösen sind.

Um die sozialen Verhältnisse und Probleme der Stadt gemeinsam zu regeln, kommt es zu häufigen Begegnungen zwischen der Bürgermeisterin von Westberlin Stahmer und dem Ostberliner Bürgermeister Erhard Krack. Man nimmt Kontakt zum Ost-Magistrat auf, trifft sich mit Kollegen, spricht über Kooperation der verschiedenen Dienststellen und gemeinsame Lösungen von Problemen. Als Dank für die Verteilung des Begrüßungsgeldes lädt Krack die Helfer aus dem Westen zu einer Revue in den Friedrichstadtpalast ein. Auf dem Weg dahin erlebt Stahmer erneut die Verunsicherung der Kontrolleure an der Grenze. Am Übergang Invalidenstraße fährt sie, da sie in Eile ist, auf die Diplomatenspur, und als ihr Fahrer zur Erklärung sagt: „Bürgermeisterin Stahmer unterwegs zu einem Treffen mit Bürgermeister Krack“, antwortet der Mann: „Wieso, davon weeß ick ja jarnischt, aber heute is ja allet möglich.“ Für die Leute an den Kontrollstellen scheint die Identitätskrise nach dem Mauerfall besonders groß zu sein.

In den nächsten Wochen werden Partnerschaften zwischen den Bezirken geschlossen, jeder Ostbezirk erhält einen Westpartner, so wie es schon vor der Wende zwischen Charlottenburg und Köpenick der Fall war. Innerhalb der Partnerschaften findet ein Austausch von Schulklassen und Seniorengruppen statt, nur alte und ältere Leute haben ja aus der Zeit vor der Mauer noch eine Vorstellung davon, wie es auf der anderen Seite aussieht. Durch die Begegnung mit Menschen und dem Aufenthalt im jeweils anderen Bezirk soll die Integration der beiden Stadtteile gefördert werden.

Während der Vorbereitung der Partnerschaften wird Ingrid Stahmer klar, wie sehr sich der Status von Berlin in kürzester Zeit gewandelt hat. Der britische Außenminister kommt zu Besuch, Stahmer soll ihn begrüßen und zu einer Sitzung begleiten. Sie verabschiedet sich bereits nach einer halben Stunde, denn sie muß im Rat der Bürgermeister im Rathaus Schöneberg eine Sitzung leiten, um die Bezirkspartnerschaften auf den Weg zu bringen. Eine Zeitung schreibt am nächsten Tag, sie habe den Außenminister stehen lassen. Als sie den Artikel liest, wird Stahmer bewußt, daß ihr Verhalten vor dem Fall der Mauer undenkbar gewesen. Damals gingen Alliierten-Termine immer vor, jetzt aber hat die Einheit Vorrang.

Da zu Stahmers Ressort auch die Gesundheit gehört, besichtigt sie in Ostberlin Altenheime und Krankenhäuser und andere soziale Einrichtungen. Vor allem in den Kliniken herrschen teilweise katastrophale Zustände, von den Wänden läuft Wasser, unter den Betten befinden sich oft Ziegelsteine statt Rollen, es herrscht ein starker Kontrast zu Westberliner Kliniken, die besonders aufwendig ausgestattet sind, da die Stadt in der Bundesrepublik immer ihren Ruf als „Mekka der Medizin" verteidigt hat. Erschreckend groß ist aber auch der Unterschied zu den Nomenklatura-Krankenhäusern in Buch und der Invalidenstraße, die höchstem Weststandard entsprechen. Ingrid Stahmer ist erschüttert über die sich hier offenbarende Klassengesellschaft, die den einfachen Leuten eine vernünftige Einrichtung verwehrt und die Herrschenden so gut versorgt.

Bei ihren Besuchen in DDR-Krankenhäusern kommt sie dennoch nicht zu dem Schluß, daß das Westsystem eindeutig besser ist. Im Bereich der Diagnostik und der Therapie sind viele DDR-Ärzte vorbildlich, da sie vielfach aufgrund mangelnder Apparate Kreativität entwickeln, selbst agieren mußten und so ihre Fähigkeiten perfektioniert haben. Während im Westen durch Apparatemedizin Mangel an sprechender Medizin herrscht, ist diese im Osten hochentwickelt. Auch die Polikliniken sind ein hervorragendes Instrument, die Zusammenarbeit der Ärzte verschiedener Fachrichtungen ist effektiv und gut. Im Gegensatz dazu ist das westliche System, bei dem der einzelne Arzt im Mittelpunkt steht, oft teuer und weniger effizient, wenn es um Therapie geht, dafür aber für den Arzt lukrativ.

Stahmer bedauert, daß das System der Polikliniken bei der Vereinigung nicht erhalten wurde und sich im Einheitsvertrag die Lobby der Westärzte so vehement durchgesetzt hat. Diese gut funktionierende Kooperation von Ärzten hätte man beibehalten oder auf den Westen übertragen können. Ein Grund dafür, daß so wenige positive Elemente aus der DDR übernommen worden sind, liegt für sie darin, daß kaum jemand aus dem Westen sie wirklich kennengelernt hat und man die

Berliner beim Vereinigungsprozeß zu wenig hat mitreden lassen. Sie waren diejenigen, die am ehesten beurteilen konnten, was von beiden Systemen erhaltenswert war. Berlin aber war bei den Verhandlungen um die Einheit, die in Bonn stattfanden, oft nicht beteiligt. Dabei entfaltete sich hier das größte Wissen, man begegnete einander, lernte die Einrichtungen der jeweils anderen Seite kennen, die Integration hatte bereits begonnen. Berlin war jedoch weder in West- noch in Ostdeutschland sehr beliebt. Im Westen nicht, weil während der Mauerzeit viele Gelder in die Stadt flossen, im Osten, weil die besten Waren, Güter und Baubrigaden zuerst in die Hauptstadt der DDR kamen. Jetzt aber, im Prozeß der Vereinigung, war Berlin zur Nahtstelle zwischen Ost und West geworden. Dies wurde nicht genutzt. Walter Momper und Ingrid Stahmer, die um die Vorurteile gegen Berlin wußten, verhielten sich, als es um die Hauptstadtfrage ging, deshalb zunächst vorsichtig und diplomatisch. Für Ingrid Stahmer stand fest, daß nur Berlin Hauptstadt sein konnte: So stand es im Grundgesetz, hier war die Hauptstadt gewesen, bevor die Bundesregierung provisorisch, wie es immer hieß, nach Bonn ging, und die gemeinsamen Erfahrungen und auch die Kooperation zwischen Menschen und Gruppen aus beiden Teilen der Stadt seit dem Fall der Mauer sprachen dafür, daß man von hier aus das vereinte Deutschland regieren müsse.

Das gegenseitige Verständnis war größer als irgendwo sonst, und über die nach der Wende grassierenden Ossi- oder Wessiwitze lachte man in Leipzig, tief im Osten, oder in Düsseldorf, tief im Westen, lauthals, natürlich über die jeweils andere Seite. In Berlin hingegen waren die Reaktionen wesentlich verhaltener. Berliner kannten Menschen aus Ost und West und nicht nur Vorurteile. Ingrid Stahmer war immer klar, daß man in Bonn kein Verständnis für die Mentalität der Menschen im Osten entwicklen konnte, und war überzeugt davon, daß die Einheit von Berlin ausgehen müsse. So war sie über die

Maßen erstaunt, als eine Hauptstadtdebatte begann und man Berlins Status in Frage stellte. Als sie in dieser Zeit beim Bundesrat in Bonn zu tun hatte, besprach sie sich vorher mit Walter Momper, und sie beschlossen, im Streit um die Hauptstadt behutsam zu agieren. So antwortete sie Journalisten auf die Frage, ob Berlin Regierungssitz werden solle, nur zurückhaltend und erhielt dafür später von der Berliner CDU Vorwürfe, weil sie sich nicht genug für die Belange Berlins eingesetzt habe.

Zeit, sich mit diesen Fragen ausführlich auseinanderzusetzen, gab es nicht. Zu vielfältig waren die echten Probleme und Aufgaben angesichts der schnellen Entwicklung und der immer neuen Menschen, mit denen Stahmer und ihre Mitarbeiter zu tun hatten: erst mit den DDR-Funktionären im Ostteil der Stadt, dann den gewendeten SED-Funktionären und schließlich zur Zeit der Zwillingsregierung mit den Repräsentanten des ersten freigewählten Magistrats, der vom Mai an neben dem Senat regierte und mit dem man sich bei der Lösung der Aufgaben absprach. Zusätzlich war die Lage kompliziert, weil sich immer mehr Menschen aus der DDR an westliche Politiker wandten, da sie sich von ihnen konkrete und effektive Hilfe versprachen.

Für Ingrid Stahmer, die mitten im Geschehen war und die Verantwortung für das soziale Leben der Stadt trug, begann der Galopp in die Einheit mit dem Übergang von der Epoche „Wir sind das Volk“ zur Epoche „Wir sind ein Volk“, wie sie es nennt. Sie erinnert sich an den ungeheuren Druck, den die hohen Erwartungen der Menschen aus dem Osten erzeugten.

Als es später eine Gesamtberliner Regierung gab, hörte sie besonders in den östlichen Bezirken oft Klagen darüber, daß vieles an der Einheit falsch und ungerecht sei, darunter auch den Vorwurf: Ihr habt uns besetzt. Dann erinnerte sie die Menschen in endlosen Diskussionen daran, daß viele DDR-Bürger sich eine schnelle Währungsunion gewünscht hätten und daß man damals noch nicht ahnen konnte, wie weitgehend die DDR-Wirtschaft zusammenbrechen würde – nicht nur durch Privatisierung, sondern vor allem, weil sich der Ostblock auflöste und damit die Märkte verschwanden. Niemand hatte das so vorausgesehen, die Weltöffentlichkeit hatte ja eine deutsche Vereinigung sogar deshalb gefürchtet, weil man glaubte, nun werde Deutschland übermächtig, weil es sowohl die westlichen als auch die östlichen Märkte nutzen könne.

Ingrid Stahmer hatte gleich im Herbst '89 in einem Interview gesagt, ihr sei es wichtig, daß man bei der Einheit behutsam vorgehe, damit Identität und Selbstbewußtsein der Bevölkerung gewahrt würden. Je mehr Zeit verging, desto klarer wurde ihr aber, daß dies ein schwer zu realisierendes Vorhaben war. Um sich auf weitere überraschende Ereignisse vorzubereiten, nahmen sie und ihre Mitarbeiter sich die Zeit, die Vorkommnisse zu reflektieren, und verbrachten damit viele Abende. Stahmer fühlte sich nicht nur für die sozialen Härtefälle verantwortlich, sondern für die gesamte Situation der Stadt, ihr lag daran, daß alle Bürger, daß die Gemeinschaft der Berliner mit der neuen Situation umgehen lernte. Sie sah die Zukunft damals noch, ähnlich wie Helmut Kohl in seinem im Dezember veröffentlichten Zehn-Punkte-Programm, in einer Konföderation der beiden deutschen Staaten. Ihrer Meinung nach sollten diejenigen, die den Fall der Mauer herbeigeführt hatten, die vielen Tausende, die wochenlang auf die Straße gegangen waren, ohne zu wissen, ob auf sie geschossen würde, darüber bestimmen, was geschehen sollte. So kam es auch, nur anders als Stahmer gedacht hatte. Die „Epoche Wir sind ein Volk" brach an.

Heute ist Ingrid Stahmer froh, daß sie die ungeheuer spannende Zeit vor und nach der Wende aus nächster Nähe miterleben konnte, daß sie jeden Tag neu die Erfahrung machen konnte, was Zusammenwachsen bedeutet, daß sie durch Zuhören und Gespräche erfuhr, wie die anderen dachten, und sie dadurch vor Vorurteilen gefeit war. Durch die Nähe von DDR und Bundesrepublik, durch die Notwendigkeit, in der ehemals geteilten Stadt nun die Probleme gemeinsam zu lösen, gab es zwar auch Streit und Auseinandersetzungen, aber dafür war die Freude über Erfolge um so größer. Die Integrationsentwicklung vollzog sich deutlich schneller als in Leipzig oder Düsseldorf.

Seit 1992 hatte die Berliner Regierung erhebliche Probleme, weil die Berlin-Subventionen massiv abgebaut wurden, allein 16 Milliarden für Berlin und das „Zonenrandgebiet", und dies, obwohl eine Verbesserung der Infrastruktur dringend notwendig war: Schulen, Kindertagesstätten und Krankenhäuser mußten renoviert werden, Stahmer hätte sich gewünscht, daß auch an anderer Stelle, etwa beim Ruhrkohlepfennig, Einsparungen vorgenommen worden wären und nicht nur in den von den Veränderungen besonders betroffenen Gebieten. Das meiste Geld floß in der ersten Zeit nach Ostberlin für Straßenbau und Sanierungsarbeiten, nach vier bis fünf Jahren hatten aber auch Westberliner Bezirke das legitime Bedürfnis nach Renovierung von Schulen und ähnlichem. Bis 1996 sollte der Subventionsabbau beendet sein, und so hoffte Stahmer darauf, daß es in Zukunft einfacher würde. Dann aber wurden zwei bis drei Milliarden Steuern pro Jahr weniger eingenommen, weil Investitionserleichterungen Steuerabschreibungen und damit Mindereinnahmen für den Staat bedeuten. Seither steht die Haushaltsverschuldung an erster Stelle, vor der Sorge, wie man die Einheit herstellen soll. Heute liegt Stahmer besonders daran, daß sich zwischen Osten und Westen solidarische Gefühle weiterentwickeln und es nicht zu einer Polarisierung kommt. Seit sie 1996 Schul- und Jugendsenatorin wurde, hat sie besonders mit Problemen der Bildungsreform und Gewaltprävention zu tun. Aber gerade auf diesen Gebieten ist es schwer, Programme wie etwa Präventivgruppen gegen Gewalt zu entwickeln, wenn sie doch nicht zu bezahlen sind. Besonders gravierend sind dabei die Integrationsprobleme zwischen ausländischen und deutschen Schülern geworden. Die Berliner Ausländer haben die Einheit bejubelt, weil sie sich stark mit deutschen Belangen identifizierten, aber sie mußten einen hohen Preis für die Einheit zahlen. Die Arbeitslosenzahlen sind bei ihnen enorm gestiegen und liegen teilweise bei dreißig bis vierzig Prozent, weil man heute Arbeitnehmern aus Ostberlin und Brandenburg den Vorzug gibt. Wieder anders stellt sich das Problem in Ostdeutschland dar: Die Proklamierung von Internationalismus stand im Widerspruch zur Realität. Ausländer wurden von der Bevölkerung ferngehalten. Sie konnten sich in der DDR nie wirklich etablieren, und man zwang sogar schwangere Ausländerinnen zur Abtreibung oder Rückreise. Heute sind viele frühere DDR-Bürger, die nie gelernt haben, was Zusammenleben mit Ausländern bedeutet, aber auch nie die Möglichkeit hatten, sich mit ihren Ressentiments auseinanderzusetzen, die vom Staat tabuisiert waren, der Meinung, man brauche die Menschen von außerhalb nicht. Oft findet diese Haltung ihren Ausdruck in Gewalttaten gegen Ausländer. Stahmer empfindet es als bedrückend, daß man gerade aufgrund der knappen Finanzsituation bei diesen Fragen nicht genug tun kann.

Die Phantasie darf sich allerdings aufgrund von Geld nicht von der Politik verabschieden. Es bleibt notwendig, die künftigen Entwicklung mit Kreativität und Optimismus anzugehen, und die Belange Berlins, in dem die Einheit seit dem 9. November 1989 Alltag ist, sollten spätestens nach dem Umzug der Regierung auch von den Westdeutschen angemessen gewürdigt werden.

Ingrid Stahmer hat in den Jahren seit der Maueröffnung durch politische Erfahrung, Phantasie, mutiges Handeln und vor allem ihre hohe Integrationsfähigkeit entscheidend zu der weitgehend friedlichen Entwicklung des Zentrums der Einheit in der Hauptstadt beigetragen.

Zu neuen Ideen inspiriert

Jürgen Sawade

Schon in seiner Jugend in den fünfziger Jahren hat sich Jürgen Sawade in beiden Teilen Berlins zu Hause gefühlt. Er ging in Berlin-Grunewald zur Schule, hatte dort seine Freunde, aber er verbrachte viele Nachmittage und Abende in Ostberlin, denn seine Eltern arbeiteten dort. Nicht in gewöhnlichen Berufen; die Mutter war Sängerin an der von Walther Felsenstein geleiteten Komischen Oper, der Vater war Schauspieler an den Boulevard-Bühnen Berlins und spielte auch bei Felsenstein, der großen Wert auf die schauspielerische Qualität seiner Darsteller legte und dies auch von den Sängern verlangte. Die Eltern nahmen ihren Sohn oft zu Proben und Vorstellungen mit. So lernte er ein weitgefächertes Opern- und Theaterrepertoire kennen und genoß die phantasie- und kraftvollen Inszenierungen Felsensteins. Da ihm das Theater mehr lag als Oper und Konzert, besuchte Swade auch das Theater am Schiffbauerdamm, sah dort die Inszenierungen sämtlicher Brecht-Stücke, ging ins Gorki- und ins Deutsche Theater. Daß Berlin einen Ost- und einen Westteil hatte, kam ihm erst richtig zu Bewußtsein, als sein Vater mit ihm einen Ausflug an den Müggelsee machte, um dort eine Villa anzuschauen, welche die Ostberliner Kulturverwaltung Sawades Eltern angeboten hatte. Bislang hatte Felsenstein mit Künstlern aus Ost- und Westberlin gearbeitet, nun aber wollte die DDR-Regierung dies nicht mehr zulassen und versuchte, Mitarbeiter der Oper aus dem Westteil der Stadt umzusiedeln. In einer Villa in Kö-

penick zu wohnen, war kein unattraktives Angebot. Doch Jürgen Sawade war bei dem Gedanken nicht ganz wohl. Ihm wurde bewußt, wie sehr er in Westberlin verwurzelt war. Seine Eltern entschlossen sich nicht sofort, sondern zögerten, lange genug, wie Sawade meint. Bevor es nämlich zu einem Umzug kam, wurde die Berliner Mauer gebaut.

Jetzt gab es nicht mehr eine Stadt, sondern zwei Halbstädte, und Sawade versuchte, sich weiterhin soviel wie möglich in Ostberlin aufzuhalten, wozu es reichlich Gelegenheit gab, denn weder seine Theaterleidenschaft noch sein besonderes Interesse für die Ostberliner Bühnen waren durch den Mauerbau erloschen. So nahm er alle Passierscheinmöglichkeiten wahr und fuhr so oft wie möglich „rüber". Schon vor dem Mauerbau hatte er eine Art Kulturvergleich zwischen beiden Stadthälften angestellt, und dabei hatte keineswegs immer der Westen besser abgeschnitten. Brecht und Felsenstein in Ostberlin waren für ihn ebenso überzeugend wie Karajan und später auch Peter Stein, denn sie alle setzten ihre künstlerischen Vorhaben ohne Kompromisse durch.

Die Internationale Bauausstellung von 1957, dem Jahr seines Abiturs, besuchte Sawade mit großem Interesse, denn schon seit seinem vierzehnten Lebensjahr wollte er Architekt werden. Ihm fiel auf, daß die IBA ihre hochinteressanten Bauten auf einem Gelände errichtet hatte, auf dem es früher eine Blockbebauung gegeben hatte, und daß man sehr viel Bausubstanz dafür abgerissen, das Bild des Viertels von Grund auf verändert hatte. Dies war Wohnen im Park, aber nicht Wohnen in der Großstadt, hatte im Grunde mit Stadt überhaupt nichts zu tun. Zur selben Zeit entstand in Ostberlin durch Henselmann die Stalinallee, ein städtebauliches Werk, das Sawade gefiel, weil es dem Architekten gelungen war, „ein Stück Stadt zu inszenieren", richtige Großstadtarchitektur in klassischer Traufhöhe mit Überhöhungen an manchen Stellen und Plätzen wie dem Strausberger Platz und dem Frankfurter Tor. Viele Freunde und Kollegen Sawades taten dies als stalinistische Architektur ab, er jedoch hatte dafür beinahe mehr Sympathie als für die Ausstellungsarchitektur im Westen. Henselmann, der schon in den zwanziger und dreißiger Jahren wegweisende Gebäude errichtet hatte, war für Sawade ein wichtiger Vertreter moderner DDR-Architektur, und er hat den Kontakt zu Henselmann nie verloren. Einiges, was im Osten gebaut wurde, erscheint ihm bis heute großtstädtischer als manches im Westen, so schätzt er etwa vom Konzept her, wenn auch nicht unbedingt in jedem Detail, die Rathaus-Passagen an der Rathausstraße in Berlin-Mitte mit der Schichtung von Parkplätzen und Geschäften, Büros und Wohnungen. Hier lag ein Konzept für innerstädtische Bauaufgaben zugrunde, ein Beispiel für multifunktionales Bauen in der Stadt, echte Großstadtarchitektur.

Daß in Ostberlin die eigentliche Mitte der Stadt lag und nicht im Westen am Ku'damm, um den Breitscheidtplatz und die Gedächtniskirche, war Sawade immer bewußt. Wenn Besucher aus dem Ausland kamen, fuhr er, nicht ohne Stolz, wie er sich erinnert, zur Museumsinsel, zeigte ihnen das Pergamonmuseum, dieses „einzige richtige Architekturmuseum der Welt", außerdem das Forum Fridericianum, die alte historische Bebauung um die Staatsoper herum, und den Gendarmenmarkt. Was er ihnen hier vorführte, empfand er immer auch als sein Berlin.

Sawade besuchte regelmäßig seine Freunde im Ostteil der Stadt, die zumeist wie er in Künstlerkreisen zu Hause waren. Die Kneipenkultur am Prenzlauer Berg war ihm beinahe ebenso vertraut wie die in Charlottenburg.

Als Berliner ins Umland reisen konnten, nutzte er die Gelegenheit regelmäßig. Er sah sich die Pücklerschen Parkanlagen in Wörlitz und Branitz an, die Parks von Babelsberg, Sanssouci und Rheinsberg, die Stadt Neuruppin, fand Stellen, an denen noch die Zeit der Romantik spürbar war. Auch suchte er Industriedenkmäler auf wie die von Erich Mendelsohn gebaute, wenn auch stark beschädigte Hutfabrik in Luckenwalde und das Schiffshebewerk in Niederfinow, sah sich die Bauten der „Großväter der Moderne", wie er Friedrich Gilly und Friedrich Schinkel nennt, und die Architektur der Väter der Moderne an wie Peter Behrens' Bauten in Köpenick oder das Bauhaus in Dessau.

Mit Fontanes *Wanderungen durch die Mark Brandenburg* im Gepäck besuchte Sawade die von Fontane beschriebenen und oft kaum veränderten Orte, Baudenkmäler und Landschaften, kostete alle Möglichkeiten, die es für Westberliner gab, aus. Für Sawade waren diese Ausflüge „zauberhafte intellektuelle, poetische und sinnliche Abenteuer".

Als er eines Tages einem Grenzkontrolleur, der fragte, was er mit diesem Buch in der DDR anfangen wolle, erklärte, er mache einen Tagesausflug „auf den Spuren von Fontane", mußte er dem Mann erläutern, wer Fontane war.

Die unangenehmen Seiten des Übergangs von West- nach Ostberlin ignorierte Sawade bewußt. Bei allzu großem Ärger ließ er gelegentlich den Kommandanten rufen, und oft wurden dann die Schwierigkeiten beigelegt. In angenehmer Erinnerung hat er den Nachmittag, an dem er einen Freund, den in der DDR populären und inzwischen in Hollywood arbeitenden Musiker Günther Fischer, besuchen wollte. Fischer, der privilegiert lebte und ein gutes Einkommen hatte, fehlte es an nichts, doch eine Zimmerpflanze besaß er nicht, und so kaufte Sawade als Geburtstagsgeschenk eine zwei Meter hohe Palme, fuhr damit zum S-Bahnhof Friedrichstraße und ging zur Kontrollstelle. Ein freundlicher Berliner hatte an diesem Tag Dienst. Sawade wurde in einen Spezialraum geführt. Als was er den Gegenstand bezeichne, als Schnittblume oder Grünpflanze, wurde er gefragt. Sawade, schon seit Jahren in die subtilen Mechanismen der Grenzkontrollen eingeweiht, antwortete, es sei das, womit er am ehesten durchkomme. „Also Schnittblume", entgegnete der Beamte, worauf Sawade ihn bat, bitte nichts von der Pflanze abzuschneiden, damit sie unversehrt bei Günther Fischer ankomme. Dem Grenzbeamten war Fischer ein Begriff. Er rief den Oberst herbei, einen „gelassenen Pykniker", wie sich Sawade erinnert. Als der von Fischers Geburtstag hörte, gestattete er den Transfer der Palme. Allerdings mußte Fischer später noch zu einem biologischen Institut, um eine Unbedenklichkeitsbescheinigung zu erhalten, schließlich sollten keine gefährlichen Mikroben in die DDR eingeschleust werden. „Mit schönen Grüßen von der Grenzbrigade Friedrichstraße, gez. Oberst Schmidt" (es mag auch Schulze oder ein anderer Berliner „Portieradelsname" gewesen sein) machte sich Sawade auf nach Köpenick. Unterwegs wurde er in der S-Bahn, beim Umsteigen und in der Straßenbahn immer wieder gefragt, ob er die Palme nicht verkaufen wolle. Man bot ihm hohe Summen in Ostwährung an, doch das Geschenk erreichte den erfreuten Adressaten unversehrt.

Schon während seines Studiums an der TU Berlin, das er 1958 begann, hatte Sawade bei Oswald-Matthias Ungers gearbeitet, der aus Köln als Professor an die TU gekommen war und den Sawade als seinen goßen Lehrer betrachtet und bis heute verehrt. Ungers' große Retrospektive in Vicenza von 1998 auch in der Berliner Nationalgalerie auszustellen ist ein von Sawade favorisierter Plan.

Drei Jahre lang war Sawade an der TU Assistent gewesen, doch im Jahr 1969 kündigte er seine Stelle, weil die Studenten von ihm verlangten, daß er Marx mit ihnen läse. Er schlug vor, sie sollten es mit einem Assistenten aus dem Fach Politik tun, aber erst abends, nach den Vorlesungen. Als sie dem nicht zustimmten, verließ Sawade die Universität, denn er wollte nichts tun, was ihn von seinem eigentlichen Ziel, der Architektur, abhielt.

1970 eröffnete er ein eigenes Büro, und nach ersten Arbeiten auf der Inscl Sylt etablierte er sich im Lauf der Zeit zunehmend auch in Berlin, wo er in den siebziger und achtziger Jahren wichtige Gebäude errichtete, darunter die Schaubühne am Lehniner Platz, zu der er 1981 das alte Kino Universum von Erich Mendelsohn von 1929/30 umbaute. Um die Realisierung dieses Baus kämpfte Sawade zwei Jahre lang mit den Behörden. Ein Redakteur der Sendung *titel, thesen, temperamente,* Walter Schmieding, kam ihm zu Hilfe, indem er im Fernsehen eine Dreiviertelstunde lang das Projekt erläuterte. Die Stadt förderte den Bau mit 75 Millionen, heute, wie Sawade bedauernd meint, ganz undenkbar. Auch das Grand Hotel Esplanade am Lützowplatz entstand noch vor der Wende, 1986, ebenso das Verwaltungsgebäude der IBM am Nahmitzer Damm, in kubisch-sachlicher Form in Anlehnung an Traditionen der zwanziger Jahre .

Nicht immer war Sawade als Architekt mit der Westberliner Mentalität, ihrem Mangel an Großstadtbewußtsein ganz glücklich. Die Großstadt ist für ihn das zentrale Thema, mit ihr identifiziert er sich, und über sie entwickelt er seine Vorstellungen vom Bauen. Seine Arbeit war immer von auf die Stadt bezogenen architektonischen Themenstellungen gekennzeichnet. Ihn interessierten immer die großstädtischen Möglichkeiten, die Berlin zu bieten gehabt hätte. Was eine Großstadt ausmacht, wußte er noch aus der Zeit nach dem Krieg und aus den Erzähungen seiner Eltern. Hier und da konnte man damals noch „das Erbe der Jahrhundertmetropole" erahnen, die Berlin in der Weimarer Zeit gewesen war. Es gab eine lebendige intellektuelle und kulturelle Szene, viele kulturelle Veranstaltungen, die „ohne Subventionen stattfanden". Er erinnert sich an die Corbusier-Ausstellung in den ausgebrannten Räumen des Kabaretts der Komiker, KadeKo, in dem seine Mutter Chansons wie *Parlez-moi d'amour* sang und Stars aus dem Ausland auftraten. Die Filme von John Ford, John Huston und Howard Hawks waren nun endlich zu sehen, im früheren Kino Universum, das von Hermann Fehling zum Doppelkino umgebaut worden war (das *Studio* war aus dem Foyer entstanden, das Capitol aus dem ehemaligen Kinosaal) und in dem er abends seinen Vater als Conférencier erlebte. Sawade erinnert sich an die vielen Diskussionen im British Centre, Amerika-Haus und anderswo, an die neugewonnenen intellektuellen Freiräume, die Neugier und Offenheit der Menschen, die Aufbruchstimmung, die dann nach und nach verlorenging. Die Stimmung in den Jahren nach dem Krieg sei trotz aller materieller Probleme der Menschen ebenso euphorisch gewesen wie in den Tagen nach dem 9. November 1989.

Als Sawade die großen Metropolen der Welt wie London, Paris und New York bereiste oder dort arbeitete, kehrte er immer „etwas traurig“ nach Berlin zurück, weil hier in vieler Hinsicht ein „Laubenpieperbewußtsein“ herrschte, das auch die Politik der Baubehörden prägte. Sawade hoffte all die Jahre, daß sich etwas ändern würde, daß es durch die Anonymität der Großstadt mehr Liberalität, Offenheit, Freiheit von Vorurteilen geben würde.

Für Architekten sei es bis zur Wende nicht leicht gewesen, großstädtisch zu bauen, Berlin habe in einer Art Dornröschenschlaf gelegen. Man habe als Architekt unter dem Mangel an Bauaufgaben gelitten, habe in jenen Jahren in erster Linie Siedlungsarchitektur in die Innenstadt transportiert. Auch er selbst hat 1974 ein Gebäude errichtet, mit dem er soziales Wohnen in der Großstadt ermöglichen wollte. Durch falsche Mietbelegung und dadurch, daß bestimmte Bauteile nicht fertiggestellt wurden, scheiterte das Modell. Der ironisch als „Sozialpalast“ bezeichnete Bau verslumte in kurzer Zeit, die sozialen Probleme nahmen überhand. Heute ist das Projekt umstritten, doch es scheint, als sei es das einzige von Sawades Vorhaben, dem kein Glück beschieden war. Andere Wohnbauprojekte hingegen wie die Wohnbebauung an der Lewishamstraße in Charlottenburg oder die an der Potsdamer Straße / Ecke Am Karlsbad waren erfolgreicher. Durch den Fall der Mauer haben sich für den Architekten neue Perspektiven und Möglichkeiten eröffnet.

Den Abend des Mauerfalls verbrachte Sawade, ohne es vorher zu ahnen, auf einer großen Feier von Wessis und Ossis, in einem euphorischen Taumel. Arglos war er ins Marjellchen in Charlottenburg gegangen, trank dort mit Bekannten aus dem Kiez Bier und aß ostpreußische Speisen. Im Hintergrund spielte masurische Volksmusik, weder Radio noch Fernseher liefen. Da war die Überraschung groß, als am späten Abend die Tür aufging und plötzlich eine Familie mit Kindern im Raum stand, in heller Aufregung. „Wir haben aus Oranienburg rübergemacht“, sagten sie, „die Grenze ist auf.“ Sie waren auf der Suche nach Freunden, die in derselben Straße wohnten, und wollten in der Kneipe nach ihnen fragen. Sie blieben dort den ganzen Abend und erzählten von den unglaublichen Erlebnissen an der Grenze.

Sawade wäre auf diese Nachricht hin gern zum Brandenburger Tor gefahren, um sich selbst von den Ereignissen zu überzeugen, doch die Kneipe wurde voller und voller, weil immer mehr Menschen aus Ostberlin hereinkamen. Es herrschte eine geradezu ergreifende Stimmung. Es entstand ein Wir-Gefühl, man spürte, daß man zusammengehört, Freiheit, Gleichheit, Brüderlichkeit waren in diesem Moment keine leeren Worte. Die Gastfreundschaft und Hilfsbereitschaft der Leute aus dem Westen waren groß.

Als Sawade am nächsten Morgen von der Mommsenstraße zu seinem Büro am Ku'damm ging, waren die Straßen von Trabis und Wartburgs verstopft. Sie parkten überall, an Bushaltestellen, vor Currywurstbuden, wo immer es etwas zu sehen und zu erleben gab. Wer kein Geld hatte, wurde zur Currywurst eingeladen, überall gab es Verbrüderungsszenen, es war eine „unglaublich hoffnungsvolle Situation“.

Heute fragt sich Sawade, was aus dieser „hoffnungsvollen Phase, die durch so viele Emotionen getragen wurde“, geworden ist. Manchmal komme es ihm vor, als sei daraus so etwas wie eine „Strindbergsche Ehe geworden, die zunehmend von Neid und Mißgunst, Haßliebe und Mißverständnissen“ geprägt ist.

Erklären kann er es sich durchaus. In materieller Hinsicht, so meint er, habe man seit 1989 eine Menge erreicht, in ideeller Hinsicht jedoch nur sehr wenig. Dies sei das große Versäumnis der Zeit nach dem Mauerfall. Bis die Wende auch in den Köpfen stattgefunden haben wird, muß in seinen Augen nicht nur eine Generation vergehen.

Eine der Gründe für das Nachlassen der großen Euphorie vom November '89 ist, daß viele Menschen zwischen fünfzig und fünfundsechzig, die auf ihrem Gebiet exzellente Fähigkeiten haben, arbeitslos geworden sind. In der DDR kamen sie wegen ihrer Ferne zur Partei nicht zum Zuge und hatten gehofft, nach dem Sturz des Regimes nun endlich ein Leben nach ihren Vorstellungen und Wünschen führen zu können, ohne Bevormundung, ohne Behinderung, in eigener Verantwortung. Doch das neue System braucht sie nicht, es hat sie ausgesondert und verzichtet auf ihre Erfahrungen. Gesucht sind junge Leute, die oft kaum Erfahrung haben, ein Prinzip, das in keiner Weise sinnvoll ist und vielen Menschen, die während der DDR Probleme hatten, auch jetzt ihre berufliche Erfüllung versagt. Sawade kennt viele Menschen in dieser Situation noch aus der Zeit vor der Wende.

Auch die große Kreativität, die nach dem Mauerfall freigesetzt worden wäre, hätte man ihr nur mehr Raum gelassen, hätte Ansätze zur Veränderung, zur Erprobung neuer Möglichkeiten geboten. Aber große Visionen für eine neue Bundesrepublik nach der Vereinigung gab es kaum. Sawade sieht dies auch im Zusammenhang mit einer restaurativen Phase, in die Gesellschaften immer wieder geraten, ebenso wie es Phasen des Aufbruchs und der Veränderung gibt. Auch in Kunst und Kultur hat er dieses Phänomen in den letzten Jahren beobachtet.

Auf seinem Gebiet, dem Städtebau, sind in den Jahren nach '89, wie Sawade meint, gravierende Fehler gemacht worden. So hat man im früheren Ostberlin zu viele Gebäude abgerissen, ohne sich vorher Gedanken über Alternativen zu machen. Auch vom Palast der Republik, der gegenwärtig asbestsaniert wird, wird wohl nichts übrigbleiben. Die von manchen Politikern favorisierten Pläne, nach dem völligen Abriß des „Palazzo prozzo" das Schloß wiederaufzubauen, hält Sawade für ein Symptom der restaurativen Phase, aber auch für populistisch.

Schinkel, der große Baumeister des 19. Jahrhunderts, verhielt sich, wie Sawade betont, ganz anders. Um seinen „Masterplan" zu erfüllen, das Ensemble von Altem Museum, Schloß, Dom, Neuer Wache, Bauakademie, Zeughaus und Schloßbrücke zu realisieren, habe er „eine Menge weggenommen" und „keiner" habe „geschimpft". Er habe wirklich Neues geschaffen. Dafür zollt Sawade Schinkel hohen Respekt.

Bei der Baupolitik nach der Wende hätte er sich mehr Geduld gewünscht, mit dem zu leben, was im Osten stand, abzuwarten, was sich ergibt, anstatt die Dinge zu forcieren. Es ist in seine Augen auch eine Chance Berlins, das weniger ganzheitlich und harmonisch ist als zum Beispiel Wien, daß es von vielen Orten lebt, daß es nicht eine einheitliche Stadt, sondern voller Widersprüche ist. Daher sei es für Baumeister und Architekten immer ein Ort der Ideen und Konzeptionen gewesen.

Die Brachen zwischen zwei Halbstädten zu füllen, sei eine einzigartige Chance für die Stadt gewesen, plötzlich habe es die Möglichkeit gegeben, in der Mitte einer Großstadt einen ganz neuen Raum zu schaffen, um die beiden Halbstädte miteinander zu verbinden.

Sawade, der sehr für eine heutige, zeitgemäße Architektur plädiert, hält nichts von Rekonstruktion. Für ihn hat Architektur die Aufgabe, neue Orte zu definieren. Er ist auch ein Verfechter der klassischen Berliner Blockstruktur mit der traditionellen Traufhöhe, die durchaus hier und da überhöht werden könne, wie es Mendelsohn am Potsdamer Platz mit dem im Krieg zerstörten und später ganz abgerissenen Columbushaus tat.

Zu Sawades Bedauern hat man sich statt dessen in Berlin für ein Modell entschieden, das sich „neue europäische Stadt" nennt und sich an Mailand orientiert, in dem die Traufhöhe nicht 22, sondern 30 bis 36 Meter beträgt. Die Berliner Traufhöhe reicht in seinen Augen aus, weil durch die großen Flächen die Ausnutzung groß genug wäre. Hochhäuser sollten wohlüberlegt nur am richtigen Platz gebaut werden dürfen. Sawade befürwortet eine Architektur, wie sie zu Beginn des Jahrhunderts entwickelt wurde, von den Vätern der Moderne wie Peter Behrens, Bruno Paul, Hans Poelzig, Bruno Taut und anderen. Ihre Gebäude sind für ihn echte Großstadtarchitektur. Dadurch daß man sich nach der Vereinigung nicht genug an typischer Berliner Bautradition orientiert hat, wurde für Sawade eine große Chance vertan. Jetzt werde von internationalen Architekten hier und da „ein Stück Chicago, New York oder Rom in Berlin" plaziert. Ein Grund für diesen in Sawades Augen falschen Weg ist, daß sich manche Politiker gern als Bauherrn sähen. Dies sei ihnen wichtiger als ein sinnvolles, in sich geschlossenes städtebauliches Konzept.

Resigniert hat Sawade deshalb nicht. Berlin habe schon immer eine Menge verkraftet und werde dies auch weiterhin tun, meint er und hofft, daß die Menschen mit den Bauten, die zu den Widersprüchen in der Stadt beitragen, leben können.

Für Sawade gibt es in Berlin drei Arten sinnvollen Bauens: Fragmente von überzeugenden städtebaulichen Konzepten sollten bewahrt, deren noch vorhandene Strukturen durch Neubauten ergänzt werden.

Die Rekonstruktion von Gebäuden sollte nicht durch einen Nachbau der Fassade geschehen, sondern wenn schon, dann ganzheitlich, in Grundrißschnitt und Fassade. Das Schloß zum Beispiel, das in Schinkels „Masterplan" als Volumen gesehen wurde, könnte in seinem Grundriß Ausgangspunkt für einen Bau in moderner Architektur sein. Der Nachfolgebau des Schlosses könnte in Sawades Vorstellung zum Beispiel entsprechend einer demokratischen Gesellschaft als Bürgerforum dienen, mit einem großen Innenhof, in dem Bürger mit Politikern diskutieren können. Entscheidungen über derart wichtige Bauvorhaben Investoren und Spekulanten zu überlassen hält Sawade für fatal.

Eine weitere Möglichkeit, die Berlin bietet, besteht für Sawade darin, Orte, die nicht mehr da sind, neu zu formulieren und nicht zu rekonstruieren.

Daß man durch mangelnde Geduld im Osten der Stadt zuviel abgerissen und so DDR-Bürgern nach der Wende einen Teil ihrer Identifikation genommen hat, hält Sawade für einen großen Fehler. Gerade in ihrer Vielfalt möchte Sawade die Stadt erhalten wissen, er will kein zweites Westberlin und kann es im Gegensatz zu vielen anderen aus dem Westen mühelos ertragen, daß manches im anderen Teil der Stadt ungewohnt aussieht. Ein plurales, vielfältiges Berlin, das sich an eigenen Traditionen orientiert, das wie ein Baugeschichtsbuch vor einem liegt, wenn man es zu Fuß durchstreift und ständig zu neuen Ideen inspiriert, ist Sawades wichigster Maßstab. Wie er als Kind und Jugendlicher die Trümmergrundstücke am Ku'damm erkundete, so sieht er sich auch heute die Stadt aus der Nähe an, um sie zu erleben und neue Ideen zu ihrer Gestaltung zu entwickeln. Als Berliner ist er Großstädter, und auch in seiner Architektur ist er großstädtisch. Hierzu gehört Großmaßstäblichkeit in Grundriß und Aufriß, Großzügigkeit in den Erschließungssystemen, Großflächigkeit in den Fassaden und Großformatigkeit in deren Öffnungen und Elementen. Sawades Auffassung von Architektur ist stark von der Arbeit der „Väter und Großväter der Moderne" geprägt, die er als das Erbe seiner Generation betrachtet. An ihre Arbeit anzuknüpfen und dort weiterzumachen, wo sie in den dreißiger Jahren gezwungenermaßen aufhören mußten, ist für ihn Verpflichtung.

In der Zeit nach der Wende hat Sawade zwei Gebäude im früheren Ostteil der Stadt errichtet, deren architektonische Bedeutung allgemein anerkannt ist, das Haus Pietsch, Unter den Linden, und ein Gebäude im Hofgarten-Komplex in der Französischen Straße. Ein Hochhaus am Alexanderplatz ist in Planung.

Bauen im Ostteil der Stadt – das ist eine Möglichkeit, mit der Sawade viele Jahre nicht mehr gerechnet hatte und die ihm wie ein Geschenk der Geschichte erscheint.

New York – Potsdam

Hans Otto Bräutigam

Auf dem Höhepunkt der Kuba-Krise von 1962 reiste ein junger deutscher Diplomat im Nachtzug von Paris nach Bonn. Er hatte den Auftrag, ein geheimes Schreiben der USA, dessen Inhalt ihm nicht bekannt war, persönlich an den Verteidigungsminister der Bundesrepublik Deutschland Franz Josef Strauß zu überbringen. Alle wußten damals, daß Chruschtschow mit der geplanten Stationierung von Atomraketen auf Kuba den Weltfrieden in höchste Gefahr gebracht hatte und ein dritter Weltkrieg drohte. Die Situation zwischen Ost- und Westdeutschland, dem Ort auf dem Globus, an dem beide Blöcke zusammenstießen, war durch die Ereignisse aufs äußerste gefährdet. Kurz nach der Abreise aus Paris stellte Hans Otto Bräutigam fest, daß er sich in einem von Paris nach Moskau fahrenden DDR-Zug befand, mitten im Kalten Krieg.

Die Kuba-Krise wurde nicht nur friedlich beigelegt, sie hatte auch Auswirkungen auf das Verhältnis der beiden deutschen Staaten zueinander. Die Bundesregierung erkannte, daß die bisherige, auf radikale Konfrontation gegenüber der DDR angelegte Politik nicht nur in eine Sackgasse führte, sondern daß sie hochgefährlich war. Damals begannen die ersten Schritte, die später zur Entspannungspolitik führten. Bräutigam erlebte dies aus nächster Nähe, als er 1964 – 66 im Büro des CDU-Außenministers Gerhard Schröder arbeitete.

Seither hat er einen Großteil seiner Arbeit der Deutschlandpolitik gewidmet und entscheidend an der Realisierung

der von der SPD konzipierten Politik des Wandels durch Annäherung mitgewirkt. Die ständige Vertretung der Bundesrepublik in Ostberlin (StäV) baute er nicht nur mit auf, sondern war von 1974 – 77 stellvertretender Missionsleiter und von 1982 bis Januar 1989 ihr Chef.

Am 9. November 1989 war Bräutigam zu seinem größten Bedauern nicht in Berlin. Im Januar '89 war er als UNO-Botschafter nach New York gegangen. Daß er den Fall der Mauer nur aus der Ferne erleben konnte, machte ihm, wie er es nennt, „schwer zu schaffen". Amerika war weit weg, Sendungen über die Vorgänge in Deutschland dauerten nie länger als fünf Minuten, und so mußte er sich auf Augenzeugenberichte verlassen, denen er nicht ganz ohne Neid zuhörte. Als er wenige Wochen nach der Maueröffnung nach Berlin kam, war alles passiert. Zu gern hätte er die Wende in seiner früheren Position als Leiter der Ständigen Vertretung erlebt und dort gewissermaßen die Früchte jahrelanger Arbeit in der DDR geerntet.

Als er nach New York ging, ahnte Bräutigam, daß in der DDR einiges in Bewegung geraten würden, aber seine Sicht der Dinge war von Pessimismus geprägt. Er fürchtete, daß der Graben tiefer, die Abgrenzung stärker, die Kontrollen schärfer würden, der Reiseverkehr bald wieder mehr eingeschränkt würde. Eine Öffnung der Mauer konnte er sich nicht vorstellen. Keine sowjetische Regierung würde ihr, da war er sicher, jemals zustimmen.

An diesem Punkt hatte Bräutigam recht. Gorbatschow selbst war nach dem 9. November empört über das Geschehen, er war von den Ereignissen völlig überrascht worden und muß nach Bräutigams Meinung das Gefühl gehabt haben, die Geister, die er gerufen hatte, nicht mehr aufhalten zu können. Die russischen Politiker hatten zu dieser Zeit nie die Absicht gehabt, ihre Position in Deutschland aufzugeben, andererseits wollte Gorbatschow sich, nachdem er seinen Verbündeten mehr Autonomie zugesagt hatte, nicht in deren Angelegenheiten einmischen, und so griffen die sowjetischen Truppen nicht ein.

Es dauerte lange, bis Gorbatschow akzeptierte, was geschehen war, doch dann versuchte er, die Situation für die Sowjetunion zu nutzen. Er erwartete, daß die Deutschen, nachdem er sie „freigegeben" hatte, ihm nun den Zugang zu Westeuropa und der EU öffneten, wozu es dann bekanntlich nicht gekommen ist.

Die gesamte Deutschlandpolitik der sozialliberalen Koalition und später auch der Regierung Kohl hat zwar auf das Ziel der Einheit nie verzichtet, aber nicht mit seiner baldigen Realisierung gerechnet. Auch Bräutigam, der nach der Ära Brandt und Schmidt auch in der Kohl-Regierung diente, richtete sich in seiner Deutschlandpolitik danach. Angesichts der starren Haltung der Sowjetunion sah er auch in den achtziger Jahren, in denen er die Ständige Vertretung leitete, keine grundlegende Veränderung im deutsch-deutschen Verhältnis. Deshalb war es das politische Ziel der Bundesregierung und auch das seiner Arbeit, den Zusammenhalt der Menschen in beiden Teilen Deutschlands zu wahren. In oft zähen und schwierigen Verhandlungen wurde der Reiseverkehr erleichtert, es gab mehr Ausreisemöglichkeiten, Übersiedlungen waren nicht mehr undenkbar. Politische Häftlinge mußten nicht mehr viele Jahre im Gefängnis bleiben, sondern wurden von der Bundesrepublik freigekauft, der Post- und Telefonverkehr wurde ausgebaut, ein nichtkommerzieller Zahlungsverkehr eingerichtet, Ostdeutsche, die die DDR verlassen hatten, konnten nun ihr Geld aus dem Osten in den Westen transferieren, im Westen geerbtes Geld konnte in den Osten fließen. In den achtziger Jahren wurde darüber hinaus der Austausch von Kultur und Wissenschaft institutionalisiert und nahm ständig zu, Deutsche Forschungsgesellschaft und Max-Planck-Gesellschaft hatten Kontakte zu wissenschaftlichen Institutionen der DDR, Wissenschaftler trafen einander, tauschten sich aus, konnten zusammenarbeiten und dauerhafte Verbindungen knüpfen. So entstand ein großes Geflecht deutsch-deutscher Kontakte, an dem viele Menschen beteiligt waren. Das damit verbundene Ziel, den Zusammenhalt der Deutschen untereinander allmählich zu stärken, ist in Bräutigams Augen „auf bemerkenswerte Weise gelungen". Die Zusammenarbeit zwischen Ost und West auf unterschiedlichen Gebieten war auch für die DDR nützlich, da sie so aus ihrer Isolierung herauskam.

Bei der Politik der Vernetzung haben hohe Geldsummen eine Rolle gespielt. Besonders durch den Berlin-Verkehr kam die DDR in den Genuß von Devisen. Auf Dauer verlor sie dabei allerdings einen Teil ihrer Autonomie. Milliardenkredite aus dem Westen dienten der Subventionierung der DDR-Wirtschaft, der Swing, die Möglichkeit, im Westen Waren mit günstigen Krediten einzukaufen, hat nicht nur das Leben der DDR-Bürger in allen Bereichen erleichtert, sondern sie langfristig von der Bundesrepublik abhängig gemacht. Diese Abhängigkeit war nach Bräutigams Meinung den Menschen, die 1989 auf die Straße gegangen waren, bewußt. Als sie nach der Wende sehr bald mit dem Slogan „Wir sind ein Volk“ die Einheit forderten, spielte das Beziehungsgeflecht, das in den Jahren zuvor entstanden war, eine wichtige Rolle. Fast jeder konnte es irgendwo wahrnehmen oder selbst erfahren, es setzte sich auch im Bewußtsein der Menschen fest, daß es zahlreiche Verbindungen in den Westen gab. Bräutigam ist überzeugt, daß die Einheit nicht in erster Linie durch materielle Erwartungen oder eine Eigendynamik, die die Entwicklung nach dem Fall der Mauer nahm, verwirklicht worden ist, sondern, weil es ein Geflecht von Kontakten und Zusammenarbeit gab, weil man im Westen Verständnis für die Lage der Ostdeutschen hatte und Sympathie für sie empfand. Eine zentrale Rolle erkennt er hierbei auch den Kirchen zu.

Als Leiter der Ständigen Vertretung war Bräutigam im Zentrum des Geschehens zwischen Ost und West in einer Zeit dramatischer Entwicklungen. 1984 etwa hatten 55 Menschen die Ständige Vertretung gestürmt und besetzt, um ihre Ausreise zu beschleunigen. Es dauerte drei Monate, bis das Problem gelöst werden konnte. Die Menschen lebten im Dachgeschoß der Vertretung, Familien mit Kindern, die teilweise sogar ihre Wohnung aufgegeben hatten und die mit ihren täglichen Sorgen auf die Mitarbeiter der StäV zukamen. Sie mußten nicht nur mit Essen versorgt werden, sondern benötigten oft auch seelischen Beistand, denn drei Monate auf so engem Raum zu leben erfordert viel Kraft. Die DDR hat nach Bräutigams Meinung lange Zeit nicht erkannt, was es für ihre innere Stabilität und ihr äußeres Ansehen bedeutete, daß Menschen freiwillig alle Brücken hinter sich abbrachen, nur um endlich das Land verlassen zu können. Bräutigam wollte auf jeden Fall die Ausreise dieser Menschen in die Bundesrepublik erreichen, und nach langen Verhandlungen ist dies auch gelungen.

Damals stand einiges auf dem Spiel: Die Unversehrtheit der diplomatischen Vertretung der Bundesrepublik und ihr Anspruch, den Menschen, die zu ihr kamen, Schutz und Hilfe zu gewähren, zumal sie nach dem Grundgesetz Bürger der Bundesrepublik waren.

Seit es die StäV in der Hannoverschen Straße gab, hatte die Staatssicherheit versucht, Besucher, die dort um Hilfe baten, einzuschüchtern. Auch dieses Mal wollte sie beweisen, daß jeder, der die Vertretung betritt, sich in ein Gefängnis begibt, aus dem er nicht mehr herauskommt.

Bräutigam war daher froh, die Auseinandersetzung um die fünfundfünfzig Ausreisewilligen gegen die Stasi gewonnen zu haben, aber der Preis war hoch. Nicht nur, daß diese Krisensituation viele komplizierte Demarchen und Verhandlungen erforderte, die gesamte Arbeit der StäV war blockiert. Die fünfundfünfzig haben damals ihr eigenes Ziel erreicht, aber das Los vieler anderer erschwert. Nun war die DDR, die bei diesem Spiel verloren hatte, lange Zeit nicht mehr verhandlungsbereit. Die fünfundfünfzig können in Bräutigams Augen nicht als Avantgarde der Revolution von 1989 betrachtet werden. Er hat diese Krise und ihre Folgen eher als Rückschritt denn als Vorwärtskommen erlebt, wenn sie auch zeigte, daß die Unzufriedenheit der Menschen in der DDR dramatisch zunahm. In der Folge setzte Bräutigam seine Politik fort wie zuvor, weiterhin wurde über die StäV die Ausreise von zehn bis zwanzigtausend Menschen pro Jahr unterstützt.

Bräutigam erinnert sich an einige wichtige Personen der DDR, auf die er besonders angewiesen war, und denen er bis heute Anerkennung zollt. Einer von ihnen ist Rechtsanwalt Wolfgang Vogel, der seit der Wende immer wieder Angriffen durch die Presse ausgesetzt war. Ohne ihn wäre niemand freigekommen. Vogel, als offizieller Vertreter der DDR für die Verhandlungen zuständig, habe sein Mandat im positiven Sinn genutzt und im Interesse der Menschen auf beiden Seiten eine zunehmend wichtigere Mittlerrolle gespielt. Bis heute hat Bräutigam große Achtung vor Vogels Arbeit. Wenn jemand ausreisen wollte, war an dem Verfahren immer die Staatssicherheit beteiligt, und Wolfgang Vogel hat es verstanden, den ungeheuren Druck von seiten der DDR, dem er ausgesetzt war, auszuhalten und so vielen Menschen zur Freiheit zu verhelfen. Bräutigam hat in ihm einen Verhandlungspartner erlebt, der immer sein Wort gehalten hat und dem man stets vertrauen konnte. Auch während der Krise vom Sommer 1989 wären die Menschen ohne Wolfgang Vogel nicht in den Westen gekommen. Bräutigam erinnert sich, daß er während der Verhandlungen um die fünfundfünfzig oft mit Vogel auf abgehörten Leitungen telefonierte, damit die Stasi erfuhr, daß sie sich durch ihre unnachgiebige Haltung zunehmend ins Aus manövrierte. Daß es der Staatssicherheit am Ende nicht gelang, zu beweisen, daß man von der StäV keine Hilfe zu erwarten hatte, war ein hoher Prestigeverlust für sie. Trotz der Telefonate, denen sie hätte entnehmen können, daß sich das Blatt zugunsten der Flüchtlinge wendete, hielt sie unverändert an ihren Zielen fest und verlor. Bräutigam ist überzeugt, daß die Stasi zu diesem Zeitpunkt durch ihre übermächtige Rolle in der DDR an Kraft verloren hatte. Zu anderen Zeiten hat es seiner Meinung nach Leute mit politischem Verstand in der Staatssicherheit und den Geheimdiensten überhaupt durchaus gegeben. Er erinnert in diesem Zusammenhang an die russische Reformpolitik der achtziger Jahre, deren Ansätze in den Reihen des KGB entstanden waren.

Bräutigams Verhältnis zur DDR war immer sehr kritisch. Auch während er die diplomatische Vertretung leitete, hat er nie daran geglaubt, daß dieser Staat auf Dauer Bestand haben würde. Jahrelang ist er der Frage nachgegangen, ob es die Möglichkeit gebe, daß das System aus eigener Kraft, durch innere Reformen, Demokratisierung und Respektierung von Menschenrechten lebensfähig werden könnte. Als Honecker Ulbricht ablöste und in der ersten Zeit bestimmte Repressalien abgebaut wurden, hegte Bräutigam eine Zeitlang die Hoffnung, daß die DDR ihren Menschen „echte Lebensqualität" vermitteln wollte. Viele Bürger der DDR haben diese Hoffnung geteilt. Bald aber wurden diese Erleichterungen wieder zurückgenommen. Bräutigam ist überzeugt, daß die Situation zwischen den beiden Teilen Deutschlands eine andere Entwicklung hätte nehmen können, wenn die DDR ernsthaft den Versuch gemacht hätte, sich auf eine Demokratisierung einzulassen, wie es in anderen sozialistischen Staaten ansatzweise geschehen ist. In Ungarn, wo man sich auf dem Gebiet der Wirtschaft durch die Übernahme marktorientierter Elemente öffnete, oder in den Reformbewegungen in Polen. In der DDR gab es in verantwortlichen Positionen zu wenige, die so dachten, auch wenn unter Intellektuellen hier und da reformerische Ideen zirkulierten. Sie wurden jedoch nie öffentlich geäußert und waren wegen der starren Haltung der Führung von vornherein zum Scheitern verurteilt. Wer reformerisch dachte, hatte nach Bräutigams Beobachtung in der DDR keine Chance, in eine wichtige Position zu kommen. Die SED-Mitglieder, die in Gesprächen ihre liberale Einstellung erkennen ließen, blieben ohne Einfluß. Nur auf verschlüsseltem Weg wurde Kritik geäußert, wie zum Beispiel in den Büchern Christa Wolfs. Öffentlich jedoch sprach auch sie ihre Gedanken nie direkt aus. Außerhalb der Partei, besonders im Umfeld der Kirchen, war das Reformpotential größer. Für Bischof Forck und Manfred Stolpe hat das Menschenrechtsthema immer im Zentrum ihrer Bemühungen gestanden. Besonders in diesen beiden Persönlichkeiten sah Bräutigam zu DDR-Zeiten glaubwürdige Vertreter einer anderen Richtung, die sich nicht nur durch Worte, sondern auch durch ihre Taten engagierten.

Bräutigam hat viele kennengelernt, die Ende der sechziger Jahre durch das Scheitern des Prager Frühlings und die Mitwirkung der DDR bei seiner Zerschlagung tief deprimiert waren und sich damals innerlich von ihrem System verabschiedeten, weil sie alle Hoffnungen auf Reformen aufgeben mußten.

Auch die Reformbestrebungen in Polen, besonders die von Solidarność, haben viele Menschen in der DDR als vorbildlich betrachtet. Doch waren die polnischen Verhältnisse mit denen in der DDR nur schwer zu vergleichen. Besonders die Rolle der katholischen Kirche als Alternative zum Kommunismus, die integrative Wirkung eines aus Polen stammenden Papstes, die Proklamierung des Kriegszustandes durch Jaruzelski und die folgende Festnahme von dreitausend Menschen, all dies hat nach Bräutigams Meinung zu einer starken Solidarisierung der polnischen Bevölkerung beigetragen, die auch bei DDR-Bürgern den Wunsch nach Veränderung auslöste, dabei aber wenig Hoffnung aufkommen ließ, diese Entwicklung auf die DDR übertragen zu können.

Bräutigam glaubt, daß in der DDR der Prager Frühling von größerer Wirkung war als die Solidarność-Bewegung, wenn dies sich auch erst spät zeigte. In der tiefen Enttäuschung nach seiner Niederschlagung liegen Bräutigams Meinung nach die Ursprünge der Bürgerrechtsbewegung. Dennoch hat das Wort vom Sozialismus mit menschlichem Antlitz, das das Lebensgefühl und die Wünsche der Menschen anschaulich beschrieb, auf längere Sicht auch in der DDR seine integrative Kraft entfaltet.

Nach dem Fall der Mauer verfolgte Bräutigam die Ereignisse von New York aus, so gut es ging. Er fühlte sich abgeschnitten von dem, was ihm am wichtigsten war, und als ihn im November 1990 das Angebot von Manfred Stolpe erreichte, in dessen Regierung Justizminister zu werden, sagte er mit

Freuden und ohne Zögern zu und gab eine diplomatische Spitzenposition auf. Besonders gefiel ihm, daß an dieser Regierung auch Bürgerrechtler beteiligt waren. Zwanzig Jahre hatte er mit der deutschen Teilung zu tun gehabt, nun war die Gelegenheit gekommen, etwas für die Vereinigung zu tun. Ihm war von vornherein bewußt, daß dies keine schnell zu erfüllende Aufgabe sein würde, sondern ein langwieriger und nicht immer einfacher Prozeß.

Aus mehreren Gründen war Bräutigam in Stolpes Augen für die Position des Justizministers prädestiniert. Beide kannten einander durch langjährige Zusammenarbeit aus DDR-Zeiten. Dabei hatten sie immer engen Kontakt gehabt und über Jahre einen intensiven Dialog geführt. Stolpe suchte einen Justizminister, der die Verhältnisse kannte, der ermessen konnte, was in der DDR durch vielfache Verletzung von Menschenrechten geschehen war. Er wünschte sich einen Politiker, der die Sensibilität für die zu lösenden Probleme hatte, aber nicht aus dem Osten kam und so die notwendige Neutralität in vielen Fragen besaß, etwa wenn es darum ging, die Menschen zu beurteilen, die früher für die Diktatur gearbeitet hatten.

Das Amt des Justizministers nach vierzig Jahren DDR hat Bräutigam als Herausforderung empfunden. Ostdeutschland mußte nach demokratischen, rechtsstaatlichen und marktwirtschaftlichen Kriterien neu geordnet werden. Die Strukturen Westdeutschlands wurden eingeführt, eine komplexe Aufgabe, die einen größeren Zeitraum in Anspruch nahm. Diese Arbeit hält er inzwischen, zehn Jahre nach dem Fall der Mauer, für weitgehend abgeschlossen. Hierbei sei es in manchen Bereichen zu großen Schwierigkeiten gekommen, besonders bei der Privatisierung des Volkseigentums, die im wesentlichen von der Treuhand geleistet wurde. Mitunter habe es vermeidbare Härten gegeben. Einige ostdeutsche Unternehmen hätten gerettet werden können, wenn man sie nicht sofort privatisiert, sondern mit etwas Geduld zunächst saniert hätte.

Auch die Regelung der offenen Vermögensfragen ist nach Bräutigams Meinung ganz und gar nicht unproblematisch verlaufen. Warum bis 1949 enteignetes Eigentum nicht zurückgegeben wird, das aus der Zeit danach aber doch, hat ihm, wie er sagt, „bis heute noch niemand überzeugend erklären können".

In der noch von der DDR-Volkskammer unter starkem Einfluß und durch Druck aus dem Westen beschlossenen komplizierten Gesetzgebung zu dieser Frage sieht er die größte Fehlleistung des gesamten Einigungsprozesses, mit deren schwerwiegenden Folgen man noch heute zu kämpfen habe. In den Jahren danach hätte man versucht, verfehlte und unsinnige Gesetze zu revidieren oder zu korrigieren. In zahlreichen Rückgabefällen wußten die Eigentümer oft nicht, wie die Rechtslage wirklich aussah. Es konnte geschehen, daß in einem Ort bei ähnlicher Problemlage unterschiedliche Regelungen galten und ein Kläger sein Eigentum zurückerhielt, ein anderer für seines nur zehn bis zwanzig Prozent des Verkehrswertes als Entschädigung bekam, wieder ein anderer es noch einige Zeit nutzen und dann zu fünfzig Prozent des Verkehrswerts kaufen konnte. Zu welcher Kategorie man zählte, schien mehr oder weniger willkürlich.

Die Gesetzgebung ist nach Bräutigams Meinung professionell schlecht gemacht, so daß das Ziel einer gerechten Reglelung weitgehend unerreicht geblieben ist. Er bedauert, daß solche Fehlleistungen nur zu einem ganz geringen Teil korrrigierbar sind. Bis heute werden langwierige, komplizierte Prozesse geführt. Eigentümer aus dem Westen wollen möglichst schnell Geld für ihre Immmobilien haben, Ostdeutsche haben oft nur den Wunsch, in den Häusern bleiben zu können, die ihre Heimat sind.

Aber auch die Alternative zu dem gewählten Verfahren, das Eigentum grundsätzlich nicht zurückzugeben, sondern Entschädigung zu leisten, hätte Schwierigkeiten mit sich gebracht. Man hätte jedoch privatisieren können, ohne Eigentum zurückzugeben und ehemaligen Eigentümern ein Vorrecht einräumen können, ihr Eigentum zu einem günstigeren Preis zurückzukaufen. So wäre man nicht verpflichtet gewesen, ihnen in jedem Fall ihren alten Besitz wiederzugeben, etwa wenn er inzwischen von anderen legitim genutzt wurde. Gewiß hätte man einen gerechteren Weg finden können.

Mittlerweile sind in den östlichen Bundesländern ähnliche Rechtsstrukturen eingeführt wie im Westen. Dies bringt für die Bürger einige Schwierigkeiten mit sich. Das Rechtssystem der DDR war ideologisch voreingenommen und ging in vielen Bereichen an den wesentlichen Interessen der Menschen vorbei, aber es gab auch Regelungen, die Bräutigam positiv einschätzt, darunter das Familienrecht und das Recht auf Wohnung. Das DDR-Recht wurde nicht immer unparteiisch angewandt und manchmal verletzt und mißachtet, doch hätte es den großen Vorzug der Verständlichkeit gehabt. Es sei nicht kompliziert und recht transparent gewesen. Im Gerichtssystem gab es nur ein Gericht für alle Streitigkeiten, was einfach war, aber den Nachteil hatte, daß sich nicht alle, die in der Gerichtsbarkeit arbeiteten, genügend in allen Rechtsgebieten auskannten. Bräutigam gesteht dem Rechtssystem der DDR einige wenige Qualitäten zu, die heute nicht mehr existieren. Daß das westliche System dem Osten gewissermaßen über Nacht übergestülpt wurde, hält er für eine problematische, aber doch die einfachste Lösung. Eine stufenweise Einführung hätte zu zahlreichen Komplikationen geführt. Trotzdem habe es zahlreiche Probleme gegeben. So habe sich die Verwaltung erst in das Baurecht einarbeiten müssen und dadurch seien Fehlentscheidungen getroffen worden – auch Bürger und Anwälte hätten es zu Beginn noch nicht immer verstanden mit dem Recht umzugehen.

Bräutigam meint, daß in der Zeit der Wende viele Westhelfer im Osten nicht die rühmlichste Rolle gespielt haben. Die dadurch entstandenen Spannungen hält Bräutigam heute jedoch für weitgehend überwunden.

Daß es bei dem riesigen Unternehmen des Vereinigungsprozesses zu Schwierigkeiten kam, erscheint ihm unvermeidlich, und so sieht er die Entwicklung insgesamt als großen Erfolg. Zu verlangen, daß sie ganz frei von Härten und Fehlleistung hätte sein sollen, hält er für lebensfremd.

Es freut ihn, daß er an dieser Aufgabe nun doch entscheidend mitwirken konnte, auch wenn er sich am Tag des großen Ereignisses zu seinem Bedauern in New York aufhielt. Er ist Manfred Stolpe dankbar, daß er ihm so bald die Möglichkeit gab, ins Zentrum des Geschehens zurückzukehren, und hat diesen Schritt nie bereut, trotz aller Probleme der Vergangenheit und auch der Zukunft. Die Freude überwiegt.

Geschichte immer wieder neu schreiben

Heinrich August Winkler

Der Historiker Heinrich August Winkler, der seit vielen Jahren auch publizistisch tätig ist und in verschiedenen Zeitungen kritisch das Geschehen in der Bundesrepublik begleitet und die deutsche Geschichte und das allgemeine Bild von ihr immer wieder neu reflektiert, gehört zu jenen, für die die Wende vom Herbst '89 ein Signal war, sich persönlich bei den Transformationsprozessen der nächsten Jahre zu engagieren.

Schon nach dem Bau der Mauer, „der tiefsten innerdeutschen Geschichtszäsur nach 1945", hatte er nach einer Gelegenheit Ausschau gehalten, nach Berlin zu gehen, an die Freie Universität, in der geteilten Stadt die Alternative zur Ostberliner Humboldt-Universität, die als die politisch interessanteste Hochschule der Bundesrepublik galt. Nach seiner Promotion in Tübingen wurde Winkler 1964 Assistent am Otto-Suhr-Institut. Berlin erschien ihm als der richtige Ort, um die Konsequenzen der deutschen Teilung zu beobachten. Nach seiner Habilitation 1970 blieb er für zwei Jahre Professor für geschichtliche Grundlagen der Politik in Berlin, folgte dann aber einem Ruf nach Freiburg, wo er neunzehn Jahre als Ordinarius für Neuere und Neueste Geschichte lehrte.

Als Winkler im November 1989 in einem Schwarzwälder Bauernhaus von der Maueröffnung erfuhr, war auch diesmal sein erster Gedanke, daß er möglichst schnell nach Berlin gehen müsse. Im Dezember kam er anläßlich des Bundesparteitags der SPD in die Stadt und fuhr auch zur Glienicker Brücke,

dem paradoxen Sinnbild deutscher Teilung. Er überquerte sie, um die Öffnung der Mauer auch sinnlich zu erfahren, und traf dort zufällig den Regierenden Bürgermeister Walter Momper, der früher bei ihm studiert hatte. Es war eine Begegnung, der etwas Unwirkliches anhaftete.

Die große Parteitagsrede von Willy Brandt am 19. Dezember in der Berliner Kongreßhalle wirkte auf Winkler „in ihrem nationalbewußten Pathos" zunächst ein wenig befremdlich, doch je länger er darüber nachdachte, um so klarer wurde ihm, daß besonders ein Gedanke Brandts den Nerv an der richtigen Stelle traf, die Aussage nämlich, daß noch so schlimme Schuld einer Nation nicht durch eine fortdauernde Teilung getilgt werden könne. Diesen Gedanken hat Winkler inzwischen weiterentwickelt und in verschiedener Form vor allem an die Adresse deutscher Intellektueller gerichtet, welche die Spaltung des Landes ähnlich wie Günter Grass als Sühne für Auschwitz verstanden und daher eine Vereinigung der beiden deutschen Staaten ablehnten.

Die erste Gelegenheit, das angenehme Freiburger Klima zu verlassen und sich in das „intellektuelle Reizklima Berlins" zu begeben, nahm Winkler wahr. Er war überzeugt, von Berlin aus mehr für das Zusammenwachsen Ost- und Westdeutschlands tun zu können als im beschaulichen Baden-Württemberg. Er gehörte zu den vier ersten neuberufenen Professoren der Humboldt-Universität und ist dort seit dem 7. Oktober 1991 Professor für Neueste Geschichte.

Seither befindet er sich im Zentrum des Geschehens um die deutsche Vereinigung, denn gerade der Bereich der akademischen Forschung und Lehre hatte ja nach dem Ende des DDR-Regimes die Aufgabe, die Universitäten neu zu orientieren. Die Umwandlung der Humboldt-Universität in eine demokratische Hochschule setzte eine kritische Beschäftigung mit ihrer Vergangenheit voraus. Eine wichtige Rolle spielte hierbei das „Humboldt-Forum", eine von reformbereiten und systemkritischen ostdeutschen Dozenten gegründete Vereinigung. Winkler wurde ihr Mitglied. Innerhalb weniger Jahre wurde sie, inzwischen „Neue Humboldt-Universität" genannt, zur einflußreichsten Professorengruppe, und ihr gehörten die unterschiedlichsten Persönlichkeiten an, die sich alle darin einig waren, daß nur eine rückhaltlose Aufarbeitung der Vergangenheit der Hochschule dieser zu einem neuen Selbstverständnis verhelfen konnte.

Für die Geschichtswissenschaft war dies von besonderer Bedeutung, da sie in der DDR ähnlich wie die Philosophie, die Wirtschafts- und Rechtswissenschaften in hohem Maße ideologiebelastet war. Innerhalb der Strukturenberufungskommission achtete man deshalb auf eine besonders gründliche Prüfung des Personals. Dazu aber mußten zunächst geeignete Kriterien entwickelt werden. Man legte schließlich fest, daß Historiker, die nur ideologische Werke hervorgebracht hatten, und solche, die im Dienst der Diktatur an der Relegation von Studenten oder der Entlassung von Kollegen mitgewirkt hatten, in einem Rechtsstaat nicht Hochschullehrer bleiben konnten. Die Wissenschaftler, die in der DDR Geschichte gelehrt hatten und ihre Arbeit fortsetzen konnten, kamen zu erheblichen Teilen aus der Akademie der Wissenschaften, an der mehr Bewegungsfreiheit geherrscht hatte als an der Universität; die meisten von ihnen waren nicht einmal Mitglied der SED gewesen. Andere, die wissenschaftliche Leistungen erbracht und glaubhaft mit dem alten System gebrochen hatten, blieben ebenfalls. Die Realisierung der neuen Strukturen war in der ersten Zeit neben Forschung und Lehre eine der zentralen Aufgaben Winklers und der anderen neuberufenen Historiker aus Ost und West. Neben der personellen Erneuerung war und ist die Neuorientierung der Geschichtswissenschaft im vereinten Deutschland ein vordringliches Ziel. Hierzu ist in Winklers Augen nicht nur eine Revision der in der DDR gelehrten Inhalte notwendig, auch die westliche Historikerzunft muß sich kritisch mit der eigenen Vergangenheit beschäftigen. Lange Zeit hatte keine Aufarbeitung der Historiographie im Zweiten Weltkrieg stattgefunden; erst durch mehrere aufsehenerregende Publikationen in den neunziger Jahren erwiesen sich angesehene Historiker als geistige Mittäter des Nationalsozialismus. Die westdeutsche Geschichtswissenschaft wurde von ihrer Vergangenheit eingeholt und geriet in eine tiefe Krise, mit der sie bis heute beschäftigt ist. Damit ein Zusammenwachsen beider Teile Deutschlands auch im universitären Bereich möglich ist, muß für beide gelten, daß sie sich mit intellektueller Redlichkeit ihrer Vergangenheit stellen.

Ein wichtiges Problem sieht Winkler auch in den Auswirkungen, die das jeweilige Geschichtsverständnis auf das Denken der Bevölkerung hat. Weil die SED in der DDR ein Geschichtsdeutungsmonopol hatte, das in keinem Bereich so rigoros gehandhabt wurde wie mit Blick auf das 20. Jahrhundert, setzten sich im Denken der Menschen bestimmte Stereotypen fest. Eines davon ist die Überzeugung, die Sozialdemokraten hätten die Revolution von 1918/19 verraten. Diese Behauptung hält sich beharrlich, obwohl offenkundig ist, daß eine Revolution nach russischem Vorbild in Deutschland zum Bürgerkrieg und zu einer Verlängerung des Weltkrieges geführt hätte. Bei Diskussionen unter Wissenschaftlern spielt der angebliche Verrat der Sozialdemokraten an der Revolution heute keine Rolle mehr. Wie lange aber wird es dauern, bis dies sich in der Bevölkerung durchsetzt? Auch die kaum haltbare Behauptung, die Kommunisten seien die einzig konsequenten Antifaschisten gewesen und trügen keine Verantwortung dafür, daß Hitler an die Macht gekommen ist, lebt weiter fort. Das Geschichtsbild der Kommunisten aus der Weimarer Zeit ist nach Winklers Ansicht von der SED in die PDS hineingetragen worden und strahlt noch immer in deren Anhängerschaft aus.

Deshalb hält er es für notwendig, daß eine breite Öffentlichkeit über solche Fragen diskutiert, daß, von Historikern initiiert, auch eine allgemeine Diskussion über die jeweilige Entwicklung in Ost- und Westdeutschland entsteht, wobei neben vielen anderen Fragen auch die diametral unterschiedlichen Rollen Adenauers und Ulbrichts zur Sprache kommen müßten.

Winkler ist überzeugt, daß die Spaltung Deutschlands in zwei politische und zwei Geschichtskulturen nur durch einen offen ausgetragenen Meinungsstreit überwunden werden kann. Einen neuen Aufschwung könnte eine solche öffentliche Debatte durch den Regierungsumzug von Bonn nach Berlin nehmen. Wie vieles andere, meint Winkler, ist auch die Beschäftigung mit der eigenen Geschichte und die Entwicklung eines neuen Selbstverständnisses ein Prozeß, der Zeit in Anspruch nehmen darf und muß.

Daß sich die politische Vereinigung der beiden Teile Deutschlands in einem so kurzen Zeitraum vollzog, hält Winkler für angemessen. Er ist überzeugt, daß schnelles Handeln damals unumgänglich war. Seiner Beobachtung nach waren es die Sozialdemokraten, die im Februar 1990 durch den jetzigen Ministerpräsidenten von Mecklenburg-Vorpommern Harald Ringstorff zum erstenmal die Möglichkeit eines Beitritts nach Artikel 23 des Grundgesetzes zur Sprache brachten. Zudem hat die konservative Allianz für Deutschland nach seiner Meinung die Wahl vom 18. März mit der Parole „Beitritt" gewonnen, was er als plebiszitäre Bestätigung für eine schnelle Lösung der deutschen Frage ansieht. Tatsächlich gab es nach Winklers Meinung dazu keine realistische Alternative. Die außenpolitische Situation war günstig, und niemand konnte wissen, was nach einem Sturz Gorbatschows oder Schewardnadses geschehen wäre. Auch war die Bevölkerung im Osten aufgrund der desolaten wirtschaftlichen Lage ungeduldig und hätte die friedliche Revolution, hätte das Volk nicht auf ein baldige Vereinigung hoffen können, möglicherweise gefährdet. Wem aus westlicher Sicht die Vereinigung zu früh gekommen sei, der habe das Reformpotential im Osten unterschätzt und sich nicht klargemacht, in welch unterträglichem Maß sich die Stasi in die Bevölkerung hineingefressen hatte.

Um die Vereinigung und ihre Bedeutung, auch das Wissen darüber, was Demokratie ist, in der Bevölkerung zu verankern, wäre ein breiter öffentlicher Diskurs über die Verfassung sicherlich wünschenswert gewesen. Doch 1990 konnte es diese Debatte wegen des immensen Zeitdrucks nicht geben. Der Nachteil: Die Grundentscheidung des Parlamentarischen Rats von 1948/49 für die repräsentative und gegen eine plebiszitäre Demokratie ist für viele Ostdeutsche bis heute nicht wirklich nachvollziehbar. Heinrich August Winkler selbst ist ein Verfechter der repräsentativen Demokratie und hält die Auffassung vieler Ostdeutscher, über die Einführung von mehr plebiszitären Elementen könne man einen besseren Staat schaffen, für illusorisch. Die Bürgerrechtler in der DDR, die dies glaubten, seien durch die Ereignisse im Herbst '89 und danach widerlegt worden. Die Mehrheit, und nur diese zähle ja beim Plebiszit, habe einen schnellen Anschluß an das erfolgreiche Westmodell und keine neu zu diskutierende Alternative gewollt.

Bei einem Vergleich mit der Zeit der Weimarer Republik, mit Frankreich und der Schweiz von heute kommt Winkler zu dem Schluß, daß die repräsentative Demokratie den Minderheiten mehr Spielraum läßt als die direkte und deshalb liberaler ist. Hat sich bei einer Volksabstimmung einmal eine Mehrheit durchgesetzt, kann die Minderheit nicht mehr mitreden. In der parlamentarischen Demokratie aber ist sie als Opposition präsent und zudem die potentielle Mehrheit von morgen. Sie kann ihre Argumente vorbringen, Gesetze können in Ausschußverhandlungen modifiziert werden. Das Plebiszit aber läßt nur ein Ja oder Nein zu.

Winkler weist auf das bekannte Beispiel des Hauptstadtbeschlusses hin, an dem man den Vorzug repräsentativ gefaßter Entschlüsse ablesen könne. Hätte das Volk darüber abgestimmt, wäre eine große Mehrheit für Bonn gewesen, die knappe Mehrheit zugunsten von Berlin sei nur durch die Qualität der von Wolfgang Schäuble und Wolfgang Thierse vorgebrachten Argumente zustandegekommen. Dieses Beispiel ist für Winkler ein „schlagendes Argument für den Charme der repräsentativen Demokratie".

Der Forderung nach mehr direkter Demokratie könnte man nach seinem Dafürhalten am besten innerhalb der Parteien Geltung verschaffen. Über die Parteien sollte es bei der

Wahl von Kandidaten für Landtag oder Bundestag mehr Bürgerbeteiligung geben, wie es in der SPD schon in Urabstimmungen über Kandidaten praktiziert worden ist. Dies könnte die Parteien neu beleben und den mitunter zu großen Einfluß des Funktionärskörpers einschränken. Man sollte in Zukunft Parteimitgliedern mehr Möglichkeiten zur Mitsprache geben und so auf vernünftige Art direkte und repräsentative Demokratie miteinander verbinden.

Nicht nur in der politischen Einstellung der Gesellschaft in Ost und West muß sich für Winkler noch vieles ändern, damit die Integration der beiden Teile Deutschlands gelingen kann. Auch das Verhältnis der Parteien zueinander ist für Winkler in mancher Hinsicht problematisch. Im Vordergrund steht seine skeptische Haltung gegenüber der PDS. Wenn es nach der Wende zu einem Zusammenschluß von SPD und SED gekommen wäre, wäre die SPD seiner Meinung nach eine radikal andere Partei geworden, die in der gesamten Bundesrepublik nicht mehrheitsfähig gewesen wäre. Die SPD könne froh sein, daß es die PDS gebe, um als Auffangbecken für frühere SED-Mitglieder zu dienen. Mit den, wie Winkler meint, viel stärker bürgerlich geprägten Blockparteien sei die SED nicht zu vergleichen, deshalb hätte der Wechsel der CDU-Ost zur Gesamt-CDU keine dramatische Zäsur bedeutet. Überzeugte Leninisten, wie viele Mitglieder der SED, hätten hingegen nicht über Nacht zu Demokraten werden können.Winkler sieht jedoch eine Möglichkeit, die PDS an die Demokratie zu gewöhnen, hält aber nichts von Koalitionen von SPD und PDS. Dazu herrschten bei den Postkommunisten noch zu viele Vorbehalte gegenüber der Demokratie des Bonner Grundgesetzes. Auch sei die PDS von den Mitgliederzahlen her stärker als die anderen Parteien; sie habe deshalb vor allem auf kommunaler Ebene Einfluß. Eine Gefahr sieht er besonders in ihren traditionellen Vorstellungen von staatlicher Wirtschaftspolitik, die er auch in Teilen der SPD immer noch findet. Wenn beide zusammenwirkten, könnte daraus eine Festschreibung überholter Vorstellungen von Staatssozialismus resultieren, die eine Modernisierung der Wirtschaft verhindern würde. Bevor die PDS Regierungsverantwortung übernimmt, sollte sie in der Rolle der Opposition lernen, was parlamentarische Demokratie bedeutet. Winkler gibt den Kritikern in der SPD und Bündnis '90 / Die Grünen recht, die Koalitionen von SPD und PDS nach dem Vorbild von Mecklenburg-Vorpommern für gefährlich halten. Auch wenn sich eine mitregierende PDS an die Bestimmungen der Verfassung hält, kann sie nach Winklers Meinung die Wirtschaftspolitik in die falsche Richtung lenken. Staatlich finanzierte Scheinbeschäftigungen könnten die Probleme der Massenarbeitslosigkeit nicht lösen. Er fürchtet, daß es in Mecklenburg-Vorpommern, dem ersten Beispiel einer PDS-SPD-Koalition, bald zu staatlichen Eingriffen in die Wirtschaft kommt. Scheinbeschäftigungen könnten keine Lösung für Arbeitslosigkeit sein. Bei weiteren Koalitionen dieser Art, etwa in Thüringen, könnte sich ein Einfluß dieser Länder und ihrer Politik im Bundesrat stark bemerkbar machen. Für die Erneuerung der SPD wäre das nach Winklers Meinung fatal, da eine ihm notwendig erscheinende gesellschaftliche Modernisierung in Fortschreibung des Godesberger Programms von 1959 erschwert würde. Er unterstützt die sächsische SPD, die nur mit Parteien koalieren will, die sicher auf dem Boden des Grundgesetzes stehen und eine staatssozialistisch orientierte Wirtschafts- und Sozialpolitik ablehnen.

Die bundesweit praktizierten ABM-Maßnahmen können, meint Winkler, kaum zur Lösung von Arbeitsmarktproblemen dienen. Der eigentliche Impuls zu einer Reform der Beschäftigungspolitik muß seiner Meinung nach von einer konkurrenzfähigen Wirtschaft kommen. Einen Weg sieht er in einer Verbindung niedrig bezahlter Erwerbstätigkeiten mit öffentlichen Transferleistungen, wie sie in Ländern wie den Niederlanden, Dänemark und den USA (dort allerdings auf viel zu niedrigem und deshalb nicht vorbildlichem Niveau) bereits existiert. Der Begriff der Arbeit muß, davon ist Winkler überzeugt, weit über die Vorstellung von klassischer Erwerbsarbeit hinaus neu definiert werden. Dabei bietet das Bündnis für Arbeit die Möglichkeit, in verschiedenen Kommissionen über solche Modelle konkreter nachzudenken als bisher.

Im Rückblick auf neun Jahre Vereinigungsprozeß ist Winkler der Meinung, daß man im Westen wie im Osten die Auswirkungen und Nachwirkungen der Spaltung überschätzt hat. Vierzig Jahre verschiedener Prägung – Bürger, die viel von der Welt gesehen haben einerseits, und Bürger, die ihr Land nur schwer und nur mit eingeschränkten Reisezielen verlassen konnten andererseits – sind nicht rückgängig zu machen. Hier sind in seinem Augen aber vor allem die mittlere und die ältere Generation betroffen, bei seinen Studenten nimmt Winkler kaum noch Unterschiede wahr.

1990, zu Beginn von Marktwirtschaft und Wettbewerb in der DDR, waren die meisten Bürger positiv gestimmt, die Erfahrungen in den folgenden Jahren aber, so meint Winkler, hätten für Enttäuschungen gesorgt. Viele Versprechungen im Wahlkampf seien, wenn sie nicht überhaupt falsch waren, falsch verstanden worden. So muß, wie er meint, eine lange Wartezeit überwunden werden, ehe es den Menschen in Ostdeutschland wirtschaftlich besser geht, und wer in einem Versorgungsstaat gelebt hat, kann sich nur schwer daran gewöhnen, daß der Staat in einer Marktwirtschaft Vollbeschäftigung nicht zu garantieren vermag.

Daß das wirtschafts- und sozialpolitische Desaster der DDR auch durch den Westen hervorgerufen wurde (denn ohne seine Kredite hätte man diese fatale Politik nicht betreiben können), wird nach Winklers Ansicht oft vergessen. Auch das westliche System hat auf diese Weise zur Herausbildung der DDR-Mentalität beigetragen.

Die Erfahrung, daß man mit ökonomischen Krisen umgehen und sie überwinden kann, haben DDR-Bürger im Gegensatz zu den Bundesbürgern nie gemacht. In der Bundesrepublik gab es Ende der sechziger Jahre die erste größere Krise seit Beginn des Wirtschaftswunders, aber sie konnte gemeistert werden. Die lange Zeit des wirtschaftlichen Booms hat den Westdeutschen die Demokratie sympathisch gemacht. Die Ostdeutschen machen mit ihr jetzt weniger gute Erfahrungen, denn sie müssen, seit sie in einer Demokratie leben, zahlreiche soziale Probleme hinnehmen, die sie in der Diktatur nicht gekannt hatten. In Umfragen steht nicht ohne Grund für Westdeutsche das Prinzip der Freiheit an erster Stelle vor der Gleichheit, im Osten ist es umgekehrt.

Die Enttäuschung der DDR-Bürger und der Einigungsüberdruß der Westdeutschen hätten nach Winklers Meinung weniger virulent sein müssen. Wenn westdeutsche Politiker in der Zeit nach der Wende ein wacheres Auge für die immensen Umweltschäden und die zerfallenen Innenstädte der DDR gehabt hätten, hätten sie damit rechnen müssen, daß die Kosten der Einheit gigantisch sein würden. Sie hätten den Westdeutschen von vornherein klarmachen müssen, daß sich mit der Einheit auch für sie vieles ändern wird, daß, um das bedeutsame nationale Ereignis des Mauerfalls zu einem guten Ausgang zu führen, große Anstrengungen notwendig sind, und für das Zusammenwachsen der beiden deutschen Staaten Opfer gebracht werden müssen, auch im Westen. Ganz ohne Probleme aber wäre die Vereinigung schon deshalb nicht verlaufen, weil im Westen 1989 die große Mehrheit der jungen Generation die DDR in den achtziger Jahren als Ausland betrachtete. So habe man nicht damit rechnen können, daß sich ohne Anstrengung ein Gefühl nationaler Solidarität entwickeln würde.

Nur die ältere Generation dachte noch in Kategorien *einer* Nation, viele Jüngere gingen hingegen von der Existenz von zwei deutschen Völkern aus. Winkler hat nie etwas von einer solchen Binationalisierung gehalten. Für ihn haben die Deutschen die Pflicht, sich als eine Nation zu fühlen, schon deshalb, weil die Lasten der gemeinsamen Geschichte 1945 sehr ungleich verteilt wurden. Vom Westen aus sei es einfach gewesen, die Zweistaatlichkeit zu akzeptieren, weil der Osten das weitaus schwerere Schicksal zu tragen hatte.

Winkler hält es für wichtig, daß man sich im Westen mit dem zentralen Irrtum auseinandersetzt, daß die Zweistaatlichkeit die richtige Lösung für die deutsche Frage gewesen wäre. Man entziehe sich dadurch nicht nur der historischen Verantwortung für die gemeinsame deutsche Geschichte, sondern rechtfertige gleichzeitig die eigene Bequemlichkeit, indem man die Zweistaatlichkeit als Strafe für historische Schuld rationalisiere. Für Winkler ist dies eine der „westdeutschen Lebenslügen", mit denen man sich ernsthaft auseinandersetzen muß.

Für die Zukunft des gemeinsamen Deutschland verspricht sich Winkler wichtige Impulse von der jungen Generation, die der Vereinigung offen und ohne Vorurteile gegenübersteht. Ihre Aufgabe ist es, den langen und mühsamen Vereinigungsprozeß voranzutreiben. Kein leichtes Unterfangen, weil es immer noch zwei Gesellschaften und zwei politische Kulturen gibt. Die DDR war eine Gesellschaft, in der Eigeninitiative kaum gewünscht wurde. Eine solche entwickelte sich, wenn überhaupt, „nur in den vielzitierten Nischen". Heute aber entsteht eine neue Bürgerkultur aus Restbeständen des alten Mittelstandes der DDR, Zuwanderern aus dem Westen und jüngeren Menschen, und sie wird Träger der neuen Entwicklung sein. In Brandenburg und Sachsen-Anhalt wird sie in Winklers Augen wegen der jahrhundertelangen notorischen Armut und des Zusammenbruchs der Industrie möglicherweise mehr Zeit in Anspruch nehmen als anderswo. Eine wichtige Rolle wird der örtliche Mittelstand spielen. Je stärker er wird, je mehr kulturelles Leben sich entfaltet, desto eher wird das gesellschaftliche Zusammenwachsen Fortschritte machen. Dazu hält Winkler es auch für notwendig, daß sich die Deutschen, besonders die aus der alten Bundesrepublik, nicht als Besitzstandwahrungsgesellschaft begreifen, sondern die Vereinigung als Aufgabe sehen, zu der sie einen Beitrag zu leisten haben. Ein wichtiges Beispiel in diesem Zusammenhang sind die Universitäten und die Frage ihrer Finanzierung. Hier hat nach Winklers Ansicht die SPD die Verpflichtung, von der dogmatischen Meinung, Studiengebühren müßten verboten werden, abzurücken. Nur scheinbar sei dieses Verbot eine soziale Maßnahme. Die Steuerzahler, zum größten Teil Nichtakademiker, müßten so das Studium für jene finanzieren, die später dank Hochschulabschluß mehr verdienen. Winkler plädiert daher dafür, daß jene, die in den Genuß eines akademischen Studiums kommen, später dazu beitragen, es anderen zu ermöglichen. In England und Australien gibt bereits solche Verfahren. Wer durch sein Studium über ein höheres Einkommens verfügt, sollte sich rückwirkend an einem Studienfonds beteiligen. Hierdurch würden nicht nur einzelne gefördert, sondern die gesamte Gesellschaft, die auf ihre Universitäten nicht verzichten kann. Auch die Hochschulen und ihre Professoren sollten sich wieder mehr darauf besinnen, daß es nicht genügt, innerhalb der einzelnen Fächer gute und exzellente Leistungen zu erbringen. Viele Fächer könnten über ihr Fachinteresse hinaus mehr als bisher am allgemeinen gesellschaftlichen Diskurs teilnehmen und ihre Erkenntnisse zum Gegenstand öffentlicher Debatten machen. Auch auf diese Weise würde die Gesellschaft neu belebt, und so könnte die Universität in der gegebenen Situation wirksam am Einigungsprozeß teilnehmen.

Als Teil Europas wird Deutschland als postklassischer Nationalstaat weiterbestehen wie die anderen Nationen. Eine Auflösung Europas in Regionen hält Winkler für unwahrscheinlich, auch wenn es gelegentlich in Reden westdeutscher

Politiker, namentlich des nordrhein-westfälischen Ministerpräsidenten Wolfgang Clement, anders klinge, der auf den Berlin-Beschluß reagiert hat, indem er eine enge Zusammenarbeit mit den Benelux-Staaten ankündigte. Daß sich daraus tatsächlich eine Abwendung vom klassischen bundesdeutschen Föderalismus, eine Rückentwicklung vom Bundesstaat zum Staatenbund entwickeln wird, bezweifelt Winkler. Die Zukunft liegt für ihn in einem supra-, aber nicht in einem postnationalen Europa. Sich nach den Ereignissen des Dritten Reiches eine Auflösung der Nation zu wünschen, um in einem „Vaterland Europa" aufzugehen, hält Winkler für einen „zu billigen Ausweg aus der Geschichte".

Ein europäisches Wir-Gefühl kann sich in seinen Augen nur entwickeln, wenn Europa sich weiterhin demokratisiert, das Parlament echte Funktionen und die Europäische Union vor allem in der Außen- und Sicherheitspolitik mit *einer* Stimme spricht. Dadurch soll Europa sich nicht zu einem Superstaat entwickeln, der die Nationalstaaten ersetzt, sondern zu einer handlungsfähigen Größe auf den Gebieten, in denen die Nationalstaaten überfordert sind. In der Erweiterung der EU nach Osten sieht Winkler eine Wiederherstellung alter kultureller und politischer Gegebenheiten und Verbindungen. Polen, Tschechien, Ungarn gehören historisch zum Okzident. Von Berlin aus, wo viele alte westdeutsche Perspektiven in ein anderes Licht gerückt würden, werde man das schnell begreifen.

Heinrich August Winkler, dessen Ideen seine Studenten, aber auch seine Leser zu weiterführenden Gedanken anregen, hat dadurch, aber auch durch seine intensive und zeitaufwendige Mitwirkung an der Neuordnung der Humboldt-Universität weit über sein Fach hinaus zur Wiedervereinigung und Weiterführung eines deutsch-deutschen Diskurses beigetragen.

Stunde Null

Erhard Thomas

November 1990. Vor wenigen Wochen haben sich die fünf neuen Bundesländer konstituiert. In einem einzigen Land haben die Wahlen eine Mehrheit für eine Koalition unter Führung der SPD erbracht. Brandenburg ist das erste Bundesland in der Geschichte der Bundesrepublik, das von einer Ampelkoalition (Sozialdemokraten, Grüne und FDP) regiert wird. Dies bedeutet für die Regierungsmitglieder, daß sie ein hohes Maß an Toleranz, Verständnis und Kompromißbereitschaft aufbringen müssen, Ministerpräsident Stolpe muß integrativ und ausgleichend wirken. Es ist eine Herausforderung für alle. Nicht mehr West und Ost, sondern verschiedene politische Richtungen stehen sich in dem neuen Landtag gegenüber. In der gemeinsamen Opposition befinden sich PDS und CDU, zwei sehr ungleiche Parteien. Die Öffentlichkeit widmet dieser einzigartigen Konstellation besondere Aufmerksamkeit. Der Ministerpräsident genießt dabei auch im Westen hohes Ansehen, manche sehen in ihm bereits den neuen Bundespräsidenten und Nachfolger Richard von Weizsäckers.

Ein Lada aus dem Bestand der Potsdamer Bezirksbehörde mit ostdeutscher Nummer fährt über die Avus. Am Steuer sitzt Erhard Thomas, der gerade gekürte Regierungssprecher. Eine moderne Infrastruktur oder eine funktionierende Verwaltung ist im Land noch nicht vorhanden. Thomas hat sich in diesen Pionierzeiten schnell ans Improvisieren gewöhnt. Als Chauffeur und Regierungssprecher versucht er, am späten

Sonntagabend Manfred Stolpe sicher zu der von Erich Böhme geleiteten Diskussionsrunde *Talk im Turm* zu fahren. Kurz vor dem Autobahnkreuz Funkturm tauchen einige Wagen mit Westberliner Kennzeichen auf und versuchen, den Lada mit der Ostnummer von der Straße zu drängen. Als Stuntman kaum erfahren, sieht Thomas wenig zuversichtlich auf den

Ausgang dieses Manövers. Da geben die anderen Fahrer plötzlich auf. Im letzten Moment hat offenbar jemand den prominenten Insassen des Wagens erkannt.

Bei der Ankunft am Domhotel am Gendarmenmarkt, dem heutigen Hilton, nehmen die Wachtposten und Presseleute am Eingang den alten Lada gar nicht wahr. Als Manfred Stolpe das Hotel betritt, blitzt keine Kamera auf. Erst in der Halle wird bemerkt, wer da gekommen ist. Nun muß Manfred Stolpe noch einmal den Weg durch die Drehtür nehmen, damit die Kameras ihn für den Vorspann der Sendung aufnehmen können.

Improvisieren konnte der Journalist und langjährige Korrespondent der ARD Erhard Thomas schon immer recht gut. Was er aber erlebte, als er in dem gerade konstituierten Bundesland Brandenburg Regierungssprecher wurde, übertraf seine kühnsten Träume und Alpträume.

In den Osten war er zu einer Zeit gekommen, als schon große Unruhe in der Bevölkerung herrschte, im Oktober 1989. Erst wenige Monate zuvor war er von einem vierjährigen Aufenthalt als ARD-Korrespondent in den USA zurückgekehrt. Seit die DDR-Opposition täglich für neue Schlagzeilen sorgte, brauchte die ARD Verstärkung in Ostdeutschland. In diesen Wochen erlebte Thomas die aufregendste Zeit seines Journalistenlebens. Er fuhr mit Kamerateams überall durchs Land, berichtete für *Tagesschau* und *Tagesthemen* über die Diadochenkämpfe im Politbüro, über Demonstrationen und Aktivitäten der Kirche, über die Entwicklung im Zentralkomitee und die neuesten Pläne, mit denen die SED-Regierung ihre Herrschaft retten wollte. Dabei geschah es oft, daß er mit seinem Kamerateam zu einem bestimmten Drehort fuhr, unterwegs aber unvorhergesehen auf interessante Ereignisse stieß. Dann machten sie halt und filmten das Geschehen. Ende Oktober zum Beispiel kamen sie in der Nähe des Roten Rathauses vorbei und sahen dort eine große Menschenmenge, die ihre Unzufriedenheit über die Verhältnisse äußerte und die Schabowski mühevoll zu beschwichtigen suchte. Am selben Abend wurde in der *Tagesschau* darüber berichtet. In dieser Zeit verging kein Tag, an dem nicht eine neue aufsehenerregende Story gesendet wurde.

Bevor in der DDR Anarchie herrschte und die Regierung das Geschehen nicht mehr kontrollieren konnte, durften Westkorrespondenten nur berichten, wenn sie akkreditiert waren; Kamerateams wurden auf Schritt und Tritt beobachtet, alle ihre Aktivitäten mußten vorher beantragt werden. Erhard Thomas erhielt Anfang November eine Mahnung vom DDR-Außenministerium, weil er noch keine Akkreditierung besaß und bereits Reportagen gesendet hatte. Er ignorierte sie und berichtete zusammen mit Horst Hano über die große Künstlerdemonstration vom 4. November. Er erinnert sich, wie sehr es ihn damals beeindruckte, daß Bürger die Funktionäre angriffen, und wie sehr er den Mut der Leute bewunderte. Auch das DDR-Fernsehen berichtete über diese Demonstration, die Kollegen im Osten wurden zunehmend mutiger, ihre Sendungen kritischer, und wenige Wochen nach der Wende, als am 22. Dezember Kohl und Modrow am Brandenburger Tor zusammentrafen, stellten sich ARD und Deutscher Fernsehfunk gegenseitig ihre Bilder zur Verfügung.

Der 8. November ist ein ereignisreicher Tag: Egon Krenz wird, nachdem das Politbüro zurückgetreten ist, einstimmig zum Generalsekretär wiedergewählt. In einer Rede hat er den Sturz Honeckers gerechtfertigt und diesem unter anderem mangelnden Reformwillen, autoritären Führungsstil und Realitätsverlust vorgeworfen. Am Nachmittag haben sich vor dem Gebäude des Zentralkomitees fünfzigtausend Menschen versammelt, die gegen die Politik der alten Führung protestieren. Hans Modrow ist ins Politbüro gewählt worden und soll Kandidat für das Amt des Ministerpräsidenten werden. Oppositionelle Intellektuelle appellieren an die Menschen, die DDR nicht zu verlassen: „Helfen Sie uns, eine wahrhaft demokratische Gesellschaft zu gestalten, die die Vision eines demokratischen Sozialismus bewahrt ... Fassen Sie zu uns, die wir hierbleiben wollen, Vertrauen", heißt es in einer Rede, die Christa Wolf im Namen von Künstlern und oppositionellen Gruppen im DDR-Fernsehen verliest. Fast sieht es so aus, als werde sich in der nächsten Zeit durch innere Reformen in der DDR vieles ändern.

So deutet auch Johannes Rau, der Ministerpräsident von Nordrhein-Westfalen, die Ereignisse, als er am Nachmittag des 9. November mit einer Delegation Egon Krenz besucht. Die Wirklichkeit jedoch sieht anders aus; weiterhin finden überall im Land Demonstrationen statt, immer mehr Menschen verlassen über Ungarn und die Tschechoslowakei die DDR.

Thomas ist mit einem Kamerateam beim Rau-Besuch. Am selben Tag hat das Zentralkomitee der SED das am Vortag begonnene Plenum fortgesetzt, auf dem auch über eine neue Reiseregelung beraten wurde. Nach Ende des Rau-Besuchs fährt Thomas mit dem Material zum SFB in die Masurenallee in Berlin, um den Film zu schneiden. Dieses Prozedere ist unumgänglich, da Journalisten aus dem Westen im Osten nicht produzieren können; sie verfügen dort nur über ein kleines Büro mit selten funktionierendem Telefon. Wie Thomas sich erinnert, hat diese Regelung oft genug dazu geführt, daß er den weiten Weg von Berlin-Mitte über den Übergang Heinrich-Heine-Straße, schließlich die Straße des 17. Juni hinauf zum SFB nicht immer unter Einhaltung der Straßenverkehrsordnung zurücklegte, weil die Sendung rechtzeitig fertig sein mußte.

Während Thomas im Schneideraum an dem *Tagesschau*-Bericht über den Rau-Besuch arbeitet, läuft im DDR-Fernsehen der Live-Bericht von Schabowskis internationaler Pressekonferenz.Thomas ist überrascht über die aufgewiegelte, bewegte Stimmung im internationalen Pressezentrum in der

Mohrenstraße in Berlin-Mitte. Plötzlich hört er die Mitarbeiterin, die im Nebenzimmer die Konferenz verfolgt, sagen: „Hier ist was." Was er dann hört und sieht, veranlaßt ihn, seine Berichterstattung zu ändern. Rau interessiert jetzt niemanden mehr, es bahnt sich Unglaubliches an. In betont lässigem Berliner Slang referiert Schabowski über die neue Reiseregelung, und der italienische Journalist Riccardo Ehrmann von der Nachrichtenagentur ANSA stellt eine Frage, die in die Pressegeschichte eingehen wird:: „Herr Schabowski, Sie haben von Fehlern gesprochen. Glauben Sie nicht, daß es ein großer Fehler war, dieser Reisegesetzentwurf, den Sie vor wenigen Tagen vorgestellt haben?"

Schabowski, der in beiläufigem, unaufgeregtem Ton spricht, antwortet darauf langatmig und in endlosen Sätzen, spricht von „Erneuerung der Gesellschaft", einer „Abfolge von Schritten", von „Erweiterung der Reisemöglichkeiten", sagt, man wolle „durch die Legalisierung und Vereinfachung der Ausreise die Menschen" aus einer „psychologischen Drucksituation befreien". Er weist darauf hin, daß die Aufnahmemöglichkeiten „der BRD im Grunde erschöpft" sind. Dann wird er endlich konkreter. „Allerdings ist heute, soviel ich weiß, eine Entscheidung getroffen worden ... Und deshalb haben wir uns dazu entschlossen, heute eine Regelung zu treffen, die es jedem Bürger der DDR möglich macht, über Grenzübergangspunkte der DDR auszureisen."

„Wann tritt das in Kraft?"

„Bitte?"

„Ab sofort?"

Schabowski antwortet: „Also, Genossen, mir ist das hier also mitgeteilt worden [zugleich zieht er aus seinen Unterlagen einen Zettel hervor], daß eine solche Mitteilung heute schon verbreitet worden ist. Sie müßte eigentlich in Ihrem Besitz sein. Also: ‚Privatreisen nach dem Ausland können ohne Vorliegen von Voraussetzungen – Reiseanlässe und Verwandtschaftsverhältnisse – beantragt werden. Die Genehmigungen werden kurzfristig erteilt. Die zuständigen Abteilungen Paß- und Meldewesen der VPKÄ – der Volkspolizeikreisämter – in der DDR sind angewiesen, Visa zur ständigen Ausreise unverzüglich zu erteilen ...'"

„Wann tritt das in Kraft?"

„Das tritt nach meiner Kenntnis ... ist das sofort, unverzüglich."

„Sie haben nur BRD gesagt, gilt das auch für Westberlin?"

Schabowski [liest vom Zettel ab]:„Wie die Presseabteilung des Ministeriums ... hat der Ministerrat beschlossen, daß bis zum Inkrafttreten einer entsprechenden gesetzlichen Regelung durch die Volkskammer diese Übergangsregelung in Kraft gesetzt wird."

„Gilt das auch für Berlin-West?"

Schabowski:„Also doch [liest wieder vor] ‚Die ständige Ausreise kann über alle Grenzübergangsstellen der DDR zur BRD bzw. zu Berlin-West erfolgen.'"

Nach der Pressekonferenz herrscht allgemeine Verwirrung. Viele haben den Eindruck, daß Schabowski selbst nicht recht begriffen hat, wovon er spricht.

Gegen 19 Uhr ist die Pressekonferenz beendet. Im SFB-Studio treffen die ersten Agenturmeldungen ein, aus denen hervorgeht, daß die Mauer durchlässig wird. Die erste, um 19.05 Uhr, stammt von AP: „Die DDR öffnet nach Angaben von SED-Politbüromitglied ihre Grenzen. Dies sei eine Übergangsregelung bis zum Erlaß eines Reisegesetzes, sagte Schabowski."

Ein NBC-Kollege aus New York ruft aufgeregt an, ob die Mauer schon geöffnet sei. Nach der *Tagesschau,* in der nur kurz über Schabowskis Pressekonferenz berichtet wird, laufen im SFB die Telefone heiß, Zuschauer erkundigen sich, ob die Mauer wirklich geöffnet wird.

Um 22.30 Uhr sind in den *Tagesthemen* auch erste Bilder zu sehen. Robin Lautenbach vom SFB interviewt zwei Personen, die zu den ersten gehören, die am Übergang Bornholmer Straße in den Westen gekommen sind und jetzt am Ü-Wagen an der Invalidenstraße stehen. Thomas sendet einen ausführlichen Bericht über Schabowskis Pressekonferenz.

Nach den *Tagesthemen* fährt Thomas zum Brandenburger Tor, an dem sich bereits unzählige Menschen eingefunden haben und auf die Mauer geklettert sind. Auf Ostberliner Seite stehen Wasserwerfer und versuchen, Menschen von der Mauer zu spritzen.

Dicht an der Mauer sieht er Tom Brokaw, den *anchorman* von NBC-News; die Fernsehgesellschaft hat hier ein Podest aufgestellt und schon am Vortag eine Direktleitung nach New York installiert. Brokaw berichtet live für die Evening-News in die USA, wo es jetzt 18.30 Uhr ist. Er hatte Schabowski gleich nach der Pressekonferenz interviewt und dessen vage Äußerungen auf den Punkt gebracht. „Is it possible for them to go through the wall at some point?"

„It is possible for them to go through the border", antwortet Schabowski. „Die Menschen können die Grenze überschreiten."

Thomas ist voller Anerkennung für Brokaw, der am richtigen Ort und im entscheidenden Moment, als hinter ihm gerade die Wasserwerfer in Aktion sind, berichtet und schneller war als alle seine amerikanischen Kollegen. Am nächsten Tag sind dann auch CBS und ABC zur Stelle.

Thomas fährt nun zu den verschiedenen Übergängen, um die Ereignisse zu verfolgen. Überall sind die Straßen dicht. Sein Versuch, sich zum Ku'damm durchzuschlagen, scheitert. Die Stadt ist voller Trabis.

Seine Erinnerung an diese Nacht hat zwei Facetten. Als Journalist registrierte er die Ereignisse und berichtete darüber so sachlich und effektiv wie möglich, andererseits war er von der spektakulären Wendung, die das von ihm nun schon seit Wochen beobachtete Geschehen genommen hatte, überwältigt.

In den Monaten nach dem 9. November blieb Thomas in Berlin, da es jetzt von dort unendlich viel zu berichten gab. Berlin und die DDR hatten in der Berichterstattung der Medien Priorität, und Journalisten anderer ARD-Studios erhielten nur noch wenig Sendezeit. Thomas lernte in dieser Zeit die DDR und ihre Menschen besser kennen und erlebte jeden Tag neue Überraschungen.

Er versuchte, die rasche Entwicklung in Gedanken nachzuvollziehen, soweit ihm seine Arbeit dazu Zeit ließ, und nahm jedes Signal einer Richtungsänderung genau wahr. Kohl hatte erst im November sein Zehn-Punkte-Programm vorgelegt, das eine Konföderation beider deutscher Staaten zum Inhalt hatte. Doch in Leipzig war aus dem Slogan „Wir sind das Volk" bald „Wir sind ein Volk" geworden, und schon im Januar tauchten in Wernigerode im Harz, wohin Thomas für eine Reportage gereist war, die ersten schwarzrotgoldenen Fahnen und Plakate auf, die eine Wiedervereinigung forderten. Er war beeindruckt von all den bisher unbekannten Landschaften und Städten wie dem östlichen Harz, dem Elbtal, den im Vergleich zum Westen kaum zersiedelten Dörfern, den Alleen, den schönen Städten wie Dresden und Meißen. Manchmal hatte er das Gefühl, sich auf einer Zeitreise zu befinden und in die fünfziger Jahren zurückversetzt worden zu sein. Er lieferte täglich neue Berichte, und *Tagesschau* und *Tagesthemen* rissen sie ihm und den Kollegen buchstäblich aus der Hand.

Im Sommer 1990 sprach ihn ein Mitarbeiter der nordrhein-westfälischen Landesvertretung in Bonn an, ob er nicht Interesse daran habe, Regierungssprecher in Brandenburg zu werden. Der Landesbeamte hatte im Berliner Palast-Hotel ein Kontaktbüro aufgebaut, da sich die Bildung der neuen Länder abzeichnete und Nordrhein-Westfalen als Partnerland für Brandenburg vorgesehen war, wie Bayern für Sachsen oder Hessen für Thüringen. Inzwischen hatte die SPD Manfred Stolpe als Mitglied gewonnen und ihn zum Spitzenkandidaten für die Wahlen in Brandenburg nominiert. Thomas schien die Anfrage nicht uninteressant, und so kam es eines Tages im August zu einem Treffen mit Manfred Stolpe im Palast-Hotel. Die Begegnung dauerte nicht länger als zehn Minuten, Stolpe bot ihm die Stelle des Regierungssprechers an, und Thomas bat sich vier Wochen Bedenkzeit aus, weil dieser Schritt ein ungewisses Abenteuer bedeutete. Sein Interesse für dieses Land und seine Menschen war allerdings groß, auch in persönlicher Hinsicht. Sein Vater war als junger Theologe und Mitglied der Bekennenden Kirche Pfarrer an der Katharinenkirche in Brandenburg gewesen. Zum WDR zurückzukehren, reizte ihn nach den aufregenden Erlebnissen der Wendezeit nicht allzu sehr. Auch nach der Wiedervereinigung war es in Ostdeutschland allemal spannender als am Rhein.

Am Tag der Landtagswahlen, dem 14. Oktober 1990, berichtete Thomas für die *Tagesschau* aus dem Berliner Kronprinzenpalais über den Ausgang der Wahlen in den fünf neuen Ländern. Als er das Brandenburger Ergebnis erfuhr, wurde es plötzlich ernst. Er hatte Stolpe inzwischen zugesagt, im Fall eines Wahlsieges sein Mitarbeiter zu werden, und jetzt gab es kein Zurück mehr.

Das Abenteuer begann noch am selben Abend. Thomas machte sich im Auto bei strömendem Regen und schlechter Sicht in die künftige Landeshauptstadt auf ins Reichsbahnausbesserungswerk, RAW, nahe beim Bahnhof Potsdam-Stadt. Hier feierte die Brandenburger SPD den Ausgang der Wahlen. Da Thomas weder Potsdam besonders gut kannte noch das in einer nur spärlich beleuchteten Straße liegende RAW, mußte er eine längere Irrfahrt auf sich nehmen. In der Halle war kaum ein bekanntes Gesicht. Bald trat Regine Hildebrandt ans Mikrofon und erklärte, daß es in Brandenburg eine Ampelkoalition geben werde. Kurz darauf wurde sie von Johannes Rau, der sich mit väterlichen Grußworten an das Publikum richtete, ermahnt, nicht frühzeitig Beschlüsse bekanntzugeben, die allein der neue „Landesvater" fällen könne. Die weitere Entwicklung gab Regine Hildebrandt mit ihrer Vermutung recht.

Nach Manfred Stolpes Wahl zum Ministerpräsidenten stand die erste Regierungserklärung an. Thomas ließ in die Erklärung den Passus aufnehmen, daß der neu zu gründende Ostdeutsche Rundfunk Brandenburg, ORB, nach Babelsberg kommen sollte. Schon damals hatte Thomas die Entwicklung Babelsbergs als wichtigen Medienstandort im Auge und sah in einer Installierung des ORB auf dem Terrain ein wegweisendes Signal.

In den ersten Jahren bestand Thomas' wichtigste Aufgabe darin, notwendige Strukturen für eine demokratische Pressearbeit aufzubauen. Zu Anfang war davon nichts zu spüren. In der Potsdamer Heinrich-Mann-Allee, dem Gebäude des früheren Rats des Bezirks, saß Thomas auf dem Flur an einem Tisch mit zwei Stühlen. Über ein Telefon mit Westanschluß verfügte er anfangs nicht. In dieser Zeit waren, außer ein paar wenigen West-Journalisten die meisten, mit denen Thomas damals zu tun hatte, Berufsanfänger oder Kollegen aus dem Osten, die den Umgang mit einer freien Presse zunächst lernen mußten. Thomas regte die Einrichtung einer Landespressekonferenz an, auf der Journalisten der Regierung Fragen zu bestimmten, vorher festgelegten Themen stellen konnten. Es dauerte Monate, bis zum erstenmal eine substantielle Frage an die Politiker gerichtet wurde. Bis dahin war ein gewisser Einübungsprozeß nowendig, um die Grundlagen für einen vernünftigen Umgang zwischen den politisch Agierenden in Regierung und Parlament und der Presse zu legen. Eine wichtige Aufgabe hierbei war der Abbau von gegenseitigen Ängsten. Für manche DDR-Politiker war es überdies unvorstellbar, daß die Presse nicht auf Anweisung funktioniert. Immer wieder erhielt Thomas Beschwerden von Politikern über kritische ORB-Sendungen oder Artikel in Zeitungen, verbunden mit der Aufforderung, die Journalisten darauf hinzuweisen, daß man bestimmte Dinge nicht schreiben dürfe. Es hat eine Weile gedauert, bis alle den staatsunabhängigen Status der Medien akzeptierten.

Durch den Aufbau geeigneter Strukturen ist in Brandenburg ein bestimmter Stil im Umgang zwischen Politik und Presse entstanden, mit dem Thomas heute zufrieden ist. Während der Ampelkoalition, die es bis 1994 gab, war die Auseinandersetzung oft sehr lebendig. Dabei waren für Thomas seine Verbindungen in die Welt der Medien, der er selbst jahrzehntelang angehört hatte, sehr hilfreich. Er kannte die Bedürfnisse der Fernsehleute und Zeitungsjournalisten und wußte daher, worauf er bei seiner Arbeit Rücksicht zu nehmen hatte. Die Informationen, die sie erhielten, mußten verwertbar, sendbar, schreibbar sein. Thomas hat die Journalisten bei ihren Recherchen unterstützt, ihnen ausreichend Material für Veröffentlichungen gegeben, Vorgänge in einer Form präsentiert, die ihnen die Darstellung erleichterte. Eine neue Einrichtung war das sogenannte *stake-out*, das Thomas in den USA kennengelernt hatte, bei dem nach einem Gesprächstermin die Politiker vor die Presse treten, kurz über den Inhalt des Gesprächs informieren und auf ein paar Fragen antworten. So können auf schnellem Weg kurze und doch präzise Informationen an die Öffentlichkeit gelangen.

Thomas' journalistische Erfahrung ist das Pfund, mit dem er bis heute wuchert, und er glaubt, daß sie für seine Arbeit eine bessere Voraussetzung ist als die Verwaltungserfahrung eines Beamten.

Ganz besonders kam sie ihm zugute, als im Januar 1992 die große Debatte um Stolpe und die Staatssicherheit losbrach, sich über lange Zeit hinzog und mit einer Intensität geführt wurde, wie sie die Bundesrepublik vorher und danach nie erlebt hat. Trotz der inzwischen abgeschlossenene Untersuchungen, die Stolpe vom Vorwurf einer inoffiziellen Mitarbeit für die Stasi freigesprochen haben, ist das Bild des Politikers im Westen – *semper aliquid haeret* – bis heute mit einem Stigma versehen, das wohl nie ganz verschwinden wird. Stolpe ist aus diesem Geschehen als Gewinner hervorgegangen und erhielt bei den Wahlen 1994 die absolute Mehrheit.

Ein großer Teil der Westpresse war, wie sich Thomas erinnert, „auf Krieg eingestellt". Es wurde damals zuweilen mit Methoden gekämpft, die mit einer demokratischen Presse nicht mehr viel gemein hatten. Zugleich kam es vor, daß ihn die Chefredakteure großer Illustrierten anriefen und um Rat fragten. Thomas erklärte ihnen, daß es klüger wäre, sich nicht in die Phalanx derer einzureihen, die, auch um des Wettbewerbs willen, die totale Verfolgung betrieben, wie etwa Stefan Aust vom *Spiegel*.

Thomas war überzeugt, daß diese Kampagne nicht zum Erfolg führen würde. Er hatte in den Monaten während der Wende die Akteure des Geschehens kennengelernt, Leute aus der Bürgerbewegung, Journalistenkollegen, er hatte die Erstürmung der Stasi-Zentrale in der Normannenstraße miterlebt und viel über die Verhältnisse in der DDR vor der Wende erfahren. Bevor die Stolpe-Stasi-Debatte losbrach, hatte er eineinhalb Jahre lang an vielen Gesprächen des Ministerpräsidenten mit Dritten teilgenommen und dabei dessen große strategische Fähigkeiten und Intelligenz kennengelernt. So war es für Thomas undenkbar, daß ein im Vergleich zu Stolpe eher einfach strukturierter Mann wie sein Hauptgesprächspartner Roßberg ihn hätte „über den Tisch ziehen" können. Thomas war und ist überzeugt, daß es immer Stolpe war, der bei den unter den Bedingungen einer Diktatur nun einmal notwendigen Gesprächen mit der Stasi die Fäden in der Hand behielt.

In jener Zeit legte Thomas, wie er es nennt, einen Crash-Kurs in DDR-Geschichte ab.

In der Presse fanden sich nun fast jeden Tag neue Meldungen mit angeblichen Entdeckungen, die Stolpes Dienstbarkeit für die Stasi nachweisen sollten.

Auf jeden dieser Vorwürfe mußte Thomas reagieren, um die Presse zufriedenzustellen, die Situation zu beruhigen und die Vorwürfe einer Stasi-Mitarbeit Stolpes zu entkräften. Ein strategisches Prinzip konnte er damals nicht entwickeln, zu unterschiedlich, zu schnell und zu überraschend kamen immer neue Behauptungen auf.

Eines Tages erhielt Thomas den Anruf eines *Spiegel*-Redakteurs, der längere Zeit in der DDR Korrespondent gewesen war. Er habe, sagte dieser, einen ganzen Berg Papiere durchgesehen, die mit Stasi und Kirche zu tun hätten und in denen der Name IM-Sekretär auftauche. Er vermute, daß es sich dabei um Stolpe handele.

Der *Spiegel* bat um einen Gesprächs- und Fototermin mit Stolpe. Er wollte, wie Thomas vermutete, dem Ministerpräsidenten die Papiere vorlegen, ihm das Geständnis: „Ja, das bin ich" entlocken und daraus eine Titelgeschichte machen. Mit dem Direktor der Gauck-Behörde Geiger, den Thomas schätzte, weil er „kein Eiferer" war, und Justizminister Bräutigam wurde ein Treffen mit dem Stasi-Offizier Wiegand arrangiert, um herauszufinden, ob mit dem IM-Sekretär Manfred Stolpe gemeint sei.

Nach Stolpes Theorie waren sämtliche Papiere, die mit der Kirche zu tun hatten, unter dem Namen IM-Sekretär „in derselben Schublade" abgelegt worden, auch wenn er mit diesen Vorgängen selbst oft nichts zu tun gehabt hatte.

An einem Donnerstagnachmittag fand die Besprechung

mit Wiegand statt, in der dieser bestätigte, daß Stolpe als IM-Sekretär geführt worden war. Die Situation war prekär. Am nächsten Tag fand in Bonn im Bundesrat eine Abstimmung über eine Erhöhung der Mehrwertsteuer statt, der Stolpe im Unterschied zu den übrigen SPD-Ländern zustimmen wollte. Da die Enthüllung über den Zusammenhang zwischen Stolpe und dem IM-Sekretär kurz bevorstand, legte Thomas das Treffen mit dem *Spiegel* auf den Freitagnachmittag nach der Abstimmung im Bundesrat, damit Stolpes Entscheidung nicht fälschlich mit den neuen Veröffentlichungen in Zusammenhang gebracht werden konnte.

Nach dem Ende der Bundesratssitzung veranstaltete Thomas in Bonn ein Pressegespräch und gab eine Mitteilung über die gefundenen Papiere und den Vorgang „IM-Sekretär" heraus, die nun entsprechend dem wirklichen Sachverhalt eingeordnet und kommentiert werden konnten. Erst danach arrangierte Thomas das Treffen mit dem *Spiegel*-Redakteur, dem nun „die Exklusivität der Nachricht und damit der Wind aus den Segeln genommen war". Kommentar des Redakteurs: „Eins zu Null für Sie".

Immer wieder mußte Thomas während dieser Monate dafür sorgen, daß bestimmte Nachrichten nicht von der falschen Seite an die Öffentlichkeit gelangten. Einer seiner Hauptgegner im Kampf um eine sachliche Berichterstattung war Stefan Aust, der „in seinem Jagdfieber kaum zu bremsen war". Gern beteiligte sich auch die FAZ immer wieder an der Jagd auf den Sozialdemokraten Stolpe. Nach und nach wurde es zur Selbstverständlichkeit, daß Zeitungen irgendwelche Stasi-Notizen ungeprüft und ohne ihren Hintergrund zu recherchieren veröffentlichten. Die *Welt* kam eines Tages mit dem Aufmacher heraus „Stolpe hat Weizsäcker verraten". Sie berief sich dabei auf ein Papier, das mit „IM-Sekretär" unterschrieben war und Stasi-Aufzeichnungen aus verschiedenen Quellen über einen Besuch Richard von Weizsäckers in Ostberlin enthielt. Stolpe war zu diesem Zeitpunkt in Ungarn im Urlaub gewesen. Dies bestätigte wieder einmal die „Schubladentheorie". Weil Weizsäcker unter anderem auch mit Generalsuperintendent Kruse zusammengekommen war, hatte man den Vermerk der Kirche zugeordnet und daher mit IM-Sekretär unterzeichnet. Dieses und andere Beispiele ähnlicher Art haben Thomas dabei geholfen, die Mechanismen bloßzulegen, nach denen die Stasi Akten teilweise geführt und geordnet hatte.

Daß der *Spiegel* so oft mit Informationen aus der Gauck-Behörde aufwartete, kommentierte Thomas damals scherzhaft mit dem Satz: „Der *Spiegel* hat einen festen Schreibtisch in der Gauck-Behörde." Thomas erinnert sich, wie schwer es oft war, angemessen auf die Vielzahl von Notizen und Papieren aus Stasi-Hinterlassenschaften zu reagieren, die unablässig in der Öffentlichkeit auftauchten. Oft brauchte Manfred Stolpe einige Tage, bis er feststellen konnte, um welchen oft viele Jahre zurückliegenden Sachverhalt es sich handeln könnte, und kaum war eine Sache geklärt, tauchte die nächste auf. Bei dieser Arbeit waren Stolpes gutes Gedächtnis und sein solide geführtes Tagebuch von großem Nutzen.

Stolpe wurde durch die Medienkampagne zur, wie Thomas es nennt, „bestdurchleuchteten Figur der Republik". Was ihm dabei manchmal zugemutet wurde, war immens. Daß er diese Zeit überstanden und die ständigen Angriffe ausgehalten hat, erklärt sich Thomas mit Stolpes reinem Gewissen und seiner großen inneren Stärke.

Die allgemeine Situation der innerdeutschen Presse war damals, Anfang der neunziger Jahre, noch recht kompliziert. Die Westmedien begriffen erst nach und nach, welche Verhältnisse wirklich in der DDR geherrscht hatten, und lagen deshalb oft mit ihrem Urteil falsch, weil sie westliche Kriterien anlegten, die auf den Osten nicht übertragbar waren. Die Journalisten aus dem Osten hatten durch die genaue Kenntnis der Verhältnisse und durch eigenes Erleben mehr Verständnis für die komplizierte Situation im Zusammenhang mit der Stasi. Dann wiederum gab es Journalisten aus dem Westen, die zu DDR-Zeiten in Ost-Berlin Korrespondenten gewesen waren und bei ihrer Berichterstattung in hohem Maße von Bürgerrechtlern profitiert hatten. Diese haben sich auch nach der Wende stark an diese Gruppe gehalten und deren Meinung weitergegeben. Medienleute aus dem Westen ohne DDR-Erfahrung und ehemalige Korrespondenten, die sich auf die Bürgerrechtler stützten, waren in ihrer Darstellung oft nicht ganz unvoreingenommen, erstere durch mangelndes Wissen letztere durch die starke Parteinahme der Bürgerrechtler gegen Stolpe.

Weshalb gerade diese Gruppe, die zu DDR-Zeiten oft durch Stolpes Hilfe aus schwierigen Situationen herausgekommen waren, darunter Rainer Eppelmann, Bärbel Bohley, Freya Klier und viele andere, nun so radikal gegen ihn Stellung bezogen, erklärt sich Thomas vor allem mit ihrer tiefen Enttäuschung über den Wendeprozeß und die Einheit. Die Bürgerrechtler hatten sich eine andere DDR gewünscht und eine Wiedervereinigung abgelehnt. Zudem sahen sie es, wie er meint, ungern, daß Stolpe, der so lange Zeit eine Verbindungsstelle zwischen verschiedenen gesellschaftlichen Gruppen und dem Staat, aber auch zwischen der DDR-Führung und Bonn gewesen war, nun wieder eine bedeutende politische Position innehatte.

Besonders wichtig scheint es Thomas, daran zu erinnern, daß weder Helmut Kohl noch Wolfgang Schäuble noch sonst ein wichtiger Repräsentant der CDU jemals an der Stasi-Polemik gegen Stolpe teilnahm. Dies ist für ihn ein wichtiges Indiz dafür, daß man sich dort der Verdienste Stolpes um die deutsch-deutschen Beziehungen vor der Wende bewußt war. So gut wie jeder Besuch Stolpes bei hohen Repräsentanten der Kirche in Bonn wurde von politischer Seite zum Anlaß genommen, sich hinterher mit Stolpe zu treffen, meistens im

Kanzleramt. Stolpe hat in den Zeiten, in denen die Kontakte zwischen beiden Staaten begrenzt waren, dafür gesorgt, daß die Verbindungen nie abbrachen und wichtige Informationen ausgetauscht, Transfer von Hilfsgeldern oder humanitäre Aktionen möglich wurden. Daß die CDU ihren eigenen Parteifreund de Maizière, als gegen diesen Stasi-Vorwürfe erhoben wurden, opferte, hat Thomas nie ganz begriffen.

Nachdem die Medienaufmerksamkeit gegenüber dem Thema „Stolpe und Stasi" 1994 stark nachließ, konnte sich Erhard Thomas endlich verstärkt anderen Dingen zuwenden. Er hat in den letzten Jahren als Medienbeauftragter des Ministerpräsidenten wesentlich dazu beigetragen, den Medienstandort Babelsberg zu entwickeln und wichtige Firmen dort anzusiedeln. Durch den Hauptstadtumzug rechnet er in der nächsten Zeit mit mehr Betriebsamkeit und mehr journalistischen Anfragen, da die Berlin-Korrespondenten auch für Brandenburg akkreditiert sind. Der Stellenwert des kleinen Bundeslandes wird, wie er meint, durch die Nähe der Hauptstadt zunehmen. Manfred Stolpe hat 1999 den Vorsitz in der Ministerpräsidentenkonferenz, außerdem stehen Landtagswahlen vor der Tür, und so sieht Erhard Thomas keine ruhigen Zeiten auf sich zukommen.

Thomas, nicht nur wegen seines Humors und seines angenehmen Understatement in der Medienbranche allseits beliebt, denkt nicht an eine Rückkehr in sein früheres Metier. Brandenburg kann sich darüber freuen.

Der Sturm auf Potsdams Bastille

Gisela und Günther Rüdiger

Die Stubenrauchstraße am Griebnitzsee in Babelsberg gehört zu den geschichtsträchtigen Meilen der deutschen Historie. Hier lebte die Elite des Nazi-Regimes, dann die Nomenklatura der DDR, heute westdeutscher Geldadel.

Am Nachmittag des 11. September 1989 saßen dort zwei Astrophysiker unter einer hohen Blutbuche in einem nach zur NS-Zeit beliebten Prinzipien angelegten Park. Die dazugehörige Villa beherbergte die Theoretiker des astrophysikalischen Instituts der Akademie der Wissenschaften. Die beiden Astronomen blickten von oben auf das Wasser und sahen Ausflugsdampfer aus Westberlin vorbeifahren. Was Günther Rüdiger von seinem Kollegen Reinhard Meinel erfuhr, ließ ihn aufhorchen. Meinel berichtete, er habe am Vortag an der Gründung einer neuen Partei teilgenommen, im Haus von Robert Havemann in Grünhagen. Rüdiger, seit Jahren in regimekritischen Aktionen geübt, wußte, daß hier eine andere Qualität von Oppositionstätigkeit erreicht war: Eine neue Partei neben der SED zu gründen, war für DDR-Verhältnisse phänomenal. Rüdiger war sicher, daß die Stasi ihr Augenmerk nun noch intensiver auf ihr Institut richten würde, das bereits mehrfach durch ungewöhnliche Aktionen und Veranstaltungen aufgefallen war, was sich später bei der Einsicht in seine ausführliche Stasi-Opferakte bestätigte, in der er damals unter dem Namen „Grenze" einer „Operativen Personenkontrolle" unterzogen worden war.

Erst vor kurzem hatte Rüdiger mit einem befreundeten Kollegen einen internationalen Kongreß in Helsinki geplant, eine einzigartige Gelegenheit zur Begegnung mit Wissenschaftlern aus dem Westen, und nun fürchtete er, seine Reise nach Helsinki sei gefährdet.

Das Neue Forum, so der Name der neuen Partei, brauchte

Rüdigers Meinung nach eine integre, prominente Persönlichkeit als Zugpferd, damit sie überhaupt eine Chance hatte. Er erinnerte sich an die guten Kontakte zu Christa Wolf, die er mehrmals zu Lesungen eingeladen hatte, als ihre Bücher in der DDR nicht erscheinen durften, und mit der er und einige Physikerkollegen gut bekannt waren. Vierzehn Tage nach Gründung des Neuen Forums lud Rüdiger Christa Wolf nach Babelsberg ein und bat sie um Unterstützung der Gruppierung. Nach aufmerksamem Studium der Grundsatzerklärung des Neuen Forums lehnte Wolf trotz ihrer Sympathie für die Potsdamer Astrophysiker ab. Das Wort Sozialismus kam darin nicht vor, und da sie sich ihm verpflichtet fühlte, konnte sie sich mit den Zielen der neuen Partei nicht identifizieren. Christa Wolf wandte sich *Demokratie jetzt* zu, einer Gruppierung, die sich am 12. September konstituiert hatte und dafür eintrat, daß „... die sozialistische Revolution, die in der Verstaatlichung steckengeblieben ist, weitergeführt und damit zukunftsfähig gemacht wird".

Rüdiger versuchte weiter, prominente Intellektuelle für das Neue Forum zu gewinnen, mit geringem Erfolg. Bis zum Fall der Mauer gelang es, achthundert Sympathisanten-Unterschriften und etwa 450 Mitglieder in Potsdam zu werben.

Den Abend des 9. November verbrachte Günther Rüdiger bei seinem Freund, dem Defa-Regisseur Rainer Simon, und sie diskutierten, wie so häufig, über Politik. Sie hatten schon einigen Rotwein getrunken, als Simons Tochter Jana anrief und von den Vorgängen in Berlin berichtete. Rüdiger und Simon sahen sich die Berichte im Fernsehen an, und gegen 23 Uhr ging Rüdiger nach Hause. Es war nach dem Weingenuß nicht opportun, noch Auto zu fahren, außerdem war der Weg nach Berlin weit, da die Glienicker Brücke geschlossen war. Rüdiger, seine Frau Gisela und ihr Sohn Sten beschlossen, sich am nächsten Morgen nach Berlin aufzumachen. Nur in der Nacht vom 9. auf den 10. November war es möglich gewesen, ohne Visum über die Grenze zu gehen. Am nächsten Morgen mußte, wer in den Westen fahren wollte, entsprechende Papiere besorgen. In einer Potsdamer Turnhalle warteten lange Schlangen von Menschen geduldig und in bester Stimmung auf ihren Stempel. Gegen halb zwei waren für die Familie Rüdiger alle Ausreisemodalitäten erledigt, die Fahrt nach Berlin konnte beginnen.

Es war der erste Tag in der DDR, an dem sie Leute sahen, die aus politischen Gründen freiwillig ihren Arbeitsplatz im Stich ließen und einfach davonliefen. Als Gisela Rüdiger, bevor sie nach Berlin fuhren, in dem Ingenieurbüro, in dem sie als Programmiererin arbeitete, nach ihren Kollegen schaute, war kaum jemand da, und die meisten Türen standen offen.

Da sie keine Karte von Westberlin besaßen – erst ein paar Tage später schenkten Rüdiger im Westberliner Ortsteil Kladow, als er dort über das Neue Forum berichtete, interessierte Bürger einen Stadtplan –, folgten die Rüdigers den anderen Trabis über die Autobahn Richtung Berlin. Zum erstenmal sahen sie mit einigem Entsetzen den Übergang Dreilinden, „diese riesige Menschendurchschleusmaschine". Nach der Ausfahrt Wannsee standen an den Straßen Leute, die höchst erstaunt, aber fröhlich auf die Trabikolonne blickten und freundlich winkten. In Berlin-Steglitz holten sie bei einer Bank das Begrüßungsgeld ab, reihten sich wieder in die Trabi-Schlange ein und fuhren weiter über die Potsdamer Straße bis ins Zentrum und zum Brandenburger Tor. Das dort aufgestellte Schild „Sie verlassen den amerikanischen Sektor" hatte jemand mit dem Zusatz „Wie denn?" versehen. Es herrschte heitere Stimmung und allgemeine Euphorie.

Doch in der Menschenmenge wurde Günther Rüdiger nachdenklich. Die vielen Leute, die mit Hammer und Meißel auf der Mauer herumklopften, waren für ihn ein bedrohliches Zeichen dafür, daß die politische Entwicklung aus dem Ruder lief. Er hatte das Gefühl, daß die Politik nun dem Neuen Forum entgleiten würde und der neuen demokratischen Bewegung in der DDR die Erosion drohte. Er ahnte das Ende der Bürgerbewegung und fragte sich, was jetzt geschehen würde. Wenn die Mauer wirklich weg wäre, gäbe es auch die DDR nicht mehr, und damit würde bald eine neue Gesellschaftsordnung herrschen. Durch einen Systemwechsel könnten die Menschen ihre Wohnungen verlieren, und was würde aus den Arbeitsplätzen?

Diese Fragen, die ihm in diesem Moment durch den Kopf schossen, sollten ihn in den nächsten Monaten intensiv beschäftigen. Das Neue Forum Potsdam richtete vor den Volkskammerwahlen ein Beratungstelefon ein, um Mitbürger zu informieren und aufzuklären. Zur *Allianz für Deutschland* äußerten die Berater sich kritisch und wiesen darauf hin, daß durch deren Politik die Wohn- und Eigentumsverhältnisse ganz anders werden würden.

An diesem Tag in Westberlin aber hatte Rüdiger bald wieder die heitere Stimmung über den Sieg der friedlichen Revolution ergriffen.

Es hieß, daß am Nachmittag Willy Brandt vor dem Schöneberger Rathaus sprechen würde. Diese Rede wollte die Familie Rüdiger gern miterleben, doch war die zuvor sicher zum Ziel führende Schlange der Trabis inzwischen im Berliner Verkehrschaos, das an diesem Tag kaum zu überbieten war, untergegangen. Nach langem Suchen gaben sie auf, stellten ihren Trabant an den Straßenrand und hörten sich die Ereignisse im Autoradio an. Dann fuhren sie zurück nach Hause. Über das Radio erfuhren sie, daß inzwischen die Glienicker Brücke geöffnet sei, und so fuhren sie über die Königstraße auf direktem Weg nach Potsdam zurück. Der gute Zustand dieser breiten Straße fiel ihnen auf, und bald sahen sie die Brücke zum erstenmal von der Westseite aus vor sich liegen. Auf der Brücke selbst blieb der Verkehr stecken, Hunderte von Menschen liefen dort herum, hatten Sekt mitgebracht und feierten begeistert die Öffnung der Grenzen.

Am nächsten Tag hielt Günther Rüdiger seine Eindrücke und Gedanken in einem Artikel in den *Potsdamer Neuesten Nachrichten* fest:

„Eine unvorstellbare Welle der Sympathie überdeckte den Abgasterror der mittlerweile weltbekannten Zweitaktfahrzeuge. Ich habe wildfremde Menschen umarmt und Sekt mit ihnen getrunken. Der Charme und die Freundlichkeit der Westberliner (und ihrer Polizei) ließ uns teilhaben an einem Jubel und einer Euphorie, die mit Recht unserer Revolution galten ... Auch die millionenstarke Organisation mit der schriftlich fixierten ‚führenden Rolle' hat, wie es scheint, sich zum Glück gleich mitbefreit ... [und hat] zurückgefunden zu ihrer ursprünglichen und eigentlichen Vision der sozialen und wirklichen Befreiung, die so lange mit Entmündigung verwechselt wurde. Wir wollen den ... kreativen, pluralistischen Sozialismus, der der Vernunft vertraut. Es ist der Sieg der bisher Beiseitegestellten in allen Teilen unserer Gesellschaft – mitten durchs Volk ging der Graben zwischen Opportunismus und stillem Zorn. Aber die heutige Stellung derer, denen das Karree der Kampfgruppen immer lieber gewesen ist als der runde Tisch des Dialogs, ist keine Niederlage der DDR. Der Traum von der gerechten und lebens- wie liebenswürdigen Gesellschaftsordnung auf deutschem Boden wird ... nicht zu Ende sein, aber es ist gewiß nicht der Traum des deutschlandliedsingenden Bundeskanzlers und auch nicht der Traum der Randalierer am Brandenburger Tor ..."

Das ist unsere Revolution, haltet euch da möglichst raus! war seine Botschaft an bestimmte Leute und Gruppen aus dem Westen.

Rüdiger erhielt auf den Artikel hin zahlreiche Anrufe von Unbekannten, die das Bedürfnis hatten, sich mit ihm über die Ereignisse auszutauschen. Es war die Zeit eines offenen Dialogs.

Die folgenden Wochen waren für Rüdiger von einer langsamen und oft irritierenden Veränderung des politischen Bildes bestimmt. Der Abschied von den gewohnten Verhältnissen war für niemanden leicht. Er fragte sich, welche Chancen sein Institut in Zukunft haben würde, ob er in seiner Wohnung bleiben könnte, da das Haus Westeigentümern gehörte, der Garten mitten in der Potsdamer Kulturlandschaft lag.

Doch prinzipiell war er froh über die Wende, auch als sich das Ende der DDR abzeichnete, das er sich, wie viele andere, so nicht gewünscht hatte.

Als er 1997 Gelegenheit erhielt, Einblick in seine Stasi-Akte zu nehmen, ein ausführliches Protokoll seines Tuns und Lassens, Berichte über seine „langjährige subversive Kulturarbeit" – ausgerechnet sein eigener Mentor, der Bereichsdirektor, hatte über Jahrzehnte der Stasi monatlich detailliert berichtet und seine politische Zuverlässigkeit in Zweifel gezogen –, wurde Rüdiger klar, daß er in der DDR nie eine wirkliche Chance gehabt hätte und die Wende ein Ende seiner wissenschaftlichen Karriere verhindert hat. Wie anders hatte sich sein jüngerer Kollege Meinel verhalten, der, als er Reisekader werden sollte, sich dafür einsetzte, daß zuerst Rüdiger reisen sollte, da er an der Reihe sei.

„Auf der Basis des Stasi-Materials könnte ich mühelos meine Memoiren schreiben, so genau ist das, was ich gesagt und getan habe, hier beschrieben", sagt Rüdiger über seine Akten. Er erfuhr daraus zum Beispiel, daß ein freundlicher Herr, der im Nachbarhochhaus wohnte und mit dem er montags regelmäßig ein Bier trank, ein Spitzel gewesen war. Ein eigentlich sympathischer Mensch, der immer einen neuen *Spiegel* zu Hause hatte und diesen Rüdiger bereitwilllig für ein paar Tage zur Lektüre überließ. Vor lauter Freude über diese Möglichkeit hatte Rüdiger, der die Zeitschrift erst donnerstags zurückgab, nicht realisiert, daß dieser Mann im Auftrag der Stasi zu erkunden suchte, was er und seine Freunde taten und dachten.

Manches, was er in den Akten zu lesen bekam, hat ihn amüsiert: So wurde er wegen seiner kulturellen Aktivitäten als „verrückt" bezeichnet, eine Eigenschaft, die „besonders Physikern" zugeschrieben wurde. Der Name, unter den man ihn bespitzelte, lautete „Quadrat", da er mit drei anderen zusammen kulturelle Abende organisierte.

Nicht immer sieht Rüdiger die Dinge mit so viel Humor. Oft fällt es ihm schwer, sich an die Jahre zu erinnern, in denen vieles, was er spontan tun wollte, nur im Geheimen und unter ständiger Unsicherheit und Bedrohung möglich war. Lange Zeit hielten die Behörden ihn für einen im Auftrag eines fremden Geheimdienstes tätigen Dissidenten. Rüdiger hatte schon in seiner Jenaer Studentenzeit kulturelle Veranstaltungen organisiert und den Kommilitonen Bücher zugänglich gemacht, die in der DDR nicht gelesen werden sollten.

Als er in das Astrophysikalische Institut der Akademie der Wissenschaften nach Potsdam kam, setzte er diese Aktivitäten fort. Gemeinsam mit Freunden und Kollegen veranstaltete er Lesungen unerwünschter Schriftsteller, Gespräche mit Malern und Regisseuren, als FDJ-Veranstaltungen getarnt. Christa Wolf hatte dort aus dem in der DDR zeitweise verbotenen *Nachdenken über Christa T.* gelesen, außerdem viele andere Autoren, die der Zensur nicht genehm waren. Solche Initiativen waren in der DDR, wie Rüdiger erzählt, eine Seltenheit. Zusammen mit Regisseuren der Defa veranstaltete er auch eine Filmreihe, die einmal im Monat im Alten Rathaus in Potsdam stattfand. Man lieh sich über Beziehungen für einen Abend Filme aus, die niemand sehen sollte, und brachte sie im Auto aus anderen Städten her, sogar Filme von Andrzej Wajda aus Warschau wurden gezeigt. Werbung wurde für diese Veranstaltungen nie gemacht, doch waren sie ein Geheimtip und immer gut besucht. Warum viele dieser Filme nicht gezeigt werden durften, hat Rüdiger nie begriffen. Ideologische Einwände jedenfalls konnte es kaum gegen sie geben. Zwei seltene Filme über Einstein und Max Planck, die er aus verschiedenen Archiven nach Potsdam geholt hatte, mußten fast heimlich vorgeführt werden, weil die Initiative dazu aus einer „freien Szene“ kam und die Filmvorführung nicht innerhalb des festgefügten Rahmens von Kulturbund-Veranstaltungen stattfand. Daß Rüdiger all dies um der Kultur willen, aus Lebensfreude und Vergnügen tat, war für die Behörden völlig unbegreiflich. Für sie konnte es sich nur um staatsfeindliche, von fremden Geheimdiensten gesteuerte Aktivitäten handeln. Dabei war die Entwicklung einer freien Szene, die Durchführung von Veranstaltungen, bei denen man niemanden um Rat oder Genehmigung fragen mußte, für Rüdiger ein existentielles Bedürfnis. Seine Phantasie in der Irreführung von Behörden war ausgeprägt. Manchmal wurden Vortragende sogar mit Zustimmung des Direktors vom Dienstwagen des Instituts abgeholt und wieder nach Hause gefahren. Wie Rüdiger heute aus seinen Stasi-Akten weiß, hat man sich dort oft die Frage gestellt, wie lange man ihn noch agieren lassen sollte. Er ist trotz seiner Aktivitäten bis zuletzt vor einer Verhaftung verschont geblieben, aber er bekam die Faust des Regimes zu spüren, wenn es um Reisen ins Ausland ging. Für einen Astrophysiker, dessen Fach von internationalen Kontakten lebt, war das von großem Nachteil. Niemals durfte er zu Veranstaltungen, zu denen auch Wissenschaftler aus dem Westen eingeladen waren, man ließ ihn nur zu marginalen Kongressen in Aserbaidschan und anderen abgelegenen Orten fahren. Alle wichtigen Begegnungen wurden ihm systematisch verweigert, und an seiner Stelle fuhren andere Kollegen.

Nur im Rahmen der Kirche, so erzählt Rüdiger, sei die Solidarität unter Kollegen groß gewesen. Wenn ein Mitglied einer zehnköpfigen Gruppe nicht reisen durfte, verzichteten alle und brachten die Behörden derart in Verlegenheit, daß schließlich die Ausreise doch für alle genehmigt wurde.

An Rüdigers Institut, das, da es zur Akademie der Wissenschaften und nicht zur Universität gehörte, einen gewissen privilegierten Status hatte – so gab es an der Akademie zum Beispiel keine paramilitärischen Einrichtungen wie die Kampfgruppen –, hatte sich eine kleine Gruppe regimekritischer Physiker zusammengeschlossen. In den achtziger Jahren planten sie gemeinsame Aktionen und trugen dazu bei, geistige Beweglichkeit zu fördern. Das Regime erodierte inzwischen an vielen Stellen, ganz besonders seit der KSZE-Schlußakte von Helsinki. Es gab immer mehr Menschen, die ausreisen konnten, von anderen Ländern und Begegnungen erzählten, neue Ideen mitbrachten, deren Verbreitung durch nichts aufzuhalten war. „Die DDR-Sozialisierung wurde durch diese Dinge erheblich gestört", erinnert sich Rüdiger, daran sei die DDR wirklich gestorben.

Durch alle diese Ereignisse sah er sich auch in seinen außerberuflichen Aktivitäten bestätigt, doch hat ihn bis zum Oktober '89 die Angst um seine berufliche Zukunft nie verlassen.

An der Neustrukturierung seines Instituts hatte er nach der Wende großen Anteil. Der Direktor wurde wegen seiner engen Zusammenarbeit mit dem Regime entlassen, es wurden einzelne Abteilungen gebildet, deren Leiter, „lauter integre und durchsetzungsfähige Leute", durch Mehrheitsbeschlüsse bestimmt wurden. Dadurch wurde die Effektivität der Forschungsarbeit gesichert, das Institut, das bereits vor der Wende einen guten internationalen Ruf hatte, am Leben erhalten. Rüdiger hat nach dem Fall der Mauer viele Monate im europäischen und nichteuropäischen Ausland verbracht und gehört heute zu den international bekannten Astrophysikern – eine späte Genugtuung für die Isolierung, der er zu DDR-Zeiten ausgesetzt war.

Auch nach dem Fall der Mauer hat Rüdiger gemeinsam mit seiner Frau Gisela sein politisches Engagement fortgesetzt, sie im Zusammenhang mit der Stasi-Auflösung und der Sicherung der Akten, er im Bereich der Kultur- und Wissenschaftspolitik.

Wer die ehemalige Villa des Nervenarztes Dr. Sinn in Babelsberg auf dem früheren Klinikgelände betreten will, wird kontrolliert und muß seinen Ausweis vorzeigen. Auch die Mitarbeiter des Hauses müssen sich Kontrollen unterziehen, damit keine Dokumente unbefugt nach außen gelangen, denn in diesem Haus befindet sich heute die Gauck-Behörde für den Bereich Potsdam. Der Schutz der Stasi-Akten ist gesetzliche Pflicht; es soll verhütet werden, daß Mißbrauch damit getrieben wird.

Die Leiterin der Gauck-Behörde, Gisela Rüdiger, ist seit September 1990 dort tätig, politisch aktiv war sie jedoch schon während der Zeit der friedlichen Revolution, im Sommer 1989. Auch nachdem die Mauer gefallen war, gab es noch viel zu tun, tatkräftige und engagierte Bürger waren gesucht, die ihre Freizeit zur Verfügung stellten und nicht der Meinung waren, jetzt habe man alles geschafft.

Nach Öffnung der Grenzen war eine neue Ära angebrochen, doch viele, die früher an der Macht gewesen waren, hatten noch immer ihre Positionen inne. Noch immer waren die Verwaltungen aktiv wie früher und hatten Zeit und Gelegenheit, Unmengen von Akten zu vernichten. Noch gab es keine Gauck-Behörde, keinen geregelten Schutz von Akten, und die Erinnerung an die dunklen Seiten der DDR drohte verlorenzugehen. Das Neue Forum in Potsdam und andere Gruppen wie ARGUS, die Arbeitsgemeinschaft für Stadtgestaltung und Umweltschutz, zu der auch der heutige Potsdamer Oberbürgermeister Matthias Platzeck gehörte, erkannten, daß die eigentliche Arbeit jetzt erst begann.

Am 3. Dezember erfuhr das Neue Forum, daß Gewerkschaften, Partei und Stasi Akten vernichteten. Es verlangte Aufklärung über das Geschehen durch Bürgermeister Bille und forderte die Staatsanwaltschaft auf, die Ausräumarbeiten der Bezirksverwaltung der Stasi zu kontrollieren. Dem Sprecherrat wurde zugesagt, daß die Vernichtung der Akten eingestellt würde. Die Räume sollten versiegelt, Bürgerkontrollen zugelassen werden.

Am späten Nachmittag des 5. Dezember gingen Gisela und Günther Rüdiger mit dem Neuen Forum in die Stasi-Zentrale in der Hegelallee. Zwei Kollegen aus dem Astrophysikalischen Institut führten dort bereits Gespräche mit der Bezirksleitung. Das Tor des bisher für Normalbürger unzugänglichen Geländes stand offen, und als sie eingetreten waren, tat sich, wie Günther Rüdiger erzählt, „ein monströses Stadtviertel" auf. Rüdiger zählte 1500 Bürofenster. Er rechnete sich aus, daß hinter jedem Fenster zwei Personen saßen, und später erfuhr er, daß im Bezirk Potsdam dreitausend Menschen hauptamtlich bei der Stasi arbeiteten.

Die Gruppe ging von Haus zu Haus, interessiert, erregt und auch amüsiert. Sie betraten ein Haus, einen Flur, ein Büro. Ein Mann, der sich dort aufhielt, erklärte: „Ich bin Auslandsspion, mich dürfen Sie hier nichts fragen."

Zum erstenmal sahen die Leute vom Neuen Forum Reißwölfe. In deren Nähe standen Säcke mit Papierschnitzeln, daneben leere Aktenordner, von denen man Schilder mit Namen und Nummern entfernt hatte. In einigen Räumen waren Staatsanwälte damit beschäftigt, Büros und Schränke zu versiegeln. Ob sie wirklich dabei waren, Unterlagen sicherzustellen? Früher hatten dieselben Herren dem Staat gedient, und niemand wollte ihnen so recht trauen.

Zwischen dem 5. Dezember 1989 und dem 10. Januar wurden dann tatsächlich versiegelte Räume in der Stasi-Zentrale erbrochen und weitere Akten vernichtet. Die alten Mächte waren immer noch am Werk.

Ein Mitglied des Neuen Forums machte nun den Vorschlag, das Stasi-Gefängnis in der Otto-Nuschke-Straße, inzwischen in Lindenstraße umbenannt, aufzusuchen. Günther und Gisela Rüdiger und acht Frauen machten sich auf den Weg. Die Tore waren geschlossen, die Fenster dunkel. Rüdiger klingelte. Eine Stimme fragte durch die Gegensprechanlage, wer dort sei. „Wir sind die Familie Rüdiger, wir wollen rein." In diesem Moment befand sich sein Kollege Meinel gerade im Zimmer des Chefs der Stasi-Bezirksleitung in der Hegelalle. Der Herr erhielt einen Anruf aus der Otto-Nuschke-Straße mit der Frage, was mit einer Familie Rüdiger zu tun sei, die in das Gefängnis hineinwolle. „Die müßt ihr reinlassen", antwortete der Bezirkschef nur.

Die Gefängnisbesucher erhielten Einlaß. Rüdiger glaubt, daß man ihn bei einem solchen Anliegen einen Tag zuvor noch in eine Nervenklinik gebracht hätte. Nicht einmal den Gehweg vor dem Haus in der Nuschke-Straße hatten Passanten sonst benutzt. An jenem Tag aber war alle Angst verflogen.

Das Tor öffnete sich. Dahinter befand sich eine Art Fallgitter, und dahinter wiederum standen etwa fünfzehn Gefängnisbeamte, die ihre Krawatten geraderückten und, obwohl sie bewaffnet waren, den Besuchern ängstlich entgegensahen.

„Neues Forum Potsdam, lassen Sie uns bitte ein", sagte Rüdiger freundlich. Nun öffnete sich auch das innere Gittertor, die Besucher wurden höflich empfangen: „Sehen Sie sich bitte um, auf uns können Sie rechnen." Viel Vertrauen hatte Rüdiger auch in diese Leute nicht, antwortete aber wie ein guter Revolutionär: „Wir werden uns und euch befreien." Die Gruppe machte sich auf den Weg zum Zimmer des Direktors. Es war mit Schrankwand und Westfernseher ausgestattet. Rüdiger sagte, bemüht, die Situation angemessen zu würdigen: „Das Neue Forum klagt Menschenrecht und -würde ein, nur deshalb sind wir hier, wieviel Gefangene haben Sie?"

„Fünf, alles Autoschieber."

Rüdiger erinnert sich, daß er und seine Begleiter bei dieser Antwort erstarrten. Ihm fiel ein, daß das Volk bei der Erstürmung der Pariser Bastille nur sechs Gefangene vorgefunden hatte, von denen einer auf Bitten seines Vaters inhaftiert worden war. Und jetzt ausgerechnet Autoschieber? „Wieso denn Autoschieber, wir sind doch hier bei der Staatssicherheit?“

Es folgte eine Erklärung des Direktors über die staatszersetzende Tätigkeit der Autoschieber. Die Kripo sei ihrer nicht Herr geworden, deshalb habe die Staatssicherheit einspringen müssen. Politische Gefangene gebe es seit Wochen nicht mehr. Unter „politischen“ waren im allgemeinen „Grenzverletzer“ und Ausreisewillige zu verstehen.

„Dürfen wir die Vernehmungsräume sehen?“ Auch dies wurde gestattet. Die Räume waren spärlich und zweckmäßig eingerichtet: Schreibtisch, Stühle, Lampe. Im sogenannten Verwaltungsraum standen Wäschekörbe und Kartons gefüllt mit Tonbändern, vermutlich alle bereits gelöscht. Auch Aktenordner waren dort, alle leer, wie Gisela Rüdiger feststellte, nur hier und da noch ein Name. Der Vollzugsleiter führte die Besucher durch eine Eisentür. Dahinter begann der Zellentrakt. Der Mann erklärte, daß es eine Abteilung für Untersuchungshaft und eine für Regelvollzug gebe. Inzwischen hatte sich eine Menschenmenge auf der Straße versammelt. Günther Rüdiger ging nach unten und sorgte dafür, daß auch die Neuankömmlinge in kleineren Gruppen zur Besichtigung zugelassen wurden. Ein paar Betrunkene „sortierte er vorher aus“.

Als er mit seiner Gruppe an jenem frühen Abend zu den Zellen der Autoschieber kam, lagen diese bereits im Bett und freuten sich über die Abwechslung. Zwei Pritschen standen in der engen Zelle, statt Fenstern gab es Glasbausteine, also nur gedämpftes Tageslicht ohne Blick nach draußen. Die nicht abgedeckte Toilette, so erklärten die Häftlinge, könne nur von außen abgezogen werden. Um die Bewacher darauf aufmerksam zu machen, mußten die Häftlinge einen Winker bedienen. Auch ein Stuhl mit einer Drehvorrichtung war da, um die Gefangenen bei Fotoaufnahmen in die richtige Position zu bringen.

Ganz so hart wie vor der friedlichen Revolution vom Oktober und November waren die Haftbedingungen nicht mehr, wie die Leute vom Neuen Forum feststellen konnten: Auf einem Klapptisch Westzigaretten in Hülle und Fülle, Westkosmetik im Regal, unterm Bett eine große Schüssel mit Äpfeln und Orangen. „Seit Oktober wird alles immer besser", erklärten die Häftlinge.

Die Autoschieber hatten in ihrer aktiven Zeit viel Geld verdient, die Nachfrage nach eingeschmuggelten Westautos war riesengroß, für einen VW wurden 150 000 Mark gezahlt. Sie hätten nur „den Markt bedient", sagten sie ohne das geringste Unrechtsbewußtsein zu den Besuchern. Mit der DDR wollten sie nichts mehr zu tun haben und verweigerten deshalb den Hofgang. Dieser fand für Untersuchungsgefangene unten im Hof in zwei Einzelzellen statt, „Laufkäfigen" mit grauen, schmutzigen Wänden, Betonfußboden und einem Dach aus Maschendraht. Im Hof überall Scheinwerfer und Stacheldraht, die verhindern sollten, daß die Gefangenen auf die Mauern klettern konnten.

Im Regelvollzug fand das Neue Forum Doppelzellen vor, groß genug, um durch ein drittes Bett ergänzt zu werden, damit niemand allein sein mußte, wenn die Zahl der Häftlinge ungerade war.

In einer wohnlich eingerichteten Zelle saßen an diesem Abend vier Frauen, die gerade die *Aktuelle Kamera* sahen. Sie hingen am Fernseher und fühlten sich gestört. Die Besucher sollten ein anderes Mal oder später wiederkommen, meinten sie. Gerade würde die Verbrechen von Parteifunktionären und hohen Regierungsmitgliedern aufgedeckt. Sie selbst seien zu Unrecht verurteilt worden, für Lappalien, mit viel zu hohen Strafen. „Die Regierung und die Partei, das sind die wahren Verbecher", sagten die Frauen energisch. Sie boten den Leuten vom Neuen Forum Süßigkeiten an, die ihnen die Anstaltsleitung zum ersten Advent geschenkt hatte, waren aufgeregt und besorgt. Das „Volk“ besuchte seine Inhaftierten, kontrollierte die Zustände im Gefängnis, aber die Frauen wollten nicht weg. „So gut wie hier hatten wir's nirgends“, sagten sie, es gebe viel Verbindendes: die Arbeit, das Backen am Wochenende, die Gespräche über die Kinder. Jetzt hätten sie Angst, weil mit der Revolution alles so unsicher wäre. Vor ihren Wärtern hingegen hätten sie sich nie gefürchtet, betonten sie.

Der Besuch des Neuen Forums hatte zur Folge, daß am nächsten Tag die Gefangenen vom Stasi-Gefängnis in der Nuschke-Straße in die allgemeine Justizvollzugsanstalt verlegt wurden.

Wenige Tage später, am 8. Dezember, veranstaltete ARGUS in der Nikolaikirche einen Informationsabend; ein Komitee zur Auflösung der Stasi war gebildet worden. Aufgabe dieses Komitees, „Rat der Volkskontrolle“ genannt, war es, die Stadtverwaltung zu kontrollieren. Es wurde auch ein Büro eingerichtet, das die Anfragen von Bürgern entgegennehmen sollte. In den nächsten Tagen und Wochen gingen die verschiedensten Anrufe ein: Das Militärarchiv fürchtete, daß Bürger das Archiv stürmen könnten. Angehörige einer Firma teilten mit, der Direktor habe Firmeneigentum entwendet und Amtsmißbrauch verübt. Jemand hatte gesehen, wie an dem außerhalb des Stadtzentrums gelegenen Hauptbahnhof Unterlagen vernichtet wurden. Verschiedene Bürger wiesen darauf hin, daß sich in ihrem Haus konspirative Wohnungen der Stasi befänden. Es gab auch Anfragen von Wohnungssuchenden, die, wie sie sagten, seit zehn Jahren auf eine Wohnung warteten und hofften, nach dem Fall der Mauer endlich eine zu erhalten. Ein Mitarbeiter der Staatsbank teilte mit, es seien Gelder in Millionenhöhe abgehoben worden. Es handelte sich hierbei vermutlich um Abfindungssummen, die die Stasi ihren hauptamtlichen und für die Zukunft arbeitslosen Mitarbeitern zahlte.

Am 25. Januar 1990 wurde bekannt, daß 8,9 Millionen

Mark an ehemalige Stasi-Mitarbeiter als Abfindung gezahlt worden waren.

Der Rat der Volkskontrolle konnte nicht in allen Fällen etwas unternehmen. Die fünfzehn Personen, die dort mitarbeiteten, konnten die Vielzahl der Probleme nicht allein bewältigen, zu wenige Menschen beteiligten sich an diesen demokratischen Aufräumarbeiten und überließen die eigentlich so wichtige Arbeit den Freiwilligen des Komitees. So konnten sich in Ruhe Seilschaften bilden, und diverse hauptamtliche Stasi-Mitarbeiter gelangten in die gerade neuentstehenden Arbeitsämter.

Der Rat der Volkskontrolle war bis zur Kommunalwahl im Mai 1990 tätig und überreichte dem ersten freigewählten Stadtparlament feierlich den Abschlußbericht. Man wollte die Volksvertreter damit auffordern, nicht zu vergessen, wofür im Herbst '89 gekämpft worden war.

Gisela Rüdiger arbeitete im Rat der Volkskontrolle mit, während ihre Freundin Uta Leichsenring, die heutige Polizeipräsidentin in Eberswalde, im Bürgerkomitee und später im Arbeitsstab für die Stasi-Unterlagen im Bezirk Potsdam tätig war. Diese Aufgabe lag beiden so sehr am Herzen, daß sie im Sommer 1990 beschlossen, sich künftig mit voller Kraft der Aufarbeitung der DDR-Vergangenheit zu widmen. Gisela Rüdiger gab ihre Stelle im Büro von ARGUS auf und erhielt einen Arbeitsvertrag vom Bevollmächtigen, der für den Bezirk Potsdam zuständig war, bevor das Land Brandenburg entstand. Im nächsten Jahr übernahm sie die Leitung der Außenstelle Potsdam der Gauck-Behörde. Zunächst waren sie dort zu dritt, dann wurden immer mehr Archivare und Sachbearbeiter eingestellt, um die Unmengen von Akten zu bewältigen. Am Anfang kümmerte sich jeder um alles. Gisela Rüdiger beriet Bürger in Fragen der Rehabilitierung, nahm Hinweise über konspirative Wohnungen und andere Einrichtungen der Stasi entgegen, dazu Beschwerden, daß irgendwo ein früherer

Stasi-Mann eingestellt worden sei; auch kam es vor, daß Leute darum baten, ihre Täterakten in Opferakten umzuwandeln, da in Wirklichkeit alles ganz anders sei. Bis heute gehen bei der Gauck-Behörde die unterschiedlichsten Schreiben ein. Immer wieder berichten Leute, in ihrem Dorf seien immer noch „die alten Seilschaften" am Werk, auch werden hin und wieder noch konspirative Wohnungen bekanntgemacht.

Bis heute ist die Gauck-Behörde nicht nur ein Archiv, sondern eine wichtige Anlaufstelle für Bürger, die in DDR-Zeiten Probleme mit dem Staat hatten. Pro Monat gehen 200 bis 250 Anträge auf Akteneinsicht ein. Oft fragen Bürger nach, wann sie endlich einen Termin bekommen. Aber die Bearbeitungszeiten sind lang, so daß heute erst die Anträge auf Akteneinsicht von 1995 genehmigt werden können. Wenn der Zeitpunkt gekommen ist, werden die Antragsteller eingeladen. Vor und nach dem Lesen der Akten finden, wenn es gewünscht wird, Beratungsgespräche statt. Das Prinzip der Aktenführung der Stasi wird erklärt, damit die Bürger sich in den Unterlagen zurechtfinden können. In kritischen Fällen, in denen die Leser der Akten mit gravierenden Informationen konfrontiert werden, bereitet man sie darauf vor. Fast alle Antragsteller nehmen diese Art von Beratung gern in Anspruch.

Gisela Rüdiger ist froh über ihre Arbeit, mit der sie auf sinnvolle Weise fortsetzen kann, was im Sommer '89 begonnen wurde. Sie ist nach wie vor überzeugt davon, daß die Arbeit der Gauck-Behörde sehr notwendig ist, denn noch immer haben viele Menschen unter den Folgen des DDR-Unrechts zu leiden, und Aufklärung kann in vielen Fällen helfen. Auch für Forschungszwecke wird das Archiv häufig in Anspruch genommen. Sie ist froh, daß man auf diese Weise der historischen Wahrheit näher kommt. Je mehr man über die dunklen Seiten des Regimes erfahre, desto besser, sagt sie. Zu diesem Zweck organisiert sie mehrmals im Jahr Informationsveranstaltungen, auf denen man die Behörde besichtigen, Dokumentationen und Lehrfilme der Staatssicherheit sehen kann, die vielen die Augen über die oft zynischen und menschenverachtenden Methoden der Stasi öffnen – ein Lehrstück über eine Diktatur, die das Leben vieler Menschen geprägt hat.

Während der Wende sind Gisela und Günther Rüdiger dem Verdacht nachgegangen, daß im Souterrain ihres Hauses eine konspirative Wohnung liege. Dort gab es seit Jahren ein Grafikerbüro, und Rüdiger hatte sich schon immer gewundert, daß die dort Tätigen eher bürgerlich-bieder als wie Künstler aussahen. Rüdiger klopfte an die Tür, ein Herr öffnete ihm und sagte, er könne sich ruhig umsehen, das Büro habe im Moment kaum Aufträge und sei deswegen so gut wie leer. In dem Raum stand ein Tisch mit einem alten schwarzen Telefon, darum vier durchgesessene Stühle, ein geöffneter Panzerschrank mit Illustrierten aller Art. Rüdiger, dem dies ganz unverdächtig erschien, erklärte dem Mann, es bestehe kein Verdacht mehr, daß es sich um eine Stasi-Einrichtung handele. Wenige Tage später war er Zuschauer in einer Talkshow, in der sein Kollege Rudolf Tschäpe, ebenfalls Mitglied des Neuen Forums, von seinem Besuch in verschiedenen konspirativen Wohnungen berichtete. Sie hatten überall gleich ausgesehen, und er beschrieb sie folgendermaßen: Ein Tisch mit einem alten schwarzen Telefon, darum vier durchgesessene Stühle, ein geöffneter Panzerschrank mit Illustrierten aller Art ... Also doch eine konspirative Wohnung im eigenen Haus, und das über Jahre. In den nächsten Wochen wurden die Reifen von Rüdigers Wagen zerstochen, die Autofenster eingeschlagen und ähnliches, Beweis genug, daß ihre Aufklärungsarbeit ins Schwarze getroffen hatte.

Gisela Rüdiger ist den im Sommer '89 begonnenen Weg seit der Wende konsequent weitergegangen, Günther Rüdiger hingegen ist im August 1990, nachdem die Wahl vom 18. März längst zu ungunsten des Neuen Forums entschieden und ein Ende der DDR abzusehen war, Mitglied der SPD geworden, ein

Schritt, der ihm sehr schwer gefallen ist, weil damit der Abschied von langgehegten Visionen verbunden und ein, wie Rüdiger sagt, „Bekenntnis zu Marktwirtschaft und Machtstreben“ impliziert war.

Im ersten Jahr nach der Wende hat er dank der neugewonnenen beruflichen Möglichkeiten an Universitäten im In- und Ausland gelehrt, heute kann er seiner Arbeit im Astrophysikalischen Institut und als Professor der Universität Potsdam uneingeschränkt nachgehen. Nebenher ist er weiterhin politisch aktiv, als Stadtverordneter in Potsdam kümmert er sich vorwiegend um kulturelle Belange, und setzt so auf andere Weise seine Arbeit von früher fort.

Sollte er je seine astrophysikalische Forschung beenden, würde er gern Bücher schreiben. Es ist zu hoffen, daß er mit oder ohne Hilfe der Stasi-Unterlagen eines Tages wirklich seine Memoiren verfaßt, denn Günther Rüdiger hat nicht nur ein abenteuerliches und vielseitiges Leben geführt, sondern kann auch wunderbar erzählen.

Gisela Rüdiger merkt man heute noch die Freude an, die die Ereignisse des Jahres 1989 in ihr ausgelöst haben. Mit heiterer Gelassenheit, aber auch beharrlicher Konsequenz spürt sie der DDR-Vergangenheit nach, eine historische und sogleich soziale Aufgabe, für Mitbürger und Gesellschaft gleichermaßen unerläßlich.

Vision und Wirklichkeit

Lothar Bisky

Es kann kein Zufall sein, daß Lothar Bisky den Abend, an dem die Mauer fiel, weder auf der Straße noch auf einer politischen Versammlung verbrachte, sondern auf der Premierenfeier des neuesten Films seines Freundes Heiner Carow, der 1973 mit *Die Legende von Paul und Paula* bekannt wurde, einem Film über individuelles Glück, Anpassung und Widerspruch in der DDR, dessen Entstehung die Kulturbürokratie mit Mißtrauen betrachtete. Am 9. November 1989 wurde Carows neuer Film *Coming out* uraufgeführt, ein in Biskys Augen „wunderbarer" Film, dessen Titel auf diesen Tag paßt wie kein zweiter. Doch geht es darin nicht um das Überschreiten politischer Grenzen, sondern um die Geschichte eines jungen Lehrers, der sich zu seiner Homosexualität bekennt.

Lothar Bisky verbrachte den Abend in der Welt, aus der er kommt und die bis heute seine geistige Heimat ist, mit seinen Freunden, die alle Filmemacher und Künstler sind. Er war als Rektor der international bekannten Hochschule für Film und Fernsehen in Babelsberg für viele Filmstudenten eine wichtige Leitfigur. Sie verdankten ihm Freiräume und die Möglichkeit, von der Zensur weitgehend unbehelligt, kreativ zu arbeiten, in der DDR keine Selbstverständlichkeit. Durch Biskys Intervention konnte der Dokumentationsfilm *Alfred* von Andreas Voigt realisiert werden, die Geschichte eines politisch engagierten Mannes, der in den zwanziger Jahren aus der KPD ausgeschlossen wurde, 1933 wieder eintrat und 1953 die Partei

erneut verlassen mußte, außerdem ein kritischer Film über die NVA von Andreas Dresen und ein Film über Punker von Bernd Sahling. Sie alle konnten sogar auf der jährlich stattfindenden Dok-Filmwoche in Leipzig gezeigt werden. Bisky war ein Hochschulrektor, der seinen Studenten nahestand und zur Verteidigung ihrer künstlerischen Freiheit Auseinandersetzungen mit den Kulturbehörden nicht scheute.

Am Abend des 9. November ging die Nachricht von der Maueröffnung im Premierenjubel beinahe unter. Erst am nächsten Tag wurde Lothar Bisky wirklich klar, was geschehen war. Daß dieses Ereignis sein Leben grundlegend verändern würde, ahnte er damals noch nicht.

Seit Wochen hatte sich Bisky und mit ihm viele Künstler und Schriftsteller in Diskussionen und Aufrufen für mehr Freiheit in der DDR engagiert. Bisky selbst hatte schon im Oktober als Rektor der Filmhochschule den Studenten die Vertrauensfrage gestellt und wäre auch bereit gewesen zurückzutreten. Er war der Meinung, daß alle Leute in führender Position sich in Abstimmungen demokratisch legitimieren lassen und im Fall einer Niederlage bereit sein sollten, ihren Posten aufzugeben. Nur so schien es ihm möglich, die DDR grundlegend zu erneuern. Bisky wurde einstimmig in seinem Amt bestätigt und freute sich auf neue Aufgaben, vor allem den seit langem geplanten Aufbau eines medienwissenschaftlichen Instituts. Bisher war er am Widerstand der Kulturbürokratie gescheitert.

In zahlreichen Aufrufen war in den Wochen vor dem Mauerfall mehr Demokratie gefordert worden. Gewaltenteilung als Voraussetzung einer unabhängigen Gesetzgebung, die Durchsetzung und Anwendung der Menschenrechte, die Abschaffung von Zensur, eine Reform der Wirtschaft durch Entbürokratisierung, eine Erneuerung der Bildung durch Demokratisierung von Lehrinhalten und -methoden gehörten zu den Zielen der Bewegung. Bisky war an der Hochschule immer wieder für mehr Freiheit, weniger Kontrolle und gegen die Einengung junger Filmschaffender eingetreten.

Am 4. November, als auf der größten nicht vom Staat verordneten Demonstration seit Gründung der DDR eine Million Menschen für Presse- und Versammlungsfreiheit demonstrierten, redete Bisky auf der anschließenden Kundgebung auf dem Alexanderplatz neben Stefan Heym, Christa Wolf, Friedrich Schorlemmer, Christoph Hein und vielen anderen. Seine Rede würde er heute, wie er sagt, noch ebenso halten. „Wir ermutigen unsere Studenten, sich einzumischen ohne Angst und Tabus. Sie sollen ihr Talent an den Themen und Stoffen enwikkeln, die sie wollen. Ohne Mut und volles Risiko wird es keine Kreativität geben." Bisky wandte sich ausdrücklich gegen die staatliche Zensur: „Wer an den Filmen und Sendungen der Jugend herumschneidet, verletzt mit seinen Instrumenten die Augen, das Ohr und das Empfinden der Jungen." Er forderte zur Zivilcourage auf und verurteilte Mittelmäßigkeit in der Kunst, die durch Anpassung und Konformismus entstehe. „Ich fürchte nicht die unbequemen Studenten, die auf Veränderungen von unannehmbaren Zuständen drängen, ich fürchte mehr diejenigen, die sich mit unannehmbaren Zuständen abfinden." Selbstkritisch fügte Bisky hinzu: „Mein Fehler und der vieler meiner Generation darf nicht wiederholt werden. Wir dürfen nichts auf die Umstände schieben. Wir müssen die Demokratie ernst nehmen."

Am Abend des 4. November rechnete niemand damit, daß nur wenige Tage später die Mauer fallen würde und das Ende der SED-Herrschaft kurz bevorstand. In den verschiedenen Ansprachen kamen Aufbruchstimmung, Reformwille und die Erwartung zum Ausdruck, daß die DDR in allernächster Zeit durch Veränderungen auf allen Gebieten zu einem anderen, einem demokratischen Land werden würde. Bisky lernte an diesem Tag Gregor Gysi und Friedrich Schorlemmer persönlich kennen. Besonders Schorlemmers Visionen von einer neuen Demokratie in der DDR teilte Bisky. Nicht nur, daß der Pfarrer aus Wittenberg als nachdenklicher, engagierter Mensch und nicht als besserwisserischer Verkünder auftrat, gefiel Bisky, sondern auch sein Anspruch, daß die Bevölkerung mit aufrechtem Gang ohne Duckmäusertum in demokratischem Miteinander leben sollte. Schorlemmers Forderung, die Unterdrückung Andersdenkender zu beenden, war seit langem auch Biskys Anliegen. Einige Jahre nach der Wende trafen Bisky und Schorlemmer anläßlich einer Diskussion erneut zusammen. Als sie ihre Reden vom 4. November verglichen, stellten sie fest, wie ähnlich ihre Forderungen nach mehr Mut, mehr Zivilcourage und Eigeninitiative für den demokratischen Dialog gewesen waren.

Schon am Abend der Kundgebung war der politische Weg, den die Redner für die DDR vorzeichneten, kaum noch begehbar. Der Druck auf die Regierung, die es versäumt hatte, ihren Bürgern rechtzeitig durch entsprechende Gesetze Reisefreiheit, Pressefreiheit und Versammlungsfreiheit zu verschaffen, nahm ständig zu. Die starre Haltung der SED-Führung angesichts der sich zuspitzenden Situation hatte die notwendigen Reformen verhindert, und so brach die Mauer, und alles wurde anders, als es in den Visionen der Opposition ausgesehen hatte.

Bisky reagierte zunächst ungläubig auf die Nachricht vom Mauerfall, und als er realisierte, was sie bedeutete, waren seine Gefühle zwiespältig. Die Öffnung der Grenzen erschien ihm vernünftig, zugleich wurde ihm klar, daß sie das Ende der DDR bedeutete. Die besondere Wirtschaftsform mit der hohen Subventionierung der Lebenshaltungskosten konnte nur in einem abgeschlossenen Binnenraum funktionieren. Die Maueröffnung erschien Bisky als Akt der Hilflosigkeit einer Regierung, die zu spät gehandelt und damit die Gelegenheit versäumt hatte, Voraussetzungen für eine geordnete Konföderation beider deutscher Staaten oder einer geregelten Vereinigung zu schaffen. So vollzog sich die Wende in seinen Augen schnell und „etwas wild“.

Die in schnellem Tempo vollzogene Einheit hat, wie Bisky meint, die richtigen Verlierer: die SED, die es nicht besser verdient hat, und die falschen Gewinner: denn nicht die, deren mutiger Widerstand die Wende herbeigeführt hat, profitieren am meisten von den Ereignissen, sondern der Westen, der sich einen großen Anteil der Werte und Güter des Ostens angeeignet hat. Die schnelle Währungsunion hat in Biskys Augen zum Zusammenbruch der DDR-Wirtschaft maßgeblich beigetragen. Viele Unternehmen konnten von diesem Moment an aus Konkurrenzgründen nicht mehr weiterbestehen, mit den bekannten Folgen hoher Arbeitslosigkeit und fehlender Zukunftsperspektiven für viele.

Lothar Bisky, der seit langem Mitglied der SED war und zu jenen gehörte, die oft in Opposition zur offiziellen Linie der Partei standen, trat nach der Wende für eine Erneuerung der Partei ein, die seit dem 16. Dezember 1989 SED-PDS hieß. Er wünschte sich wie mancher andere einen modernen Sozialismus, der sich nicht mehr an den dogmatischen Prinzipien der SED orientierte. Auch nach der Wende blieb Bisky überzeugter Sozialist, doch Politiker werden wollte er eigentlich nicht. Dafür war er zu sehr an seiner Hochschule engagiert und freute sich nach dem Ende der Repressalien durch SED-Funktionäre auf neue Arbeitsmöglichkeiten, vor allem im Bereich der Medienwissenschaften. Doch ließen die Verhältnisse es nicht zu, daß er Rektor der Hochschule blieb, obwohl ihn die Studenten ausdrücklich zum Bleiben aufgefordert hatten. Es gab Überlegungen, die HFF mit der Berliner Akademie für Film und Fernsehen oder der Hochschule der Künste zusammenzulegen, und eine solche Fusion wollte Bisky verhindern, damit die HFF ihre Autonomie behielt. Schon vor der Wende war sie eine Hochschule mit internationalem Ruf und einer exzellenten

Ausbildung gewesen, und er wollte, daß diese Tradition weitergeführt wurde. Zugleich erkannte Bisky, daß man niemals einen PDS-Rektor an einer Hochschule dulden würde. Einen Austritt aus der PDS aber lehnte er ab, um seine Glaubwürdigkeit bei den Studenten zu wahren, die in ihm einen aufrechten Sozialisten sahen.

So zog er die Konsequenzen und „geriet“ in die Politik. Wie er damals glaubte, nur für kürzere Zeit. Ein Jahr nach seinem Rücktritt als Rektor blieb Bisky noch Schatzmeister der weltweiten Organisation der Film- und Fernsehhochschulen. Bisky war in den Kreisen der Film- und Fernsehschaffenden international bekannt.

Sein Lebenstraum war nicht die Politik, sondern der Ausbau seiner Hochschule. Bis heute vermißt er diese Arbeit sehr und bedauert es, daß er seine Freunde, die nicht zur politischen Klasse gehören, sondern aus der Welt der Kultur kommen, seltener sieht als früher, weil ihn die Politik „ganz schön beansprucht“, wie er es bescheiden formuliert.

Seit der Konstituierung des Brandenburgischen Landtags war Bisky dort Fraktionsvorsitzender, und als Oppositionsführer spielte er eine wichtige Rolle beim Aufbau des neuen Landes, da seine Fraktion sich bei den zu erfüllenden Aufgaben durchaus konstruktiv gab, die Regierung unterstützte und dadurch dazu beitrug, die neue Demokratie in Brandenburg zu stabilisieren. Die erste Duldung einer SPD-Minderheitsregierung durch die PDS fand nicht erst in Sachsen-Anhalt statt, als dort Reinhard Höppner Regierungschef wurde, sondern schon vorher in Brandenburg, nachdem 1994 die Ampelkoalition in Potsdam durch den Austritt der Bürgerrechtler zerbrochen war, Manfred Stolpe die Mehrheit verloren hatte und die SPD Neuwahlen ablehnte.

Die Umstellung auf das Leben eines Politikers war eine Schwierigkeit, eine andere war die neue politische Kultur, die es in der DDR so nicht gegeben hatte. Damals war das Ausbleiben von Applaus nach einer Rede die höchste Form der Kritik in der Öffentlichkeit gewesen, jetzt aber waren die politischen Auseinandersetzung oft kaum noch sachlich und fair zu nennen. Oft sah sich Bisky heftigsten Angriffen ausgesetzt. „Man warf mir sämtliche Fehler des Realsozialismus vor, von den Exzessen der Oktoberrevolution über die Verfolgung der Mönche in Tibet, die Zerstörung des Volksliedschaffens in der Mongolei bis zu den Massenmorden Pol Pots." Auf solche Polemik war Bisky innerlich nicht vorbereitet. Mit Leuten, die ihn öffentlich attackieren, aber sobald die Kamera ausgeschaltet ist, zu anderen Menschen werden und sagen: „Herr Bisky, gehen wir ein Bier zusammen trinken", kann er nur mit Mühe umgehen.

Seit sich die PDS vor allem im Osten etablieren konnte, hat sich der Umgangston der Journalisten ein wenig gewandelt. Inzwischen gibt es Leute, die ihm ernsthafte Fragen stellen. Dennoch spürt er immer, wie wenig beliebt die PDS bei vielen ist. Den Vorwurf, es sei die Partei der früheren Machthaber, weist Bisky zurück. Nur vier Prozent der früheren SED-Mitglieder (1989 waren es 2,3 Millionen) sind heute in der PDS, und man verkennt in Biskys Augen, daß die PDS eine Kraft ist, die aus dem Osten kommt und für viele Menschen, die tatsächlich Linke sind, wichtig ist. Es gebe eine ganze Reihe Leute, denen man zugute halten müsse, daß sie ehrliche Sozialisten waren. Heute ist die PDS ein buntes Gemisch aus solchen, die früher aktiv waren, aber auch von Menschen, die in der DDR in der Opposition waren, von denen manche sogar in DDR-Gefängnissen gesessen haben. Hinzu kommen junge, innovative, kritische Geister, und alles zusammen ergibt eine für Bisky interessante plurale Zusammensetzung. Daß seine Partei eines Tages zur Normalität des politischen Alltags gehört und ebenso selbstverständlich Anerkennung findet wie die Linksparteien in Italien, Spanien oder Frankreich ist das politische Ziel, das Bisky gern in seiner Rolle als Parteivorsitzender erreichen möchte. Er sieht dieses Ziel nicht als unrealistisch an.

Inzwischen ist die PDS immerhin so hoffähig, daß ihr Vorsitzender zum Politischen Aschermittwoch in Aschaffenburg eingeladen wird. Und sogar CDU-Chef Wolfgang Schäuble hat dafür plädiert, frühere SED-Mitglieder in seine Partei aufzunehmen.

Eine für Bisky wenig erfreuliche Begleiterscheinung der PDS-Wahlerfolge im Osten und ihrer stärker werdenden aktiven Rolle in der Politik sind die Angriffe, die auch in diesem Zusammenhang allenthalben gegen die Partei gerichtet werden, oft von seiten wenig reflektierter Polemiker, die sich nie ernsthaft mit der PDS und ihrem Programm befaßt haben. Der Vorwurf, sie wolle wieder planwirtschaftliche Elemente in die Politik einführen, ist für Bisky absurd. Niemand hat sich seiner Meinung nach mit der Vergangenheit des realen Sozialismus in der DDR so intensiv auseinandergesetzt wie die PDS, die deshalb sehr genau um die Fehler und Schwächen dieses Systems weiß und erkannt hat, daß die Vergesellschaftung des Eigentums ebensowenig ein Allheilmittel ist wie eine Zentralisierung der Wirtschaft. Seine Partei wolle keine Rückkehr zum Realsozialismus, sagt Bisky, und in Mecklenburg und Sachsen-Anhalt sei erkennbar, daß die PDS durchaus konstruktive und umsetzbare Vorschläge macht. „Die PDS ist eine Partei, die seit der Wende viel gelernt hat, sich zunehmend verändert und immer realistischer wird, zugleich aber bestimmte Visionen und Positionen nicht aufgibt, zum Beispiel die Ablehnung von Militäreinsätzen im Ausland." Der Auftrag der Wähler an die Partei sei klar: Sie soll Einfluß auf das politische Geschehen nehmen, auch wenn sie nicht immer alles durchsetzen kann. Solange jeder fünfte im Osten PDS wählt, hat sie eine Existenzberechtigung, und die anderen Parteien werden sich, da ist Bisky sicher, mit der Zeit darauf einstellen. Ein Blick nach Magdeburg und Schwerin müßte der Öffentlichkeit eigentlich sagen, daß die PDS nicht dem Bild entspricht, das so oft von ihr gezeichnet wird. Besonders in der Sozialpolitik sind neue Impulse von ihre ausgegangen. Die Menschen müssen die Möglichkeit haben, mit Erwerbsarbeit ihren Lebensunterhalt zu verdienen, und die Frauen sollten dabei besonders berücksichtigt werden.

In Brandenburg, wo Bisky im Herbst 1999 als Spitzenkandidat gegen Manfred Stolpe in den Wahlkampf ziehen wird, will er erreichen, daß mehr Industrie angesiedelt wird, besonders mittelständische Unternehmen, die Arbeitsplätze schaffen. Aber auch einen öffentlich geförderten Arbeitssektor sollte es nach Biskys Meinung geben, der in Bereichen wie Ökologie, Sozialarbeit und Kultur wirksam wird und die Dauerarbeitslosigkeit mildert. Diese Vorstellungen seien durchaus realistisch, würden aber nicht akzeptiert, weil die PDS sie vorschlägt. Den ersten und zweiten Arbeitsmarkt und den öffentlich geförderten Sektor zusammenzufügen und die Arbeitszeit anders zu verteilen, Überstunden zu bekämpfen, damit man mehr Menschen beschäftigen kann, könnte dazu beitragen, daß man die Zweidrittelgesellschaft nicht zementiert. Wenn sich nichts ändert, besteht nach Biskys Meinung die Gefahr, daß ein ganzes Drittel der Gesellschaft sozial ausgegrenzt wird, oft junge Leute, die erst gar nicht in Arbeit kommen, sondern auf Sozialhife angewiesen sind und irgendwann mangels Erfahrung arbeitsunfähig werden. Bisky hält eine derartige Randstellung einer großen sozialen Gruppe für gefährlich; viele der zehn Prozent DVU-Wähler in Sachsen-Anhalt seien durch ihre Verzweiflung motiviert gewesen. Bisky sieht einen engen Zusammenhang zwischen dem Rechtsextremismus und den Problemen auf dem Arbeitsmarkt. Im Winter 1998/99 ist er durch alle Kreise Brandenburgs gereist, um sich ein Bild von der Situation des Rechtsradikalismus zu machen. Er hat dabei den Eindruck gewonnen, daß dieser über einen sehr fruchtbaren Nährboden verfügt und daß jederzeit überall wieder fremdenfeindliche, nationalistische Angriffe auf Ausländer geschehen können.

Bisky rechnet gerade angesichts der immer neuen Angriffe auf Ausländer nicht mit einer schnellen Lösung des Problems. Ein mögliches Heilmittel scheint ihm die Schaffung von Arbeit, die Förderung von mehr Erziehung, mehr Bildung, mehr Kultur zu sein. Um andere zu verstehen, bedarf es nach Biskys Meinung eines differenzierten Wissens um fremde Länder und Kulturen. Ohne ein gewisses Bildungsfundament kann es keine tolerante Haltung geben, können dumpfe nationalistische Empfindungen leicht Besitz von Menschen ergreifen, die keine Arbeit haben und sich dessen schämen und denen oft als einziges bleibt, sich als Deutsche zu empfinden und sich über andere zu erheben. Bisky ist der Meinung, daß „ein komplexes Bündel an Maßnahmen" zur Bekämpfung des Rechtsradikalismus geschaffen werden muß, im Zusammenspiel aller Parteien. In diesem Zusammenhang bedauert er, daß man die frühere antifaschistische Kultur „in Bausch und Bogen weggeschoben" hat, wie fast alles, was aus der DDR kam. In Literatur, Musik, Theater und im Film wurden zahlreiche Kenntnisse über die Schrecken des Faschismus vermittelt. Mittlerweile sind alle diese Werke kaum noch zugänglich, aber gerade in der heutigen Situation würden sie nützen. Daß der antifaschistische Film eine große Tradition hatte und vielen Menschen die Augen über rechtsradikale Auswüchse geöffnet hat, wird heute vollkommen vergessen.

Zwischen 1992 und 1994 leitete Lothar Bisky im Landtag Brandenburg den parlamentarischen Untersuchungsausschuß, der sich mit den Stasi-Kontakten des Ministerpräsidenten beschäftigte. Augenzeugen betonen, wie ruhig, sachlich, präzise, fair und moderat Biskys Verhandlungsführung gewesen ist. Er leitete in den zweieinhalb Jahren zahlreiche Sitzungen, vernahm Hunderte von Zeugen, die nicht alle einfache Gesprächspartner waren, prüfte unzählige Aussagen und

Schriftstücke. Er hat dabei nie die Geduld verloren und die Arbeit bis zum Ende ebenso gewissenhaft fortgesetzt, wie er sie begonnen hatte. Die schwierige und langwierige Aufgabe, Licht in die Aktivitäten Manfred Stolpes zu DDR-Zeiten und in die besonderen Verhältnisse und Kommunikationsformen dieses autoritären Staates zu bringen, hält Bisky bis heute für enorm wichtig. Der Ausschuß erforschte alles, was festzustellen war, und seine Arbeit hat bis heute Bestand, denn keines der Ergebnisse ist seither widerlegt worden. Die Arbeit geschah unter ungeheurem öffentlichen Druck, da in der Presse und den Medien ständig Beiträge mit unbewiesenen Behauptungen erschienen. Bisky lag bei seiner Arbeit auch daran, im Umgang mit der Vergangenheit und der Biographie von Menschen in der DDR das richtige Maß anzuwenden, keine Vorverurteilungen gelten zu lassen und alle Fakten genau zu prüfen. In den zweieinhalb Jahren wurde Bisky immer wieder am Telefon von Leuten mit Worten wie „endlich weg mit dem", „jetzt haben wir den Beweis" und ähnlichem bedrängt. Bisky ließ sich von solchen Provokationen nicht beeindrucken und prüfte alle Vorwürfe sachlich und genau.

Er hätte vielen anderen DDR-Bürgern auch einen solchen Untersuchungsausschuß gewünscht, damit sie Gelegenheit gehabt hätten, gerecht beurteilt statt diffamiert zu werden. Er ist überzeugt, daß man heute viel offenener und angstfreier über die DDR-Vergangenheit reden könnte, wenn man sich von Anfang zu einem differenzierten Umgang mit den Biographien entschlossen hätte. Er hat viele Menschen kennengelernt, die wegen angeblicher Spitzeltätigkeit vom Dienst suspendiert worden waren, dann aber rehabilitiert wurden, weil die Vorwürfe ungerechtfertigt waren. Aber es ist auch vorgekommen, daß trotz erwiesener Unschuld eine Rehabilitierung nicht erfolgt ist. Nicht immer konnten durch Gerichtsverfahren die Dinge wieder ins rechte Lot gerückt werden.

Während der Untersuchungen zur Person Stolpe hatte

Bisky oft mit der Gauck-Behörde zu tun. Den damaligen Direktor Geiger schätzte er. Die Zuarbeit der Behörde sei bürokratisch korrekt gewesen, wenn er um Unterlagen gebeten habe. Oft aber seien bestimmte Papiere eher in Form von Beweisanträgen mit staatsanwaltlicher Argumentation als neutral präsentiert worden, was eine unparteiische Arbeit erschwert habe. Manchmal hatte er auch den Eindruck, daß entgegen dem allgemeinen Wissen, daß nicht alles, was die Stasi aufschrieb, der Realität standhielt, die Akten in ihrer Bedeutung überbewertet wurden. Die Behörde habe Beweisstücke anerkannt, die in anderem Zusammenhang genau das Gegenteil hätten beweisen können. Mitunter habe sie auch bei gleichen Sachverhalten unterschiedlich geurteilt. Inzwischen ist nachgewiesen, daß die Akten etwa bei operativen Vorgängen gegen Gregor Gysi Fehler enthielten. Auch das übertriebene Interesse der Gauck-Behörde, in die Medien zu kommen, sieht Bisky kritisch. Dadurch sei es mehrfach zu Vorverurteilungen gekommen, ehe man die Sachlage habe prüfen können. Was bei Stolpe gelungen sei, nämlich die Vorwürfe zu relativieren, sei ungeheuer zeitaufwendig gewesen und könne für andere nicht immer geleistet werden. Deshalb wünschte sich Bisky etwas mehr Zurückhaltung von seiten der Behörde.

Daß diese Einrichtung weiterexistiert, ist Bisky wichtig, weil sie zu einer differenzierten Beschäftigung mit der Vergangenheit und deren Aufarbeitung beitragen kann. Aber als Keule in einer politischen Auseinandersetzung dürfe sie in keinem Fall mißbraucht werden.

Problematisch war für Bisky zur Zeit des Untersuchungsausschusses die Haltung von Bündnis '90, dessen Vorwürfe gegen Stolpe er für nicht begründet hält. Die Kreuzige-ihn-Haltung mancher Bürgerrechtler sei nicht das richtige Mittel, um die Vergangenheit angemessen aufzuarbeiten. Ebensowenig hätten viele Beiträge in den Medien durch ihre Unsachlichkeit und ihr Ziel, Stolpe auf die Schlachtbank zu bringen, nicht zur

Erhellung der Zusammenhänge beigetragen, sondern eher erreicht, daß viele Menschen im Osten dieser Thematik überdrüssig geworden sind. Eine einseitige Geschichtsdeutung aus westlicher Sicht, nach der alle weißen Schafe im Westen und die schwarzen im Osten zu finden sind, hält Bisky für unzulässig. Er warnt auch deshalb vor allzu bemühten Geschichtsdeutungsversuchen aus dem Westen, weil die Leute im Osten sich heute in vielen Lebensbereichen nach westlichen Mustern richten müssen und zahlreiche durchaus vernünftige Einrichtungen in Sozialwesen und Kultur aus DDR-Zeiten nicht mehr existieren. Bisky hält es für klüger, die Unterschiede zwischen Ost und West *gegenseitig* zu erkennen und anzunehmen, was beiden Seiten als Bereicherung dienen kann. Dies wäre seiner Meinung nach besser als die Flucht vieler Ostdeutscher in eine sinnlose „Ostalgie".

Nur wer in der DDR gelebt habe, könne die Dinge wirklich beurteilen. DDR-Bürger wüßten trotz ihrer verschiedenen Erfahrungen mit dem Regime genau, wer ein Recht hat, sich zur Vergangenheit zu äußern. Während des Untersuchungsausschusses hatten sich manche Abgeordneten der brandenburgischen CDU, die früher brüderlich mit der SED zusammengearbeitet hatten, gegen Stolpe gestellt und sich verhalten, als seien sie im Widerstand gegen das DDR-Regime aktiv gewesen. Einen so unehrlichen Umgang mit der Vergangenheit lehnt Bisky ab und unterscheidet sich darin nicht von den Wählern, welche die Haltung der CDU nicht nachvollziehen konnten und deshalb Stolpe die absolute Mehrheit verschafft haben.

Die PDS kann sich freuen, daß Lothar Bisky nicht längst wieder zu seiner Lieblingsbeschäftigung, der Wissenschaft von Film, Fernsehen und Medien, zurückgekehrt ist, sondern ihr als Parteivorsitzender das ganze Spektrum seiner Fähigkeiten zur Verfügung stellt.

Freiheit in Anspruch nehmen

Klaus Eschen

Als Kind hatte er gerne zugehört, wenn sein Vater Fritz Eschen von den vielen Zügen erzählte, die von Berlin aus in alle Himmelsrichtungen in die großen Städte Europas fuhren. Als Jugendlicher träumte er davon, wieder vom Lehrter oder Anhalter Bahnhof nach Budapest, Leipzig, Dresden, Warschau oder Rom zu fahren. Doch dieser Traum war spätestens seit dem 13. August 1961 in weite Ferne gerückt. An diesem Tag arbeitete Eschen, engagiert von der Firma Telefunken, als Student beim Aufbau der Funkausstellung mit. Auf dem Weg dorthin las er im U-Bahnhof Zoologischer Garten den Hinweis, daß die Züge nur noch bis Schlesisches Tor verkehrten und die Grenzen geschlossen seien. Auf dem Messegelände am Funkturm war allenthalben die Rede davon, daß Ostberlin abgeriegelt war, und Telefunken gab den studentischen Helfern ab Mittag frei, damit sie demonstrieren konnten. Am Brandenburger Tor hatte sich eine große Menschenmenge versammelt, auf der Ostseite standen Betriebskampfgruppen und Grenzsoldaten, auf der Westseite Westberliner Polizei, die eine Konfrontation verhindern sollte. Von Truppen der Alliierten war nichts zu sehen.

Eschens Reaktion auf die Ereignisse war ambivalent. Einerseits war er empört und empfand den Mauerbau als Ausdruck von Schwäche und Dummheit eines Regimes, dem die Menschen davonliefen, andererseits sah er darin die Folge der Weltlage nach dem Zweitem Weltkrieg.

Schon in den Jahren vor dem Mauerbau war Eschen politisch interessiert. Mit dem in der Bundesrepublik und Westberlin herrschenden Antikommunismus hatte er sich gründlich auseinandergesetzt. In seinem Elternhaus wurde oft über Politik geredet. Eschens Vater war als Journalist und Fotograf Mitbegründer des Presseverbands in Westberlin, nachdem diese Institution im Osten zunehmend unter Einfluß der SED geraten war. Eschen las schon früh die verschiedenen Zeitungen aus den vier Sektoren, die sein Vater bezog und die mit der Lizenz der jeweiligen Besatzungsmacht erschienen. Er lernte unterschiedliche Meinungen kennen, erlebte viele Diskussionen, und politische Auseinandersetzungen aufgrund gegensätzlicher Auffassungen waren für ihn normal. Anfangs gehörte seine spontane Sympathie den freundlichen Amerikanern, die Kaugummi und Schokolade verteilten und deren Uniformen ihm besser gefielen als die der Russen. Zu Fritz Eschens Freundeskreis gehörten amerikanische Offiziere, von denen er Porträts machte. Während der Blockade hatte sein Sohn Klaus Eschen Flugzeuge gebastelt und Luftbrücke gespielt und die Amerikaner als Retter erlebt. Trotz dieser Vorzüge konnte Eschen die Russen nicht als Feinde betrachten, denn er lernte zu Hause auch Kommunisten kennen. Die westliche Propaganda, wie sie bisweilen von dem Berliner Kabarett *Die Insulaner* und anderen betrieben wurde, die Ressentiments gegen Russen und Kommunisten schürten und dabei den noch immer vorhandenen Rassismus der Deutschen aus der Zeit vor 1945 nutzten, machte ihn mißtrauisch: Russen wurden gemeinhin als dumme, kulturlose Vergewaltiger präsentiert, ihre Leistungen für Berlin nach der Befreiung im Mai 1945 ignoriert. Die Kommunisten, die Eschen kennengelernt hatte, entsprachen dem Klischee von Unbildung und Brutalität jedoch keineswegs, und dieser Widerspruch machte ihn nachdenklich.

In der Schule, die Eschen besuchte, fand im Unterricht eine Auseinandersetzung mit den Verbrechen der NS-Zeit und des Zweiten Weltkriegs statt, doch zur selben Zeit liefen im Kino Filme wie *08/15*, in denen die Wehrmacht in positivem Licht erschien, während die Nazis als Außenseiter dargestellt wurden – in weiterer Grund für Eschen, sich Gedanken zu machen und zu versuchen, sich eine eigene Meinung zu bilden. Daß er schon früh dazu in der Lage war, hatte mit der besonderen Situation seiner Familie zu tun. Eines der ersten Wörter seines Wortschatzes war „Zwangsarbeit". Sein Vater, der Jude war und nur durch eine „privilegierte Mischehe" vor der Deportation gerettet wurde, mußte bei der Eisenbahn Zwangsarbeit leisten. Eschen und sein Bruder Thomas waren in ihrer kindlichen Naivität stolz auf ihren Vater, der nun „Eisenbahner" war. Bis zu seiner Verhaftung bei der „Fabrikaktion" im Februar 1943 bemerkten sie nicht, in welcher Gefahr er sich befand. An diesem Tag kam ihre Mutter auch nicht nach Hause, da sie in der Rosenstraße für die Freilassung ihres Mannes demonstrierte, gemeinsam mit anderen Frauen, deren jüdische Männer verhaftet worden waren. Diese für NS-Zeiten außergewöhnliche Aktion führte zur Freilassung der Gefangenen und kann als Zeichen dafür gelten, daß es selbst in dieser Diktatur möglich war, Willkürakte durch Protest zu verhindern. Kurz nach Rückkehr des Vaters wurde Eschen mit seinem Bruder und der Mutter nach Schlesien und später nach Ostpreußen evakuiert. Der Bruder starb dort an einem Blinddarmdurchbruch, weil sich der Arzt geweigert hatte, das jüdische Kind zu behandeln. Den Tod des Bruders, die Bombennächte, die Angst um den Vater hat Eschen nie vergessen.

Nach Kriegsende und der Rückkehr nach Berlin hatte die Familie plötzlich wieder einen Sonderstatus. Die Eschens waren nun plötzlich etwas, was sie vorher nicht hatten sein dürfen: Juden. Sie erhielten bessere Lebensmittelkarten und Care-Pakete aus Amerika, und bald hieß es in ihrer Umgebung, eigentlich hätten die Juden den Krieg gewonnen und seien wieder etwas Besseres. Die wirklichen Opfer des Nazi-Regimes seien die Deutschen.

Klaus Eschen war, obwohl er in der Frontstadt Westberlin aufwuchs, ein Gegner des Kalten Krieges und begrüßte es, daß bald nach dem Bau der Mauer durch die Politik der SPD Bewegung in das erstarrte Verhältnis zwischen DDR und Bundesrepublik kam. Besonders die Ansätze zu einer Verständigung mit Osteuropa gefielen ihm, denn zum erstenmal wurde der Ostfeldzug der deutschen Wehmacht kritisch in Frage gestellt. Er galt nun als Verbrechen, für das man politisch-moralische Verantwortung trug. Die Zeit, in der Politiker wie Erich Mende sich mit dem Ritterkreuz schmücken konnten, ohne sich politisch unmöglich zu machen, ging zu Ende. Auch die Verunglimpfung Willy Brandts durch die bundesdeutschen Konservativen, der als Emigrant und wehrmachtsfeindlicher Vaterlandsverräter diffamiert worden war, wandelte sich allmählich, und als Brandt in den siebziger Jahren die Verständigungspolitik mit dem Osten umsetzte, wurde er sogar von den konservativen Wirtschaftsführern Bertold Beitz und Otto Wolff von Amerongen unterstützt. Diese hatten erkannt, welche wirtschaftlichen Möglichkeiten sich im Osten durch die neue Politik entwickeln könnten. Je weiter sich die Beziehung zur DDR durch die Ostverträge, das Viermächte-Abkommen und das Transitabkommen normalisierte, desto klarer wurde Eschen, daß auf Dauer nicht der Kommunismus, sondern der Kapitalismus in Europa erfolgreich sein würde. Die Reiseerleichterungen, die Möglichkeiten von Begegnungen zwischen Ost- und West-Bürgern, die Erfahrung von Freiheiten, setzten das DDR-Regime unter Druck. Es mußte das Leben seiner Bürger erleichtern, um sich bei ihnen nicht ganz unbeliebt zu machen. Mehr Freizügigkeit, mehr Innovation im politischen und kulturellen Leben, mehr Toleranz gegenüber Andersdenkenden wie Biermann und zahlreichen Schriftstellern hätte das Leben der Menschen bereichern können. All dies hätte nach Eschens Meinung das Ansehen der Regierung gestärkt und jenen, die in der DDR blieben und nicht in den Westen gingen, das Leben erträglicher gemacht. Auch die wirtschaftliche Entwicklung im Ostblock sah Eschen sehr kritisch. Wie sehr man von der Substanz lebte, fiel ihm besonders auf, als er die verfallenden Städte sah. Oft fragte er sich, ob der Osten insgeheim nicht eher als der Westen an eine Vereinigung Deutschlands dachte, die im Westen beschworen, aber nicht betrieben, und im Osten verbal abgelehnt wurde, aber auf einer Sub-Ebene ständig präsent war. Die Art, wie Westberlin sich städtebaulich entwickelte, war eine Abkehr vom Ostteil der Stadt. Straßen wie die Potsdamer Straße, die direkt ins frühere Zentrum führte, wurden unterbrochen, der Reichstag lag in mehr oder weniger verlassenem Gebiet, die Straßen führten an der Mauer vorbei und signalisierten damit das Desinteresse des Westens an dem, was auf der anderen Seite geschah. Im Osten hingegen führten die Straßen immer noch bis direkt an die Mauer, ein Symptom dafür, daß man dort keinen absoluten Schnitt vorgenommen hatte.

Den Abend des Mauerfalls verbrachte Eschen in Ostberlin. 1988 war in Westberlin ein Buch mit Fotografien seines Vaters aus der Nachkriegszeit erschienen, und der Ostberliner Verlag Berlin-Information wollte gern einen ähnlichen Band herausbringen. Da die Vorbereitung des Projekts mehrere Fahrten nach Ostberlin erforderte, erhielt Eschen ein Dauervisum, das ihm den Übergang nach Ostberlin über jede beliebige Grenzstelle ohne die Zahlung von Visa- und Umtauschgebühren ermöglichte. Er benutzte es häufig, und erlebte bei diesen Fahrten die Stadt bereits früher als Einheit. Er fühlte sich wegen seiner Bewegungsfreiheit privilegiert, heute hegt er allerdings ein gewisses Mißtrauen bezüglich der Herkunft des Visums.

In Ostberlin wurde damals sehr offen die Zukunft der DDR diskutiert. Eschen unterhielt sich bei seinen Besuchen mit vielen Bekannten, darunter Klaus und Gregor Gysi und verschiedenen Journalisten, die sich über eine mögliche Grenzöffnung Gedanken machten.

Am 9. November traf er sich mit dem Verleger im Café Lindenkorso an der Ecke Friedrichstraße / Unter den Linden. Hier liefen im Radio die Nachrichten vom „Feindsender“ RIAS, was Eschen noch zu diesem Zeitpunkt ungewöhnlich erschien.

Um 19 Uhr wurde die Meldung von der Maueröffnung gesendet. Aber sie verlief ohne spürbare Reaktion bei den Gästen. Keine Freude oder gar Jubel. Eschen fragte sich, ob die Anwesenden nicht begriffen, wovon die Rede war, oder ob es andere Gründe für ihre Zurückhaltung gab. Eine halbe Stunde später wurde erklärt, daß vom folgenden Tag an jeder DDR-Bürger ausreisen könne. Auch jetzt herrschte eher betretenes Schweigen, dann begannen Diskussionen, und Eschen hörte den Satz: „Ich versteh' unsere Führung nicht, wie können die das machen? Das ist doch das Ende."

Als Eschen zum Bahnhof Friedrichstraße ging, um von dort zu seiner Charlottenburger Wohnung zu fahren, begegnete er am Grenzkontrollpunkt Menschen, die desorientiert und ratlos schienen, manche von ihnen waren betrunken. Auf der Rückfahrt bemerkte er am Lehrter Stadtbahnhof ein Fernsehteam des SFB, zu Hause verfolgte er die Flut von Meldungen und Nachrichten. Er sah, wie im Bundestag die Nationalhymne gesungen wurde, und fürchtete das Aufkommen eines Gefühls von Großdeutschland.

Spät am Abend hörte Eschen im Radio Nachrichten und den Polizeifunk, erfuhr von den Massen, die sich nach Westen aufgemacht hatten und den Kurfürstendamm hinauffuhren, und begab sich daraufhin selbst dorthin. Aufgrund seiner Familiengeschichte hat Klaus Eschen Scheu vor jubelnden Massen. Als er die begeisterte Menge auf der Straße sah, freute er sich, daß die Mauer wohl wieder aus Berlin verschwinden würde, aber er sah auch eine schwierige Zeit voraus, stellte sich vor, daß viele dieser jubelnden Menschen bald desillusioniert sein würden und ganz neue Probleme zu bewältigen hätten.

Dem Gedanken einer Vereinigung stand Eschen skeptisch gegenüber, doch nach der Öffnung der Grenzen erschien sie ihm unvermeidlich. Zwei deutsche föderierte Staaten wären ihm lieber gewesen.

Klaus Eschen ist ein Mensch, der das Zeitgeschehen nicht

nur aus der Anschauung begleitet, sondern sich aktiv daran beteiligt.

Als er mit siebenundzwanzig Jahren sein Assessorexamen ablegte, wollte er die Juristerei aufgeben, weil sie ihm zu wenig Raum für soziales Engagement ließ. Er reiste für ein paar Monate nach London, um seinen Horizont zu erweitern, vor allem aber, um bildjournalistisch zu arbeiten. Eher zufällig und um irgendwo sein Praxisschild als Rechtsanwalt anbringen zu können, bot er nach seiner Rückkehr einem ehemaligen Schulkameraden, der inzwischen eine Anwaltskanzlei besaß und Horst Mahler hieß, seine Mitarbeit an. Er ahnte nur vage, auf welches Abenteuer er sich dabei einließ. Immer mehr junge Leute der damaligen Außerparlamentarischen Opposition gerieten wegen aus heutiger Sicht meist harmloser politischer Aktionen in Konflikt mit dem Staat. So führten der noch unerfahrene Anwalt Klaus Eschen und sein zunächst bürgerlich-liberaler Kollege Horst Mahler die ersten politischen Prozesse, die eine neue Epoche in der Rechtsgeschichte der Bundesrepublik einleiteten. Bisher hatte es keine solche politische Bewegung gegeben, und der Umgang der Justiz mit der Linken war von der antikommunistisch ausgerichteten Ära Adenauer geprägt. Durch die Berufsverbote für Mitglieder der 1968 gegründeten DKP glaubte man, der oppositionellen Linken schnell den Garaus machen zu können. Zum erstenmal seit den Prozessen gegen KPD-Mitglieder war es notwendig, Menschen zu verteidigen, die nicht mit der offiziellen politischen Linie der Bundesrepublik übereinstimmten und dies nicht nur öffentlich sagten, sondern auch politisch aktiv wurden und sich vielfältig organisierten. Im Verlauf dieser Prozesse wurden nicht nur die Angeklagten, sondern auch ihre Anwälte immer wieder verfolgt, namentlich von der rechten Presse, der Bild-Zeitung und anderer Springer-Blättern. Sie wurden diffamiert und gerieten unter öffentlichen Druck. Eine neue Form engagierter anwaltlicher Arbeit entwickelte sich und überraschte

Richter wie Staatsanwälte. Daran hatte, wie Eschen meint, nicht zuletzt die damals neu entwickelte Kopiertechnik von Rank-Xerox großen Anteil. Die „neuen" Anwälte brachten Kopien aller bisherigen Ermittlungs- und Verhandlungsergebnisse, Urteile oder Zeugenaussagen mit in den Gerichtssaal und hatten stets alle Fakten präsent, während Staatsanwälte noch jahrelang mit dünnen, nur aus ein paar Blättern bestehenden Akten erschienen. Es waren wachsame Anwälte, die sich für die Belange ihrer Klienten einsetzten, um diesen zu ihren ureigenen Rechten zu verhelfen. Zuvor war es allgemeiner Standard der Anwaltschaft, sich mit Richtern und Staatsanwälten, wie es die Nazis formuliert hatten, als „Kameraden in einer Rechtsfront" zu sehen. In ihrem Kampf um freie Meinungsäußerung oder faire Gerichtsverfahren gingen die Anwälte keineswegs, wie ihnen in den Medien vorgeworfen wurde, über die Grenzen des Rechtsstaats hinaus. In zahlreichen Verfahren wurden diese Behauptungen später widerlegt. In der Zeit des Terrorismus verteidigte Eschen Mitglieder der RAF. Auch hier war es immer sein Ziel, daß seine Mandanten erhielten, was ihnen in einem Rechtsstaat zustand: humane Haftbedingungen und faire Verfahren. Solche eigentlich selbstverständlichen Ansprüche mußten gerade in diesen Prozessen vehement verteidigt werden.

Nach Abschluß der teilweise äußerst langwierigen und für die Anwälte oft schwierigen RAF-Prozesse – oft wurden Angeklagte und Verteidiger in der Öffentlichkeit vorverurteilt, auch von manchen Staatsanwälten und Richtern – war Eschen bis zur Wende Anwalt in Berlin. Als bekannt wurde, daß die DDR Mitglieder der Roten Armee Fraktion aufgenommen und ihnen eine zweite Existenz ermöglicht hatte, war Eschen nicht überrascht. Inzwischen hat der Bundesgerichtshof festgestellt, daß die für diese Aktion verantwortlichen DDR-Funktionäre sich nicht strafbar gemacht haben. Auch Eschen sieht die Sache eher als Verdienst denn als Vergehen an, zumal hierdurch den vormaligen Terroristen eine neue friedliche Perspektive geboten und ein Bedrohungspotential für die Bundesrepublik neutralisiert wurde. Er vermutet sogar, daß der Maßnahme eine Art Einvernehmen zwischen DDR und Bundesrepublik vorausgegangen ist, da beide Seiten von einer solchen Entspannung profitierten. Für die Bundesrepublik begann eine innenpolitische Atempause, aufwendige und langwierige Prozesse mußten nicht geführt werden. Die DDR hatte ein Interesse daran, daß Terroristen nicht länger im Westen sozialistische Ideen kompromittieren, denn immerhin war durch dieAktionen der RAF das soziallliberale Klima in der Bundesrepublik erheblich geschwächt worden. Reformen des Prozeßrechts waren nicht mehr durchsetzbar, der Radikalenerlaß hatte stark zur Entliberalisierung beigetragen. In den Jahren der Teilung habe es inoffiziell, so glaubt Eschen, immer wieder bei wichtigen Themen eine Kooperation zwischen beiden deutschen Staaten gegeben. Das Beispiel der RAF-Mitglieder, die sich in der DDR eine neue Existenz aufbauen konnten, hält er für eines unter diversen anderen.

Aus der neuen Situation nach der Wende zog Klaus Eschen persönliche Konsequenzen. Trotz seiner Bedenken und Zweifel am Gelingen der deutschen Einheit und obwohl er bei ihrer Realisierung zahlreiche Risiken sah, besonders wirtschaftliche wie die Bedrohung von Arbeitsplätzen und sozialer Sicherheit, beschloß er, im Rahmen seiner Möglichkeiten an der Vereinigung der beiden Gesellschaften mitzuwirken, gab seine langjährige Arbeit als Anwalt auf und ging als Notar in das südlich von Berlin gelegene Teltow, eine kleine, im Bereich der Hochtechnologie aktive Industriestadt.

Bei seinen Mandanten aus der DDR hatte Eschen bereits als Rechtsanwalt nach 1990 eine andere Mentalität als im Westen kennengelernt. Wenn es galt, ihre Ansprüche gegen vermeintlich Mächtige durchzusetzen, hatten die Menschen wenig Vertrauen in das Recht. Sie hatten nicht die Erfahrung der

Bundesbürger, daß der Rechtsstaat gerade den Schutz des einzelnen gegen die wirtschaftlich oder politisch Stärkeren garantieren soll. Daher waren sie viel eher bereit, Kompromisse einzugehen und dadurch auf Rechte zu verzichten und klein beizugeben. Während in der DDR das Schicksal, das einen Bürger erwartete, weitgehend vorgezeichnet war – so wurden Wohnungen zugewiesen, zum Studium oder einer Ausbildung wurde man delegiert, Grundstückserwerb mußte genehmigt werden –, mußte er sich nun um alles selbst kümmern, Anträge stellen, seine Rechte in Anspruch nehmen, weil sie sonst verfielen. Eschen wollte dazu beitragen, daß sich auch im Osten eine Mentalität und ein Gefühl für Rechtsstaatlichkeit etablieren konnte, indem die Menschen konkrete Erfahrungen mit den Grundrechten der Verfassung und den Rechtsstaatsgarantien machten und lernten, daß es nicht mehr wie früher ein für alles zuständiges Gericht gibt, sondern ein Arbeitsgericht für Arbeitgeber-Arbeitnehmer-Verhältnisse, ein Sozialgericht für Rentenangelegenheiten und soziale Belange, ein Finanzgericht für Steuerangelegenheiten und ein Verwaltungsgericht, bei dem man Rechtsmittel gegen Verwaltungsentscheidungen von Kommunen, Ländern und Bund eingelegen kann. Eschen hat Wert darauf gelegt, daß die Leute die Erfahrung machen, daß Grundrechte sie vor mächtigen Gegnern schützen, sei es der Staat, Unternehmer, Vermieter oder Arbeitgeber. Die Fähigkeit, auf dem oft langen, verschlungenen Rechtsweg auch „hinter eine Kurve zu blicken und zu sehen, daß der Weg dahinter weitergeht", mußten viele erst durch Erfahrung erwerben. Bei Arbeitsgerichtsprozessen nach Abwicklung von Betrieben oder Institutionen waren Eschens Mandanten oft mit geradezu lächerlichen Abfindungen zufrieden, auch wenn er ihnen erklärte, daß sie am Ende vor dem Bundesarbeitsgericht durchaus Chancen für eine bessere Regelung hätten.

Eschen versucht bei seiner Arbeit, die Leute zu ermutigen,

Rechte wahrzunehmen, sich mehr auf den Rechtsstaat einzulassen. Besonders bei Auseinandersetzungen um Vermögensfragen glauben die Betroffenen oft, einen undurchdringlichen Dschungel vor sich zu haben, und sehen kaum eine Chance, sich darin zurechtzufinden. Doch nach Eschens Erfahrungen haben auch Dschungel ihre organische Systematik, und wenn man sie kennt, kann man sich dort durchaus orientieren und mit einiger Sicherheit hindurchkommen.

Zu DDR-Zeiten, als der Staat alles kontrollierte, auch private Angelegenheiten wie den Kauf von Grundstücken, wurde das Risiko von den Menschen weitgehend ferngehalten. Man brauchte sich nicht selbst um alle Einzelheiten zu kümmern. Ein Vertragsformular bestand damals aus zwei Blättern, einer Seite Vertragstext, einer Seite Personalien und einer Schlußformel mit dem Siegel. Heute umfassen die Verträge zehn Seiten, auf denen zahlreiche Details aufgezählt werden müssen. Dies führt zur Verwirrung, hat aber seinen Sinn darin, daß die Bürger sich im Unterschied zu früher selbst gegen vielfältige Risiken und Konflikte absichern müssen. Sie haben darauf zu achten, daß der Vertrag so gestaltet ist, daß er sie davor schützt, geschädigt oder getäuscht zu werden. Sie hierbei ausführlich zu beraten sieht Eschen als eine nützliche Aufgabe an.

Eine weitere wichtige Veränderung gegenüber früher ist die nun besonders spürbare Verbindlichkeit von Verträgen. Wer einmal ein Auto oder eine Waschmaschine gekauft hat, kann dies nur schwer rückgängig machen. In der Mangelgesellschaft DDR war das anders. Wenn man damals einen Vertrag über ein Auto oder einen anderen Gegenstand aufheben wollte, war in der Mangelgesellschaft stets eine Schlange von Wartenden bereit, in den Vertrag einzutreten. Nach 1990 kauften sich viele DDR-Bürger Dinge, die sie später nicht mehr haben wollten oder nicht bezahlen konnten. Jetzt war es extrem schwierig, aus einem Vertrag auszusteigen. Diese neue

Erfahrung erlebten sie nun als Ungerechtigkeit. Die DDR war kein Rechtsstaat, sondern ein „Gerechtigkeitsstaat".

Allerdings entschied in den meisten Dingen die Partei darüber, was „gerecht" war und was nicht. So konnten Antragsteller mit Gerechtigkeitsaspekten argumentieren, wenn sie eine neue Wohnung oder einen besseren Arbeitsplatz haben wollten, etwa damit, daß Kollegen gleiche Vergünstigungen hätten und sie sich folglich ungerecht behandelt fühlten. Auf diese Weise konnte man einiges erreichen, obwohl ein rechtlicher Anspruch nicht bestand, denn ein solches Gerechtigkeitsargument galt höher als manches Gesetz. Mit der gleichen Argumentation kam es aber auch zu rechtswidrigen Benachteiligungen, die ebenfalls vordergründig von den Funktionären mit dem Argument, es entspreche sozialistischer Gerechtigkeit, legitimiert wurden. Auch die Ausreisedrohung konnte dazu beitragen, bestimmte Ziele zu erreichen. Dies war allerdings riskant, denn das System reagierte keineswegs immer mit Nachgeben, sondern häufig mit Repressalien. Es hing davon ab, welcher Weg für das System der billigere und geeignetere war, den Konfliktstoff zu handhaben.

Vor allem Formalitäten, die bei einer rechtsstaatlichen Ordnung zur Sicherung gleichartiger Behandlung erforderlich sind, wie etwa die fristgerechte Abgabe eines Antrags, stießen in der ersten Zeit bei den Menschen auf wenig Verständnis: Warum sollte man eine Eingabe zu einem bestimmten Datum vor Mitternacht einwerfen, wenn der Behördenangestellte sie ohnehin nicht vor dem nächsten Vormittag zur Kenntnis nehmen konnte.

Das Grundgesetz kann von der Bevölkerung nur in dem Maße akzeptiert werden, in dem man es praktiziert und es Teil des täglichen Lebens wird. Grundrechte sind immer Rechtsgarantien für den oder die einzelnen und dienen Minderheiten als Schutz gegen Macht und Mehrheit. So ist die Pressefreiheit nicht für eine regierungsfreundliche Presse da, sondern für die Kritiker. Die Grundrechte ermöglichen dem einzelnen einen großen Handlungsspielraum. Allerdings ist Eschen der Auffassung, daß die „siamesische Zwillingsschwester jeden Grundrechts die Verantwortung" ist. So gehört zur Meinungsfreiheit, daß Bürger dieses Recht auch wahrnehmen. Informationsfreiheit impliziert zudem die Verpflichtung, sich auch aktiv zu informieren. Wer meint, Grundrechte seien Ruheplätze und man habe einen Anspruch, auf ihnen in Ruhe gelassen zu werden, hat zwar „recht", handelt aber verantwortungslos, weil er die Gestaltung der Realität anderen, meist nicht den Besten überläßt. Daß man die Grundrechte in Anspruch zu nehmen lernt, ist nach Eschen eine Frage der Erziehung, denn schon in Elternhaus und Schule können mutiges Handeln und Konfliktbereitschaft um einer wichtigen Sache willen gefördert werden. Ohne Vorbilder ist dieses Verhalten allerdings nicht einfach zu lernen. Eschen weist darauf hin, daß gesellschaftliche Fortschritte meistens von widerborstigen, unbequemen Menschen initiiert wurden. Deshalb hält er es für wichtig, daß Lehrer oder Eltern mit der Widerborstigkeit Jugendlicher richtig, das heißt konstruktiv, umgehen. Verbale Erziehung zur Demokratie in der Schule kann in seinen Augen wenig nützen, wenn sie nicht durch in der Praxis tätige Demokraten vorgeführt wird. In der Schule sind das die Lehrer, die sich für Belange der Schule und der Schüler gegen die Schulautoritäten einsetzen und auf diese Weise mehr tun, als nur ihre Pflichtstunden wahrzunehmen.

Auch in den alten Bundesländern ist die Wahrung der Verfassung ein wichtiges Thema. Auch dort sei, so Eschen, die Rechtspraxis oft weit hinter den Anforderungen des Grundgesetzes zurückgeblieben. In den fünfziger Jahren war die Praxis der Juristen durch Leute geprägt, die zum Teil mit ihrer Ausbildung noch aus der Kaiserzeit stammten, während der Weimarer Republik deutschnational und in der NS-Zeit zumindest Mitläufer gewesen waren. Rechte wie die Gleichstellung der

Frau wurden erst 1958 im BGB und auch damals nur unvollständig durchgesetzt. Realistisch gesehen, lassen sich die Grundrechte, zum Beispiel das Asylrecht oder das Recht auf freie Berufswahl, nur durchsetzen, wenn sie finanzierbar sind. Selbst das Rechtsstaatsprinzip kann durch Mangel an finanziellen Mitteln gefährdet und ausgehöhlt werden. Eschen hält es für entscheidend, daß die Bürger das Grundgesetz und vor allem die Grundrechte im Bewußtsein behalten und zum ständigen Maßstab machen. Nur so werden und bleiben sie lebendig.

Eschen bezweifelt, daß die Medien, die ja besonders von den Grundrechten der Meinungs-, der Kunst- und Pressefreiheit profitieren, immer verantwortungsvoll zur Wahrung dieser Standards beitragen. Gerade in Unterhaltungssendungen zeigt es sich, daß Grundrechtsgarantien für „Straftäter", die ja zunächst nur Verdächtige sind, sich als dramaturgisch wenig populär erweisen. Da wird um eines „Fahnungserfolges" willen zur Befriedigung des Zuschauers gelegentlich eine Aussage erpreßt oder eine Körperverletzung begangen. Hier werden auch für das reale Leben zumeist Maßstäbe gesetzt, Erwartungen geweckt, für die die Rechtsstaatsgarantien dann als vermeintliche Hindernisse in der Kriminalitätsbekämpfung abgewertet werden. Komplizierte Vorgänge werden vereinfacht, zwiespaltige Sachverhalte werden „mediengerecht geglättet" und damit verfälscht. Eschen verlangt daher von den Journalisten, daß sie sich gründlich informieren, präzise recherchieren, Zweifel artikulieren, damit sich die Leser oder Zuschauer ein eigenes Bild machen können. Eschen hält die Zukunft von Grundrechten und Rechtsstaatlichkeit für ungewiß und eher gefährdet. Grundrechte stehen ja immer auch „den anderen", also auch den „Kriminellen" zu. In der Bekämpfung etwa der Jugendkriminalität zeigt sich, daß die Neigung zu schnellen repressiven Lösungen populärer ist als der kostspieligere und mühevollere Weg der Resozialisierung, auch wenn letzterer, wie jeder Fachkundige weiß, nicht nur der rechtsstaatlich gebotene, sondern auch der wirksamere wäre. Die Freiheitsrechte zwingen zu ständiger Auseinandersetzung. In der Bevölkerung aber ist Streit keineswegs populär, auch wenn er produktiv, ja eine Bedingung für Fortschritt ist.

Politiker entscheiden sich in dem Interessenkonflikt zwischen ihrer politischen Moral und der Hoffnung, bei der Bevölkerung beliebt zu bleiben und damit wiedergewählt zu werden, zumeist für den Erhalt ihrer Macht. Dabei bleiben nicht selten sowohl die Sache als auch die demokratischen Grundsätze der Verfassung auf der Strecke. Sie geben sich immer weniger Mühe, sich zuverlässig zu informieren, die komplizierten Sachverhalte zu ergründen und sie der Bevölkerung auch gegen Widerstände, Vorurteile und Erwartungen darzustellen. Zunehmend werden politische Themen für populistische Politikansätze zur Begründung kurzschlüssiger, scheinbar pragmatischer Entscheidungen mißbraucht. Als Beispiel mag der schnelle Sinneswandel in der Frage der doppelten Staatsbürgerschaft für in Deutschland geborene Ausländerkinder gelten, der sich nach dem Ergebnis der Landtagswahl in Hessen 1999 bei der SPD abzeichnete. Für Eschen ist eine politische Auffassung wie eine Flamme: Je stärker der Wind wird, um sie zu löschen, desto mehr bedarf sie des Schutzes.

Für Eschen war die Forderung nach Wachsamkeit, damit Demokratie gelebt werden kann, immer wirksam. Er hat nicht vor, dies aufzugeben, gerade weil mit der deutschen Vereinigung so viele neue schwierige Aufgaben dazugekommen sind.

Bevor ich mir die Apokalypse ausdenke, beginnt schon die Gegenwart in mir

Gisela Oechelhaeuser

[Anmerkung der Autorin: Dieser Text entstand nach zwei Gesprächen mit Gisela Oechelhaeuser, das eine fand im Januar, das andere im April 1999 statt. Dazwischen liegt ein Ereignis, das ihr Leben verändert hat: Ende März wurden Akten der Staatssicherheit der DDR bekannt, aus denen hervorgeht, daß Gisela Oechelhaeuser als Informantin gearbeitet hat. Nicht nur, was dabei im einzelnen unter welchen Umständen geschah, ist eine zu klärende Frage, sondern auch, was diese Tätigkeit für Folgen hatte und was die bekannte Kabarettistin bewogen hat, zu diesen Dingen zu schweigen. Es sind Fragen, die sie sich auch selbst stellt].

Immer war Gisela Oechelhaeuser eine Person, die sich gern und spontan öffentlich zu wichtigen Fragen und Problemen politischen und sozialen Lebens äußerte. Sie war, wie sie sich erinnert, auch schon als Jugendliche unbefangen, unvorsichtig und direkt, hat das Leben als Herausforderung gesehen, die man annimmt und bei der man nicht zögert. Auf diesem Weg hat sie selten etwas aufgehalten, und es ist ihr immer wichtig gewesen, Dinge öffentlich zur Sprache zu bringen. Dadurch war sie für den Beruf der Kabarettistin, den sie lange Jahre in Leipzig und seit 1990 als Intendantin der *Distel* erfolgreich ausübte, geradezu prädestiniert.

Im März 1999 rief eine Journalistin an: „Ich habe hier Ihre Akte.“ Bis zu diesem Moment hatte Gisela Oechelhaeuser sich um Stasi-Akten im Zusammenhang mit ihrer eigenen Person nicht gekümmert. Sie habe selbst ein Urteil über Menschen

und müsse nicht in den Akten nach der Wahrheit suchen, war ihre Auffassung. Was ihr in diesem Zusammenhang nicht in den Sinn kam, war, daß auch sie vor Jahren im Spinnennetz der Stasi gefangen war, was, wie sie jetzt, fünfundzwanzig Jahre später, erfuhr, in einer Reihe von Akten dokumentiert ist.

Zu wissen, daß unbekannte Personen, möglicherweise in großer Zahl, die eigene Akte in Händen haben, Dinge lesen und erfahren, die lange zurückliegen, ist bedrohlich und beängstigend, auch für die seelisch starke, aber zugleich sensible Gisela Oechelhaeuser. Mit diesem Problem waren seit der Wende zahlreiche Menschen konfrontiert, mehr oder weniger beachtet von der Öffentlicheit und mit unterschiedlichen Folgen. Manche haben dadurch ihre berufliche Existenz verloren, andere ihren guten Ruf, wieder andere sind unbehelligt daraus hervorgegangen.

Ereignisse aus der Vergangenheit zu rekonstruieren und

sich über die Rolle klarzuwerden, die man selbst dabei gespielt hat, ist eine aufwendige, langwierige, kräfteraubende Arbeit. Sie bedeutet Auseinandersetzung mit Fakten, Ereignissen, und, was schwerer ist, mit betroffenen Menschen, und, was am schwersten ist, mit sich selbst. Gisela Oechelhaeuser hat dies sofort begriffen. Nachdem sie am Karfreitag von ihrer Stasi-Akte erfahren hatte, wirkte sie noch in sechs ausverkauften Vorstellungen der *Distel* am Osterwochenende mit, um die Einkünfte des Kabaretts nicht zu gefährden, dann hat sie ihre Kollegen informiert und erklärt, daß sie ihre Mitarbeit in nächster Zeit ruhen lassen möchte, um sich intensiv mit ihrer Vergangenheit auseinanderzusetzen und die Kollegen davor zu bewahren, jeden Tag in der Presse neue „Enthüllungen" über ihre Chefin zu lesen.

Zu Anfang hat sie geglaubt, der Wahrheit auf die Spur zu kommen, wenn sie sich öffentlich den Fragen von Journalisten stellt. Inzwischen ist ihr klar, daß dies so bald nach dem Ereignis nicht der richtige Weg ist, denn mittlerweile sind an verschiedenen Stellen Berichte erschienen, in denen sie sich und die Komplexität ihrer Geschichte nur schwer wiedererkennt. Dafür, daß möglichst viele möglichst schnell von den Vorgängen erfahren, sorgte auch eine Sendung des *Kulturweltspiegels* in der ARD, in dem Oechelhaeuser nur wenige Minuten zu sehen und zu hören war. Schnitt, Hintergrundmusik und Bilder trugen nicht unbedingt zur Wahrheitsfindung bei: Aus einem neunzigminütigen Interview – das Gisela Oechelhaeuser, mutig und spontan, wie sie ist, in ihrer Privatwohnung einer Journalistin gegeben hatte – wurden nur kurze Ausschnitte gezeigt, man sah ein verzerrtes Bild der bekannten Kabarettistin, die ausgewählten Zitate ließen sie unreflektiert und unglaubwürdig erscheinen. Alles lief auf eine Verurteilung hinaus: IM Gisela hat für die Stasi gearbeitet. Also wieder so eine, die am besten gleich vor der Kamera ihre Schuld bekennen soll. Angesichts solcher Präsentationen fragt man sich, ob Artikel 1 des

Grundgesetzes „Die Würde des Menschen ist unantastbar“ den für derartige Sendungen Verantwortlichen bekannt ist.

Was „Arbeit für die Stasi“, ein in jeder Hinsicht komplizierter Sachverhalt, nicht nur im Detail, sondern auch im größeren Zusammenhang, in diesem oder jenem Fall bedeutet, ist nicht immer einfach zu ermitteln, und jemand, der nicht in der DDR gelebt und die Omnipräsenz der Staatssicherheit nie gespürt hat, kann dies kaum ermessen. Auch Gisela Oechelhaeuser wird sich lange Zeit mit dem Thema befassen müssen, um sich ein Urteil zu bilden, über die näheren Umstände, über die Berichte, über deren Wirkung. Sie wünscht sich selbst, daß diese Prüfung differenziert ausfallen, in der Sache klar und wahrhaftig sein wird. Sie nimmt sich Zeit, den Zusammenhängen genau nachzugehen und verzichtet im Moment auf jede vorschnelle Äußerung, die nach einer billigen Entschuldigung aussehen könnte. Sie spricht ausführlich mit den Menschen, die in den Unterlagen vorkommen, und ist vor allem interessiert daran, selbst zu wissen, was geschehen ist, welche Rolle sie wirklich gespielt hat, was sie sich vorwerfen muß und was nicht. Und so liest sie jetzt gründlich Akten, mit denen sie nie zu tun haben wollte – und sie liest sie genau – außerdem die Zeitungsartikel, die zahlreichen Briefe, die sie erhält, und betrachtet alles mit Vorsicht und Skepsis. Denn sie möchte eines vermeiden: Unklarheit über sich selbst. Darüber, daß ihr dieser Prozeß schwerfällt, klagt sie nicht. Sie sieht ihn als notwendig an und weiß, daß sie dabei sehr allein ist.

Sie hat schon früher versucht, sich mit der Vergangenheit auseinanderzusetzen, hat keinen Hehl daraus gemacht, daß es während der DDR Zeiten gab, in denen sie großen Einfluß auf die Kulturpolitik an der Leipziger Universität hatte, daß sie auch durch ihre Ehe mit dem DDR-Funktionär Dietmar Keller zur Nomenklatura gehörte. Manche Dinge hatte sie bisher nicht an sich herangelassen. Doch jetzt hat die Auseinandersetzung mit sich selbst und der eigenen Vergangenheit eine andere Dimension. Es kommen Dinge zur Sprache, an die sie gern nie mehr gedacht hätte – ein Phänomen, das jeder kennt, der sich ernsthaft mit dem eigenen Leben beschäftigt, in dem vorliegenden Fall dadurch verschärft, daß Gisela Oechelhaeuser eine Person des öffentlichen Lebens ist, die in den letzten zehn Jahren von zahlreichen Menschen geschätzt und bewundert wurde und auf die sich nun die besondere Aufmerksamkeit der Medien richtet.

Gisela Oechelhaeuser hat während und nach der Wende eine wichtige Rolle gespielt – als Kabarettistin, aber auch als Diskutantin und Moderatorin bei den verschiedensten Veranstaltungen zu politischen und gesellschaftlichen Themen, auch dem Thema Staatssicherheit. In all diesen Jahren gehörte sie zu den vitalsten Persönlichkeiten des deutschen Kulturlebens und beeindruckte durch ihre außergewöhnliche Dynamik. Keine Spur von Resignation nach dem November 1989, und das, obwohl sie in der DDR durchaus ihren Platz und ihre berufliche Erfüllung gefunden hatte. An einem Punkt stehenzubleiben, ohne nach vorn zu schauen, war für sie undenkbar.

Am 24. Oktober 1989 fand im Haus der Jungen Talente im Palais Podewil in Berlin-Mitte ein für DDR-Verhältnisse ungewohnt kontroverser Diskussionsabend von Wissenschaftlern, Kulturpolitikern und Vertretern der Bürgerbewegung mit dem Thema „Die DDR – wie ich sie mir träume" statt, die nicht nur im innerdeutschen Fernsehen, sondern europaweit übertragen wurde. Etliche Prominente nahmen teil, darunter Stefan Heym, Christoph Hein, Michael Brie, Markus Wolf und Bärbel Bohley. Gisela Oechelhaeuser leitete die Diskussion. Es wurden zahlreiche kritische Gedanken zur Situation der im Aufruhr befindlichen DDR geäußert, selbst die Führungsrolle der Partei wurde in Frage gestellt.

Plötzlich forderte jemand aus dem Publikum eine Ehrung für den 1956 von der DDR-Justiz unter falschen Anschuldigungen zu fünf Jahren Zuchthaus verurteilten Walter Janka. Es erhob sich heftiger Protest.

Da hörte Gisela Oechelhaeuser sich sagen: „Ja, wir sollten Walter Janka ehren, denn es werden in nächster Zeit sehr viele Namen von Menschen fallen, denen wir Wiedergutmachung schulden."

Im selben Augenblick wurde ihr klar, was ihre Worte bedeuteten, ein Bekenntnis zu Fehlern des SED-Staats im Umgang mit unliebsamen, kritischen Intellektuellen, die Einsicht, selbst vielleicht nicht eindeutig genug gegen staatliche Repressionen vorgegangen zu sein. Es war eine Art öffentliches Bekenntnis. Ob sie damals auch an ihre Verstrickung mit der Stasi dachte oder diese wie andere verdrängt hatte? Ob sie hoffte, mit einem möglichen Ende der DDR würde auch dieser schwierige Punkt in ihrer Vergangenheit verschwinden?

Gisela Oechelhaeuser hielt nie etwas davon, Dinge im stillen Kämmerlein auszutragen, sie hatte oft heiße Eisen aus Politik und Gesellschaft angefaßt und öffentlich darüber gesprochen. Ihr spontanes Eintreten für eine Rehabilitierung Walter Jankas an jenem Abend war auch die Befreiung von einer Last, wie sie manche DDR-Intellektuelle, die an die Ideale des Sozialismus glaubten, jahrzehntelang mit sich herumschleppten. Zu erkennen und zu äußern, daß zahlreiche Dinge in dem Staat, den sie lange Zeit aus Überzeugung mitgetragen hatte, Irrtümer gewesen waren, war wie eine Erlösung, eine Eröffnung neuer Möglicheiten, eine Erweiterung des Horizonts.

Gisela Oechelhaeuser, die zu DDR-Zeiten lange der Meinung gewesen war, sie habe sich der Parteidisziplin zu beugen, kamen während der Wende große Zweifel, ob dies richtig war. Sie suchte nach einem neuen Weg und verabschiedete sich von manchen Fehlern der Vergangenheit, ohne dabei das aufzugeben, was ihr bisher wichtig gewesen war: mit ihren individuellen Möglichkeiten und Begabungen zu einer humaneren Gesellschaft beizutragen.

Daß die DDR ihrem Ideal, alles zum Wohl der Menschen zu tun, seit langem nicht mehr entsprach, hatte Gisela Oechelhaeuser schon vorher begriffen, oft war sie selbst bei ihrer Theaterarbeit mit der Zensur in Konflikt geraten. Zu einer radikalen Auseinandersetzung ohne Rücksicht auf staatliche Institutionen war sie aber erst jetzt in der Lage. Dafür machte sie sich, wie es ihre Art ist, mit aller Verve und Energie an die Aufgabe, sich mit den Institutionen der Macht zu befassen.

Es bot sich ihr dafür bald ein geeignetes Forum. Als man ihr, noch zu Zeiten der DDR, für das Jahr 1990 nach Ausscheiden des früheren Direktors des Kabaretts *Distel* die Nachfolge anbot, sagte sie gern zu und begann gemeinsam mit den prominenten Autoren Peter Ensikat und Inge Ristock ihre Arbeit.

Ihr war dabei bewußt, daß in dieser Position eine Menge Probleme auf sie zukommen würde, aber davor wollte sie sich nicht fürchten. Schon in ihrer Kindheit hatte sie gelernt, daß man mit seiner Angst so umgehen kann, daß sie nicht mächtiger wird als man selbst. Ihre Mutter, die Pastorin war und als Kriegerwitwe ihre vier Kinder allein großziehen mußte, nahm Gisela zu Besuchen bei Bedürftigen mit, deren Lage noch schwieriger war als die eigene. So erlebte sie immer wieder, daß es auch in scheinbar aussichtslosen Fällen Möglichkeiten gab, etwas zu tun. Die Mutter orientierte sich dabei konsequent an Geschichten aus der Bibel, einem Buch, das den Menschen so realistisch und kritisch einschätzt wie kaum ein anderes, aber gerade auf dieser Grundlage immer zu Alternativen und Möglichkeiten der Hilfe findet. Als das Volk der Israeliten in der Wüste murrt, weil es nichts zu essen hat, schickt Jahwe ihm Wachteln und Manna, Jesus macht eine große Versammlung mit fünf Broten und zwei Fischen satt.

Irgendwo gibt es immer einen Punkt, an dem man ansetzen kann, verzweifeln muß man nicht, war die Maxime, mit der Gisela Oechelhaeuser und ihre drei Geschwister aufwuchsen. Sie war ein lebenslustiges Kind, und es traf sie hart, kaum

Spielsachen zu haben. Aber vielleicht setzten gerade die Entbehrungen der Kindheit bei ihr die Energie und Phantasie frei, über die sie bis heute reichlich verfügt.

Bei aller Rigidität war in der Erziehung und dem Vorbild der Mutter immer zu erkennen, daß neben der oft harten Realität auch andere Möglichkeiten zu suchen und zu finden sind, und heute ist Gisela Oechelhaeuser froh und dankbar, daß ihr dies so früh vermittelt wurde. Daß sie als Tochter einer christlichen Familie nicht ohne weiteres studieren durfte, daß ihre Geschwister, weil ihnen jede Chance genommen wurde, in den Westen gingen und sie selbst, ohne jedes Vergnügen, in einem vollkommen fremden Milieu drei Jahre das Uhrmacherhandwerk lernen mußte, bevor sie ihre Wißbegier an der Universität ausleben konnte, hat ihr zu schaffen gemacht. Ihre Mutter, die aus dem Westen stammte, blieb in der DDR, um dort ihre Aufgabe zu erfüllen, um da zu sein, wo Gott sie ihrer Überzeugung nach hingestellt hatte.

Jeder muß sich eines Tages von der Familie emanzipieren, und Gisela Oechelhaeuser tat es auf ihre Weise. Sie sah die Ziele des Christentums und die der DDR nicht als Widerspruch, sie glaubte an eine Verbesserung der Gesellschaft durch den Marxismus, und so ersetzte sie ihr Engagement in der Jungen Gemeinde eines Tages durch das in der FDJ, in der sie bald Verantwortung übernahm, weil sie nicht jemand ist, der in der zweiten Reihe steht, sondern immer gern schnell und energisch bei allen Problemen aktiv wird und sie thematisieren möchte. Die FDJ war in dem christlichen Zuhause verständlicherweise nicht gut gelitten, vielleicht erschien sie ihr auch deshalb attraktiver als die christliche Jugendgruppe. Es hatte etwas Befreiendes, sich selbst auszusuchen, wo man aktiv werden wollte. Und auch ein ganz natürliches Bedürfnis trug zu diesem Schritt bei, der Wunsch dazuzugehören und nicht für immer die Rolle der Außenseiterin einnehmen und auf vieles verzichten zu müssen.

Während ihres Lebens im SED-Staat hat Gisela Oechelhaeuser entgegen eigenen Wünschen und Vorstellungen manches geschehen lassen, was sie heute sehr kritisch sieht und gegen das sie sich im Rückblick gern gewehrt hätte. Die christliche Erziehung kann, wie sie meint, durch ihre Strenge individuelle Impulse hemmen. Sich selbst um einer guten Sache willen zurückzunehmen und doch die ganze Kraft der eigenen Individualität dafür einzusetzen, ist ein Paradox, das zu Gisela Oechelhaeusers Leben in der DDR gehörte.

Der Augenblick der Wende befreite sie aus diesen Zwängen, es war für sie ein Moment, in dem sie aktiv werden und eine Aufgabe übernehmen wollte, die Mut erfordert und ihrem Talent entsprach. Sie wollte sich trotz aller Ungewißheit, was die Zukunft bringt, ganz darauf einlassen, der eigenen Phantasie folgen und sich nicht an der Frage aufreiben, ob sie unter den neuen Verhältnissen noch gebraucht würde.

Als in den Medien, besonders den westlichen, in Bausch und Bogen über die Kulturschaffenden der DDR geurteilt wurde, oft von Leuten, die mit den Verhältnissen in diesem Land und den Schwierigkeiten gar nicht vertraut waren, als die auch im Westen verehrte Christa Wolf angegriffen wurde, war Gisela Oechelhaeuser sehr betroffen. Ob sie damals erkannte, daß ihre eigene Situation der der Schriftstellerin nicht unähnlich war? Jedenfalls ist ihr nicht der Gedanke gekommen, sich öffentlich mit der eigenen Rolle im Zusammenhang mit der Stasi zu beschäftigen. Das mag bei einer so kritischen Frau überraschen, zumal sie das Thema Staatssicherheit sonst keineswegs ausklammerte. Möglicherweise betrachtete sie diese Institution als eine feste Einrichtung der DDR-Macht, mit der sie zu tun hatte wie mit anderen Behörden, und sah ihr Verhältnis zu ihr als nicht weiter problematisch an.

Die Frage, was sie veranlaßt hat, darüber zu schweigen, ist weder schnell noch einfach zu beantworten, nicht einmal von ihr selbst. In einer ersten Reaktion in einem offenen Brief an ihre Freunde verwandte sie den Begriff der „Verdrängung", der den psychologischen Mechanismus bezeichnet, mit dem bestimmte Ereignisse der Vergangenheit aus dem Bewußtsein ausgeklammert werden. Wie immer die Dinge liegen, das „Erwachen" aus diesem Zustand, die mentale Rückkehr in schwierige Zeiten und Zusammenhänge, ist besonders schwer für eine Person wie Gisela Oechelhaeuser, die immer für eine kritische Beschäftigung mit sich selbst plädierte, um lernfähig zu bleiben und unangreifbar zu sein, eine Haltung, die sie „Selbstbewußtsein" nannte. Sie war der Meinung, daß sie sich selbst und ihr eigenes Leben und Handeln kritischer und zutreffender beurteilen könne als jeder andere. Sie verlangte von sich auch, das, was sie zu tun hatte, zu erkennen und zu akzeptieren. An einem Punkt hat dieses Prinzip versagt. Doch möchte sie es nach dem Bekanntwerden ihrer Stasi-Tätigkeit anwenden, sich nichts ersparen und sich ihrer Vergangenheit stellen. Die zur Zeit der Wende begonnene Aufarbeitung der Vergangenheit will sie nun auf radikalere Weise fortsetzen.

Als sie 1989 Intendantin der *Distel* wurde, konnte Gisela Oechelhaeuser auf eine reiche Berufserfahrung zurückgreifen. Schon als Studentin hatte sie kabarettistisch bei den *academixern* in Leipzig mitgewirkt und über Jahre mit Arbeitern in Betrieben und auf Festivals Theater und Kabarettwerkstätten veranstaltet. Für die neue Aufgabe in den Umbruchzeiten der Wende aber war für sie immer ihre Lust, Probleme zur Sprache und zur Darstellung zu bringen, noch wichtiger. Sie wollte dabei dem Publikum die Erfahrung vermitteln, daß man sich vor ihnen nicht fürchten muß.

Dies sagt sie nun, in ihrer schwierigen eigenen Situation, auch sich selbst.

Zu DDR-Zeiten lebte sie als Kabarettistin mit der Zensur und mit der Schere im eigenen Kopf. Heute gibt es keine Aufführungsverbote mehr, aber etwas, womit ebenfalls nur schwer umzugehen ist und was Gisela Oechelhaeuser die

„Zensur der Beliebigkeit" nennt. Kabarettisten müssen sich ständig, wie alle anderen Kollegen des Unterhaltungsgewerbes, die Frage stellen, wie und womit man am besten Aufsehen erregt. Die Forderung nach leichter Unterhaltung ist für kreative Arbeit im kritischen Kabarett nicht immer günstig. Dies war für die Chefin der *Distel* kein Grund aufzugeben, sie sah es sogar als Herausforderung.

Mit diesem Kabarett übernahm Gisela Oechelhaeuser bestimmte Traditionen. Es war am 2. Oktober 1953 als Gegengewicht zu den westlichen *Insulanern* und *Stachelschweinen* gegründet worden, hatte besondere Strukturen und eine ganz eigene Geschichte. Sein Direktor Erich Brehm hatte von Anfang an versucht, das Haus für ganz Berlin und nicht nur für den Osten attraktiv zu machen, was ihm auch weitgehend gelang. Dennoch konnte die *Distel* nicht immer so arbeiten, wie sie es sich wünschte: 1965 sagte Ulbricht ihr den Kampf an, und nur durch immer neues, geschicktes Taktieren gelang es dem Kabarett zu überleben. Doch immer wieder scheiterten Programme an der Zensur, weshalb manche qualifizierte Mitarbeiter wie Peter Ensikat das Haus enttäuscht verließen. Erst Ende 1989 kam er zur *Distel* zurück. Das letzte Programm, das verboten wurde, hieß „Keine Mündigkeit vorschützen" und sollte 1988 gezeigt werden. Das darauffolgende, „Mit dem Kopf durch die Wende", konnte nicht mehr verboten werden.

Der Untergang der DDR und damit das Ende der Reglementierung und der Bedrohung künstlerischer Arbeit durch die Zensur war Gisela Oechelhaeusers Chance, als sie das Haus übernahm. Schon bald hatte sie dafür mit anderen Problemen zu kämpfen. Die Strukturen mußten erneuert, die Zahl der Mitarbeiter von achtzig auf zwanzig reduziert werden. Selbst für DDR-Verhältnisse war die Mitarbeiterzahl für ein Kabarett zu hoch. Aber Leute entlassen zu müssen, ist eine undankbare Aufgabe, bei der man sich nicht beliebt macht und die nicht ohne Selbstzweifel realisiert werden kann.

Ein weiteres Problem stellte das Publikum dar: Zu DDR-Zeiten waren die Leute gern in die *Distel* gekommen, um ihren Frust über das Land zu vergessen, oft waren die Karten kollektiv von Betrieben bestellt worden, so daß niemand um ein volles Haus zu bangen brauchte. Wer eine Karte für die *Distel* bekam, war froh und aufgeschlossen und bestimmt ein motivierter Zuschauer.

Wer aber würde das Kabarett künftig besuchen? Die DDR-Bürger brauchten nicht mehr über ein Land zu lachen, das es nicht mehr gab, vielleicht wollten sie auch möglichst schnell die Vergangenheit vergessen. Würde die *Distel* attraktiv genug für ein neues, anderes Publikum sein? Würde es die richtigen Themen finden und angemessen auf die neuen Verhältnisse reagieren, ohne seine künstlerischen Qualitäten einzubüßen? All diese Herausforderungen hat die *Distel* gemeistert.

Gleich zu Anfang der neuen Ära traf die Intendantin eine grundlegende Entscheidung: keinerlei Versuche, Subventionen zu erhalten, auch nicht für eine Übergangszeit, um vor anderen Kabaretts nicht als Hätschelkind zu gelten und, was noch wichtiger war, die eigene Autonomie zu wahren. Dies war eine riskante Entscheidung, die sich gelohnt hat. Die *Distel* wurde mit einem teilweise neuen Publikum ein attraktives und gut besuchtes Haus, vor allem, weil dort hervorragende Leute arbeiten und sich alle mit aller Kraft engagieren. Ein Ensemble-Kabarett ist nicht mehr die Norm, und je mehr Kollegen an einer Bühne arbeiten, desto weniger Einkünfte gibt es für jeden. Doch ist das Abenteuer gelungen, und Gisela Oechelhaeuser hatte Grund zur Freude, obwohl Kabarettisten immer im Konflikt stehen zwischen dem Wunsch zu gefallen und der Absicht, kritisch zu sein und sich eventuell unbeliebt zu machen – ein Konflikt, der auf Oechelhaeuser eher belebend gewirkt hat. Sie hatte immer den Wunsch, mit der *Distel* Verständnis der Westdeutschen für die Ostdeutschen und umgekehrt zu fördern. Stereotype Meinungen über die anderen, die einer Annäherung so sehr schaden, wollte Gisela Oechelhaeuser gern durch eine differenzierte Sicht ersetzen.

Sie war froh über ihre Textautoren Peter Ensikat und Inge Ristok, froh über die intensive Zusammenarbeit, das gemeinsame Interesse und die Ausdauer aller Ensemblemitglieder.

Wenn für ein neues Programm eine Idee gefunden wurde, begann die Arbeit. Als das Kabarett zum Beispiel den Golfkrieg zum Thema machte, fiel Gisela Oechelhaeuser auf, daß in der Berichterstattung der US-Medien dauernd die Metaphorik der Offenbarung des Johannes, der Apokalypse, verwendet wurde, eine perverse Aneignung biblischer Sprache zur Darstellung von Krieg. Die Textautoren nahmen diesen Gedanken auf.

Bis zur Präsentation auf der Bühne ist es ein weiter Weg. Gisela Oechelhaeuser ist der Meinung, daß Routine dabei nur wenig hilft. Je besser ein Künstler sei, desto höher würden die Ansprüche, die er an sich selbst stellt. Dies bedeutete intensive Arbeit bis ins Detail und ständige Präsenz im Haus. Nebenher hatte sie die nicht wenigen Leitungsaufgaben zu erfüllen, was ihr nur mit ihrer ungewöhnlichen Energie und Kraft gelang. Ihr Optimismus konnte andere mitreißen, ihre Freundlichkeit war ermutigend, ihre Vielseitigkeit machte sie flexibel für alle möglichen Aufgaben, ihre Angst, ob das Kabarett den Sprung in die neue Zeit schafft, hat sie sich nicht anmerken lassen.

In ihrem Denken ist sie so schnell, daß sie beim Sprechen im Tempo kaum mithalten kann. Sie erzählt wie ein buntes Feuerwerk mit großem Enthusiasmus über diese Zeit des Neuanfangs.

Was sie davor in ihrem Leben erfahren und erprobt hat, ist nicht mit normalen Maßstäben zu messen. Nach ihrer Lehre studierte sie in Leipzig Romanistik und Germanistik und promovierte mit einer Arbeit über Theodor W. Adorno, der damals in der Bibliothek nur im Giftregal zu bekommen war und nicht gerade zu den geistigen Vorbildern der DDR gehörte. Die Auseinandersetzung mit ihm fiel ihr schwer, da ihre Umgebung sich mit anderen Themen und Autoren befaßte. Doch hat sie diese harte Arbeit nicht bereut. Ihre präzise Sprache verrät philosophisches Wissen, ihr Interesse für eine bessere Gesellschaft, ihr Selbstverständnis als *zoon politikon*, politisch denkendes und handelndes Wesen, ist deutlich erkennbar. Ihr Humor, ihre Freude daran, „Quatsch zu machen", wie sie es bescheiden nennt, war immer präsent und wirksam und wird es hoffentlich wieder sein.

Ursprünglich hatte Gisela Oechelhaeuser 1962 nach dem Abitur die DDR verlassen wollen, da zwei ihrer Geschwister inzwischen in den Westen gegangen waren und auch ein großer Teil der Familie dort lebte. Der Bau der Mauer ein Jahr zuvor hinderte sie daran. Entsprechend groß war ihre Freude, als sie am 10. November 1989 zum erstenmal mit ihrem Sohn nach Westberlin fuhr. Es war ein überwältigendes Erlebnis, an das sie, wie die meisten, nicht oder nicht mehr geglaubt hatte.

Seit dem Bau der Mauer hat sie aufmerksam verfolgt, wie sich das Verhältnis der beiden deutschen Staaten zueinander entwickelt, hat beobachtet, ob es nicht doch irgendwo einen Weg geben könnte, und sie hat auf alle Signale geachtet. Eines der ersten war 1963, nur zwei Jahre nach dem Mauerbau, die Rede von Egon Bahr an der Evangelischen Akademie in Tutzing, als er zum ersten Mal vom „Wandel durch Annäherung" sprach. Für Gisela Oechelhaeuser war es ein Hoffnungsschimmer, daß SED und SPD doch eines Tages zusammenwirken und ihre historische Feindschaft begraben könnten. Erst Jahre später, im gemeinsamen Grundsatzpapier von SED und SPD, war zu ahnen, daß dieser Wunsch Wirklichkeit werden könnte. Daran, daß sich die Mauer schließlich öffnete, haben die verschiedensten Menschen und Gruppen Anteil. Besonders schätzt und bewundert Gisela Oechelhaeuser die polnische Oppositionsbewegung, die es schon seit den sechziger Jahren gab und deren Tragweite ihr größer erscheint als die der Bürgerrechtsbewegung in der DDR.

Michail Gorbatschow hält sie ebenfalls für einen bedeutenden Wegbereiter. Als Chef der großen „Bruderpartei" der Sowjetunion mußte er von der DDR-Führung ernst genommen werden und gab den Menschen Mut, anders zu handeln und zu denken.

Auch die Künstler waren durch ihre visionäre Art, die Welt zu betrachten, den Geschehnissen oft voraus und trieben die Entwicklung voran; in ihren Kreisen wurde vieles gesehen und vorausgeahnt, was der Realität nicht ohne weiteres abzulesen war. Selbst in der SED gab es Künstler, die sich schon vor der Zeit der Wende weit nach vorn wagten und immer eigenes Denken forderten. Volker Braun und Christa Wolf waren darin für Gisela Oechelhaeuser vorbildlich.

Den außenpolitischen Kontext, der den Ereignissen den Weg bereitete, bildete die KSZE, als 1975 mit der Schlußakte von Helsinki Bürgerrechte für alle garantiert wurden. Hier wurde „aus Gnade ein Recht", und in den vierzehn Jahren bis zu Öffnung der Mauer lernten auch manche DDR-Bürger, diese Rechte einzufordern und für sich in Anspruch zu nehmen.

Unvergeßlich ist für Gisela Oechelhaeuser eine Versammlung von Künstlern im Deutschen Theater im Oktober 1989, auf der Gregor Gysi, der als Rechtsanwalt oppositionelle DDR-Bürger vertrat, sprach und erklärte, Versammlungsfreiheit sei ein Recht, das man in Anspruch nehmen dürfe, und deshalb riet, die Demonstration vom 4. November offiziell anzumelden und genehmigen zu lassen. So wurde sie zu einem großen, für die DDR völlig neuen Bündnis für Gewaltfreiheit. Für Gisela Oechelhaeuser wurde damit ein einzigartiger Sprung nach vorn in Sachen Demokratie getan, der bei ihr einen intensiven Lernprozeß in Bewegung setzte. Nicht überall hat man Gelegenheit, die Wirklichkeit so zu reflektieren wie als Kabarettistin, und sie sah es als großes Privileg, sich frei und öffentlich mit Problemen auseinandersetzen zu können.

Für die meisten DDR-Bürger endete der Lernprozeß, wie Oechelhaeuser meint, sehr bald, weil man ihnen nicht genügend Zeit ließ. Ohne die Bundestagswahl im Dezember 1990, bei der die Kohl-Regierung ihre Mehrheit wiedererlangen wollte und deshalb die abenteuerlichsten Versprechungen machte und über Kopf und Herzen der Menschen hinweg eilige Maßnahmen einleitete, wäre wohl alles ein wenig anders verlaufen, mit weniger Hetze, mit mehr Möglichkeiten, sich mit den Verhältnissen auseinanderzusetzen, die Kraft seiner Individualität zu erproben und zu verstehen, was eine demokratische Verfassung ist. Die zugleich schreckliche und wunderbare Zeit, in der einem, wie Gisela Oechelhaeuser es formuliert, „der Boden unter den Füßen weggezogen" wurde, in der aber auch alles in Frage gestellt und neu überdacht werden konnte, in der stundenlange basisdemokratische Diskussionen im Fernsehen übertragen wurden, hätte länger andauern müssen. Das war die Gelegenheit, zu lernen, was Demokratie wirklich ist.

Zu dieser Zeit bereitete die *Distel* ihr erstes Silvesterprogramm vor und kam vor lauter sich überstürzenden Ereignissen kaum zu einem endgültigen Text. Bis zur letzten Minute wurden neue Gedanken aufgenommen, Dialoge und Szenen umgeschrieben. In dieser umtriebigen, turbulenten Zeit hatte die Kabarettistin, die ihre erste Aufführung im Auge behalten mußte, nicht immer Zeit, sich Gedanken über die weitere politische Entwicklung zu machen. Sie glaubte, etwas wie einen freien Fall zu spüren, wurde aber aufgefangen durch ihre Arbeit, worüber sie sehr froh und dankbar war.

Mit den Volkskammerwahlen vom 18. März 1990 war diese Entwicklung zu Ende. Als im Wahlkampf die ersten Kohl-Plakate auftauchten, war ihre erste spontane Reaktion: Was will der hier? Was weiß der von uns? Will er überhaupt etwas von uns wissen, außer, daß sich dem Westen ein neues wirtschaftliches Terrain öffnet? Nach den Wahlen gab es für sie viele Enttäuschungen, aber desillusionieren lassen wollte sie sich nicht, auch nicht, als die schnelle Währungseinheit kam und als das Land DDR, das für sie und Millionen andere eine Heimat war, von einem auf den anderen Tag nicht mehr existierte, mit schlimmen Folgen für viele, ganz besonders der Arbeitslosigkeit, die so vielen Menschen das Gefühl gibt, daß sie und ihre Biographie nichts mehr wert sind.

Bevor sie zur *Distel* ging, arbeitete Gisela Oechelhaeuser einige Jahre als Dozentin an der Hochschule für Schauspielkunst Ernst Busch. Dort versuchte sie, sich mit Themen wie Veränderung, Revolution und Bewegung auseinanderzusetzen, und erinnert sich an eine Werkstatt zum Thema Gewalt, die sie mit ihren Studenten im Februar 1989 veranstaltete. Texte von Revolutionären vergangener Zeit wie von Georg Büchner, aber auch von Peter Weiß und das *Satyrspiel* aus dem berühmten Stück *1789* über die Französische Revolution des Théâtre du Soleil von Ariane Mnouchkine, lagen der Arbeit zugrunde. Es ging dabei auch um die Erfahrung der Umstände einer revolutionären Situation, zentriert um das Thema Gewalt. Dabei stellte sich zum Erstaunen von Dozentin und Studenten heraus, daß selbst der sanfteste Charakter in einer bestimmten Lage zornig werden kann, und eben das geschah ja ein gutes halbes Jahr später in der gesamten DDR. Auch hier wurde Wirklichkeit in der Kunst antizipiert, liegt ein Beitrag zur Vorbereitung der Ereignisse.

Aus heutiger Sicht erscheint ihr dies zu wenig. Zu lange hätte sie geglaubt, daß Parteidisziplin wichtig sei, um die Welt zu verbessern. Zu wenig hätte sie sich eingestehen wollen, daß die SED aus dem Marxismus ein Dogma machte und ihm so seine befreiende Kraft nahm, hätte nicht sehen wollen, daß eine Partei, die behauptete, für die Menschen dazusein, sie entgegen ihrer eigentlichen Intention aggressiv unterdrückte. Das „vielleicht hellste Instrument in der Geschichte des menschlichen Denkens“ sei „verdunkelt worden, zur Religion verkommen“.

Helligkeit und Klarheit, die großen Metaphern der Aufklärung, sind für Gisela Oechelhaeuser von großer Bedeutung. Sie will sich ihrer Kraft und ihrer Fehler, ihrer Irrtümer und Möglichkeiten bewußt sein, und dies war auch die Voraussetzung dafür, daß sie fast zehn Jahre lang mit so viel Einsatz, Energie und Freude ihrer Arbeit nachgegangen ist. Es war ihr Programm für die nächsten Jahre, „auf der Basis von klarem Erkennen der Probleme" herauszufinden, was man tun kann, und anderen zu vermitteln, daß ihre Probleme gesehen und verstanden werden und daß das gemeinsame Lachen darüber oft der erste Befreiungsschlag ist, aus dem alles mögliche Praktische folgen könnte.

Die momentane Situation verlangt von ihr auch eine Beschäftigung mit sich selbst und den Umständen, die sie der Stasi in die Arme getrieben haben, ein Prozeß, der schon begonnen hat. Aber sie will ihn nicht auf sich selbst beschränken, sondern die Dinge auf Anraten prominenter Freunde der Allgemeinheit zugänglich machen, sobald sie ihr klar vor Augen stehen. Denn von dem Problem ist ja nicht sie allein betroffen. Im Gegenteil, sie ist eine Persönlichkeit, in deren ereignisreichem Leben sich wie bei nur wenigen anderen DDR-Geschichte in besonderer Weise kristallisiert. Deshalb kann man dieser Veröffentlichung mit Interesse entgegensehen.

Wie die Zukunft der *Distel* aussieht, die gerade mit einem neuen Programm an die Öffentlichkeit getreten ist, kann niemand sagen. Ob das Kabarett ohne seine Intendantin, Spiritus rector, Organisatorin, Chefin, Regisseurin und Schauspielerin wirklich weiterleben kann?

Während des Umbruchs hat Gisela Oechelhaeuser etwas Wertvolles kennengelernt, das ihr vorher kaum bekannt war: die Dimension des Privaten, die ihr als besonderes Privileg erscheint und von der sie heute weiß, daß ein jeder sie für sich in Anspruch nehmen darf. Auch das ist Glück, und dies kann ihr selbst in diesen schwierigen Zeiten niemand nehmen.

Quadriga von vorn

Friedrich Carl Wachs

Er ist ein begeisteter Cineast, aber als Student wäre er nicht auf die Idee gekommen, daß er auf diesem Gebiet seine berufliche Erfüllung finden könnte. Dies mag mit seiner Herkunft aus dem konservativen Hamburger Bildungsbürgertum zu tun haben. Jedenfalls wählte er zunächst das traditionelle Studium der Juristerei. Sein Interesse an Historie und Politik veranlaßte ihn, parallel dazu in Freiburg, Paris und München Geschichte zu studieren. 1986 entschloß er sich, nach Berlin zu gehen, um dort seine Studien abzuschließen. Seine Freunde und Verwandten waren überrascht. Sie fragten ihn, was er sich denn für eine Zukunft verspreche in dieser nur durch Subventionen am Leben erhaltenen Stadt, in der die Mauer stehe und die DDR so nahe sei.

Berlin sei ein Brennpunkt deutscher Geschichte, den man kennenlernen müsse, war seine Antwort. Es war eher der Historiker als der Jurist Wachs, der sich mit einiger Abenteuerlust nach Berlin aufmachte.

Die Beschäftigung mit deutscher und europäischer Geschichte hatte in Wachs' liberal-konservativer Familie Tradition. Die politischen Diskussionen drehten sich häufig um Krieg und Nachkriegszeit, und die deutsche Teilung wurde nie als etwas Natürliches hingenommen. Immer wieder ging es um die Frage, wie wohl eine Änderung der Verhältnisse herbeigeführt werden könnte. Als Wachs politisch zu denken begann, war die Politik der Aussöhnung mit den Staaten Ost-

europas und der Versuch einer friedlichen Koexistenz der beiden großen Blöcke schon begonnen worden. Was Kalter Krieg bedeutet, erfuhr er im Zusammenhang mit der Wettrüstung zwischen den USA und der Sowjetunion unter Reagan und Breschnew. Die Bewegung, die Gorbatschows Reformpolitik in das Weltgeschehen brachte, faszinierte Wachs.

Er wollte das geteilte Berlin, aber auch die unbekannte DDR kennenlernen. Gemeinsam mit seiner Frau Victoria fuhr er häufig über die Grenze nach Ostberlin, ging in Theater, Opern und Museen, lernte die märkische Landschaft kennen und nahm dafür geduldig Visagebühren und lästige Wartezeiten an der Grenze in Kauf. In der DDR war es für ihn „wie auf dem Mond", aber gerade diese Fremdartigkeit weckte seine Neugier. Die DDR näher kennenzulernen, war bekanntlich für einen Bürger aus dem Westen nicht nur wegen des hohen Zeit- und Geldaufwands kompliziert. In der Öffentlichkeit, auf der Straße, in Cafés oder irgendwo Gespräche mit Unbekannten zu führen war so gut wie unmöglich. DDR-Bürger hielten sich aus Angst vor einer Falle der Stasi lieber von Fremden fern.

Durch einen glücklichen Zufall erhielt Wachs Gelegenheit, längere Zeit mit einem Sonderstatus in der DDR zu verbringen. Während der Arbeit an seiner juristischen Dissertation über das Reichsdemobilmachungsamt, das nach dem Ersten Weltkrieg für die Umstellung der Kriegs- auf eine Friedenswirtschaft verantwortlich war, stellte Wachs fest, daß ein Großteil des Quellenmaterials im Zentralen Staatsarchiv der DDR in Potsdam lag. Im Rahmen eines Wissenschaftleraustauschs erhielt er im Dezember 1988 ein Dauervisum und das vom DDR-Innenministerium gewährte Privileg, im Osten zu arbeiten und im Westen zu wohnen. Sieben Monate verbrachte er tagsüber in Potsdam, lebte von einem Stipendium in DDR-Mark und versorgte seine Frau und sich mit Lebensmitteln „von drüben". Das erst heute im Westen bekannte und beliebte Radeberger Bier genossen sie und ihre Freunde schon damals.

Wachs studierte täglich im Archiv historische Quellen und führte in den Pausen lange Gespräche mit Kollegen. Endlich hatte er die Möglichkeit gefunden, ausführlich mit interessierten und dialogfreudigen DDR-Bürgern zu sprechen und sich ein authentisches Bild vom Leben in ihrem Land zu machen. Damals gewann er den Eindruck, daß sich viele mit den Verhältnissen in der DDR abgefunden und eingerichtet hatten. Es schien eine Art „resignativer Normalität" zu herrschen, von Aufbegehren gegen die Regierung spürte Wachs kaum etwas. Als die Kommunalwahlen im Mai 1989 bevorstanden, hörte er öfter Worte wie „wieder so eine Wahl, wieder so ein Ergebnis, das man schon vorher kennt, und ändern wird sich nichts".

Wachs entnahm den Diskussionen, daß sich so schnell in der DDR nichts ändern würde. Eine Annäherung zwischen beiden deutschen Staaten schien ihm zwar möglich, aber er war überzeugt, daß diese noch mindestens eine Generation in Anspruch nehmen würde und nur im gesamteuropäischen Kontext zu vollziehen sei. Wachs war nicht entgangen, daß manche seiner Gesprächspartner über ihre mangelnde Freiheit und die eingeschränkten Reisemöglichkeiten unzufrieden waren. Der Westen mit seinem großen Konsumangebot und dem wesentlich höheren Lebensstandard ließ sie nicht gleichgültig. Darin sah Wachs einen gewissen Sprengstoff, aber an eine Zündung glaubte er nicht.

Im Sommer 1989 bereitete er nach abgeschlossenener Dissertation sein zweites juristisches Examen vor, eine intellektuell wenig befriedigende Betätigung, und so beschäftigte er sich zum Ausgleich mit aktueller Politik und verfolgte aufmerksam die Vorgänge in der DDR, in der die Dinge zu seinem Erstaunen immer mehr in Bewegung gerieten. Die ständig zunehmenden, mutigen Aktivitäten von Widerstandsgruppen imponierten ihm. Schon bald glaubte er nicht mehr an eine friedlich-evolutionäre Entwicklung und fragte sich besorgt, wie wohl die Russen reagieren würden, wenn der Prozeß des Aufbegehrens anhielte. Die DDR schien ihm ein Pulverfaß zu sein, die weitere Entwicklung unberechenbar. Als nach Honeckers Sturz der Hardliner Egon Krenz an die Macht kam, fürchtete Wachs, daß es bald zu massivem Einsatz von Gewalt kommen würde.

Über den Abend und die Nacht des 9. November hat Wachs präzise Tagebuch geführt. Er möchte, daß seine Kinder – bisher sind es drei kleine Söhne – eines Tages nachlesen können, wie ihr Vater dieses Jahrhundertereignis erlebt hat. Seit dem 6. November gab Günther Schabowski, im Politbüro seit dem Sturz Honeckers für Medien zuständig, eine tägliche Pressekonferenz, auf der er internationalen Journalisten Rede und Antwort stand, jeweils live durch das DDR-Fernsehen übertragen. Wachs verfolgte die Ereignisse jetzt nicht mehr nur auf den West-Sendern. Am 9. November sah er in der *Aktuellen Kamera*, wie Schabowski auf der Pressekonferenz den berühmt gewordenen, in hölzernem Amtsdeutsch verfaßten Zettel verlas. Er sagte sich: Das ist die Öffnung der Mauer und schaltete die *heute*-Sendung ein, um sicherzugehen, daß er sich nicht getäuscht hatte. Von den Ereignissen war in der Sendung erst kurz vor dem Wetter die Rede, ohne weiteren Kommentar. Die *Abendschau* sendete einen Aussschnitt aus Schabowskis Pressekonferenz und bezeichnete die neue Reiseregelung als „spektakulär". Wachs sah im Ersten Programm, wie der Bundestag die Nationalhymne sang, er sah die Ergriffenheit von Willy Brandt. Im *heute-journal* wurden dann die ersten Ostberliner gezeigt, die den Übergang Bornholmer Straße passiert hatten. Dies war für Wachs der Moment, sich selbst zu vergewissern, was geschah. Er nahm seinen Fotoapparat und fuhr los. Vor dem Reichstag waren schon Podeste amerikanischer Fernsehstationen aufgebaut. Wachs fuhr weiter Richtung Übergang Invalidenstraße, stellte sein Auto in der Nähe des Restaurants *Paris-Moskau* ab, lief zum Kontrollpunkt und sah dort die riesige Menschenmenge, die in die schmale Grenzanlage drängte. Wegen seines großen Fotoapparats wurde Wachs für einen Pressevertreter gehalten, und so gelang es ihm ohne Mühe, bis an die Schranke vorzudringen, die ein Cordon untergehakter Grenzsoldaten zu verteidigen suchte. Auf der Gegenseite sah Wachs die lange Schlange von Trabis und Wartburgs, die geduldig warteten, bis sie im Fünf-Minuten-Takt abgefertigt wurden. Jedes Auto, das die Grenze passierte und durch die von der Menge im Westen gebildete Gasse fuhr, wurde mit großem Jubel und Applaus begrüßt. Die von den Grenztruppen bewachte Schranke war inzwischen von der Menschenmenge einfach überrannt worden. Wachs hatte sich, ein Foto nach dem anderen schießend, bis in die Grenzanlage vorgearbeitet. Ungehindert gelangte er auf die Ostseite, auf der ihm ein wenig unheimlich zumute war, wer konnte schon wissen, was geschehen würde, wenn die DDR die Grenzen plötzlich wieder schloß. Er blieb dennoch an Ort und Stelle, um nichts zu versäumen. Wachs erlebte den Aufritt Walter Mompers, der, auf einem Tisch stehend, von Kameralicht umflutet, sagte: „Liebe Berliner, wir alle freuen uns über die Öffnung der Grenze. Dies ist eine sehr glückliche Stunde für uns, aber ich bitte Sie, bei aller Freude, machen Sie doch den Kontrollpunkt frei. Lassen Sie die Trabis durch. Bitte machen Sie doch die Wege frei, damit alle ungehindert über die Grenze kommen." Wachs hat diese Szene noch deutlich vor Augen. Momper war seine große Freude anzumerken, seine eher nüchternen Worte, ein Aufruf zur Besonnenheit, zeigten sogleich Wirkung. In kürzester Zeit kam Ruhe in das Geschehen, und es breitete sich trotz der Scharen von Menschen eine friedliche Stimmung aus. Wachs beobachtete fasziniert, wie die Grenzwächter wie Statisten tatenlos herumstanden, wie die Menge herüberkam, ohne Ausweise vorzuzeigen, wie Menschen, die sich vorher nie gesehen hatten, einander in die Arme fielen.

Von westlicher Seite aus machte er sich dann zum Symbol Berlins, dem Brandenburger Tor, auf. Die Menge hatte schon einen Ring um die Mauer gebildet, hier herrschte, wie Wachs es damals empfand, „ein positives Tohuwabohu". Die Westberliner Polizei versuchte, die Leute davon abzuhalten, auf die Mauer zu klettern, aber längst zogen die einen die nächsten nach oben, und schließlich fand sich auch Wachs auf der Mauer wieder, in einer Atmosphäre von Jubel und Euphorie, mitten im bunten Gemisch von Studenten, Arbeitern, die von der Schicht kamen, Konzert- und Theaterbesuchern. Sekt und Bier wurden herumgereicht, und die ersten Mutigen sprangen von der Mauer auf den Pariser Platz. In der allgemeinen Ergriffenheit und Begeisterung war auf einmal von der Ostseite des Brandenburger Tors das laute Dröhnen von Mannschaftswagen zu hören, wenig später marschierten Kolonnen von Polizisten auf. Plötzliche Ernüchterung in der Menge, die Anspannung wurde fast unerträglich. Doch dann ging alles ganz schnell. Die Menschen ließen die Uniformierten erst gar nicht zum Zuge kommen. Immer mehr, viele hundert, sprangen von der Mauer herunter, als folgten sie einem Plan, und damit war die angstvolle Spannung gelöst. Wachs selbst sprang nach einigem Zögern auch und fand sich mitten in der Menge wieder, in einem Wirbel von Lachen, Weinen, Freudengeschrei und den aufgeregten Stimmen von Rundfunk- und Fernsehreportern, die in verschiedensten Sprachen der ganzen Welt vom Fall der Mauer berichteten. Wachs erinnert sich an den feierlichen Moment, in dem ihm bewußt wurde, daß er hier etwas Einzigartiges erlebte. Wer konnte wissen, was am nächsten Tag geschehen würde? Vielleicht würde ein großes Chaos ausbrechen. Jetzt war der Augenblick, sich zu freuen, die Situation zu genießen und auszukosten. Er vergaß alles um sich herum, ging an die zwanzig Mal durchs Brandenburger Tor, immer hin und zurück, er sah die Quadriga von vorn, eine Sensation. Alles erschien ihm wie ein Traum, aus dem er bald erwachen würde, und so genoß er den Zustand um so mehr. Um ihn herum lagen sich die Menschen in den Armen, andere liefen wie er immer wieder durch das Brandenburger Tor, und schon bald hörte man das asynchrone Ping Ping Ping der ersten Mauerspechte. Wachs kam es vor, als entlade sich der ganze Volkszorn nun auf die Mauer, als wollten die Menschen sie noch in dieser Nacht schleifen. Der harte Mauerbeton hatte seine Macht verloren.

Wachs folgte nun zu Fuß den unzähligen Trabis Richtung Zoo, beobachtete, wie die Autos den Ku'damm hinauffuhren, und er ging erst am Morgen nach Hause, um nichts von diesem Jahrhunderterereignis zu verpassen. Spontane emotionale Begeisterung und ein klares Bewußtsein von der Bedeutung des Augenblicks hielten ihn die ganze Nacht über hellwach.

Während der nächsten Monate, in denen die Vereinigung der beiden deutschen Staaten vorbereitet und realisiert wurde, war Wachs nicht nur fasziniert, er bewunderte, mit welcher Schnelligkeit und ohne daß es zu Gewalt und Massenprotesten kam, erste freie Volkskammerwahlen, dann Kommunalwahlen, die Wirtschafts- und Währungseinheit und schließlich die Bildung der Länder realisiert wurden. Noch heute ist er überzeugt, daß dieser schwierige Prozeß in unsicherer außenpolitischer Lage kaum anders hätte vollzogen werden können. Das Prinzip des schnellen Handelns sei opportun gewesen, weil man sonst die Einheit aufs Spiel gesetzt und damit ganz andere Probleme bekommen hätte. Daß es dabei zu Ungerechtigkeiten kam, ist für ihn der Preis der Einheit. Auch die Treuhand hat in seinen Augen Fehler gemacht. Bei der Privatisierung der Firmen hätte vieles anders, besser, fundierter und weniger willkürlich erledigt werden können, im Prinzip aber sei ihre Arbeit richtig und sinnvoll gewesen. „Wir wären sonst heute nicht da, wo wir schon sind", sagt Wachs aus der Perspektive des Managers, für den eine schnelle Entwicklung der Wirtschaft Priorität hat, weil sie auch der Allgemeinheit zugute kommt. Die teilweise hohe Arbeitslosigkeit in den neuen Ländern sieht Wachs als großes Problem. Für neue Arbeitsplätze zu sorgen ist inzwischen eine seiner zentralen Aufgaben. Das Medienunternehmen, für das er heute tätig ist, gehört zu den Schlüsselbranchen und ist im Unterschied zu vielen anderen zukunftsfähig.

Enttäuscht war Wachs im Augenblick der Wende darüber, daß die CDU-Regierung in keiner Weise auf einen Fall der Mauer vorbereitet war. Wer jahrzehntelang den 17. Juni gefeiert und die deutsche Einheit beschworen habe, sei geradezu verpflichtet, sich Gedanken über den Fall X zu machen und entsprechende Pläne zu entwickeln. Wachs bedauert auch, daß zuviel belastendes Aktenmaterial vernichtet wurde und von Dunkelmännern des DDR-Regimes auf dubiose Weise angehäufte Gelder verschwunden sind. Man hätte seiner Meinung nach gleich nach Öffnung der Grenzen dafür sorgen müssen, sowohl Akten als auch Gelder sicherzustellen. Dadurch hätten dem vereinten Deutschland viele Millionen zusätzlicher Aufbaugelder zur Verfügung gestanden und die notwendige Aufarbeitung der Vergangenheit vereinfacht.

Für Wachs stand seit dem Fall der Mauer fest, daß er in Zukunft im Zentrum des Geschehens bleiben und nicht mehr aus Berlin weggehen würde. In seinem künftigen Beruf wollte er nach Möglichkeit am Aufbau des wiedervereinigten Deutschland mitwirken, aber auch einer großen persönlichen Neigung Geltung verschaffen, den lebenden Bildern. Schon während seiner Referendarzeit hatte er eine Stage bei einer Filmfirma absolviert und, wie er es nennt, gleich „Feuer gefangen". Er wünschte sich seither nichts mehr als eine Arbeit in dieser Branche und wäre „vielleicht sogar als Kabelträger" zum Film gegangen. Vor diese Entscheidung aber wurde er nicht gestellt, denn er fand 1990 eine Stelle als Assistent des Geschäftsführers bei der UFA Film- und Fernseh GmbH, einer Bertelsmann-Tochter, die der Konzern gekauft hatte, um den alten Namen aus der Vorkriegszeit zu retten. 1994 ging Wachs zum Bauer-Verlag und baute dort Fernseh-, Hörfunk-, Produktions- und Online-Aktivitäten auf.

1997 engagierte der französische Konzern Vivendi, der unter den früheren Namen Compagnie générale des Eaux, CGE, nach der Wende von der Treuhand das ehemalige UFA- und DEFA-Gelände erworben hatte, Wachs als Geschäftsführer der Studio Babelsberg GmbH. 1998 wurde er außerdem Mitglied der Geschäftsführung der Medienstadt Holding Babelsberg. Damit erhielt er nicht nur einen der interessantesten Posten der Medienbranche, sondern es ging auch sein Traum in Erfüllung, auf einem favorisierten Gebiet an wichtiger Stelle an der deutschen Einheit mitzuwirken. Der Enthusiasmus, mit dem er den Fall der Mauer und den Prozeß der Vereinigung erlebte, ist Wachs nicht abhanden gekommen und prägt sein berufliches Engagament. Die Aktivitäten des französischen Konzerns, der, finanziell unterstützt durch das am Erhalt von Babelsberg interessierte Land Brandenburg, stark im Bereich Film, Fernsehen und neue Medien investiert, haben nicht nur das traditionsreiche und renommierte Filmgelände vor dem Untergang gerettet, inzwischen sind dort mehr als hundert Firmen angesiedelt, und es arbeiten mehr Menschen dort als zur Zeit vor der Wende. Für die Zukunft ist ein weiterer Ausbau geplant, ein positives Signal für neue Arbeitsplätze in dieser Wachstumsbranche.

Die Aussichten, daß sich hier ein großes Medienzentrum entwickelt, stehen gut. Erst 1992 wurde das Gelände privatisiert, und die Gesellschaft rechnet in großen Zeiträumen. Es gilt, die alte Infrastruktur wieder aufzubauen, an die Traditionen der Stummfilmzeit, die großen UFA-Erfolge im Tonfilm, aber auch an die kreativen Leistungen der DEFA anzuknüpfen. Nicht alle Filme, die während des Dritten Reiches und der DDR hier gedreht wurden, gehörten zur NS-Propaganda oder waren politische Filme ohne künstlerischen Wert. Das Renommee des Standorts als Produktionsstätte großer filmischer Werke hat die NS-Zeit überdauert und auch die DDR überlebt.

Wachs legt nicht nur Wert darauf, daß sein Unternehmen im Bereich von Film, Fernsehen und neuen Medien an Traditionen anknüpft und neue schafft, sondern wünscht sich darüber hinaus, daß es zur Entwicklung der Kultur in der neuen Berliner Republik beiträgt. Schon jetzt, vor dem Umzug der Regierung, sind zahlreiche kreative Kräfte von anderen Orten im In- und Ausland in die Region gekommen: Schauspieler, Drehbuchautoren, Agenten, Regisseure, die den Vorteil der Nähe Babelsbergs zu Berlin nutzen wollen. Wachs, der es wie jeder Verantwortungsträger in der Wirtschaft zutiefst bedauert, daß die Fusion von Berlin und Brandenburg 1995 gescheitert ist, macht keinen Unterschied zwischen beiden Bundesländern, sondern sieht sie als Einheit. Die Hochschule für Film und Fernsehen, HFF, in Potsdam, hält er für ebenso wichtig wie die Deutsche Film und Fernsehakademie Berlin, DFFB, und es ist in der Medienbranche in den letzten Jahren schon zu vielfachen Synergieeffekten zwischen beiden Ländern gekommen. In Babelsberg sind seit der Wende zahlreiche internationale Koproduktionen realisiert worden, darunter Filme wie *Dead Man* von Jim Jarmush, *Eine Couch in New York* von Chantal Ackermann, *Victory* von Mark Peploe nach dem Roman von Joseph Conrad, *Der Unhold* von Volker Schlöndorff, *Eine französische Frau* von Régis Wargnier.

Spätere Generationen werden nach Wachs' Meinung in den Filmen, die heute in Berlin gedreht werden – darunter *Lola rennt, Das Leben ist eine Baustelle, Plus minus null* – wiederentdecken können, in welchem politischen, kulturellen und sozialen Umbruch sich Deutschland in den Jahren nach 1989 befand. Diese Filme bringen die Friktionen der heutigen Zeit, ihre Probleme und ungeheure Dynamik zum Ausdruck. Daß sie soziales Elend spiegeln und die Realität nicht mit falschem Pathos zu verschönern suchen, gefällt Wachs besonders. Die Sprache dieser Filme entbehrt in seinen Augen erfreulicherweise jeder preußischen Hegemonialeuphorie, vor der sich viele europäische Nachbarn und manche Deutsche zur Zeit der Vereinigung so fürchteten. Auch in ihrer Ästhetik erscheinen Wachs die heute entstehenden Berliner Filme innovativ, die Bilder einer Stadt im Umbruch, die ungeheuren Kontraste zwischen modernen Prachtbauten und verwahrlosten Territorien werfen einen kritischen Blick auf die Wirklichkeit und transzendieren sie zugleich. Gerade im schonungslosen Umgang mit der Realität, wie er sich im modernen Berliner Film findet, sieht Wachs den Ausdruck einer demokratischen Gesellschaft. Die vielen inhaltlichen und ästhetischen Brüche dieser Filme sind für ihn auch Signale dafür, daß manche Wunden aus der jüngsten Vergangenheit nicht verheilt sind, daß sich die Biographien zweier Stadthälften aneinander reiben. Hierin sieht Wachs auch einen Nährboden für vielfältige Kreativität.

Nicht nur der Film, auch das Fernsehen hat inzwischen Konsequenzen aus den neuen politischen Verhältnissen gezogen. Längst sind die *Straßen von Berlin* mit ihren Verbrecherjagden und dem Kommissar im Roten Rathaus mindestens so attraktiv wie *Die Straßen von San Francisco,* Berlin ist Mittelpunkt von Vorabendserien geworden, es ist die ideale „Spielfläche", ein Ort, an dem jeder gesuchte Schauplatz, jedes soziale Gefälle, jeder Kontrast zu finden ist.

Friedrich Carl Wachs ist in seinen Gedanken und Empfindungen aufs engste mit den Produkten, die sein Unternehmen hervorbringt, aber auch mit der kreativen Filmszene verbunden. Er ist ein passionierter Betrachter von Filmen und Fernsehpoduktionen und versteht es trotzdem, diese Traumwelt von der Realität zu unterscheiden. Daß sich die Studio Babelsberg GmbH auf dem internationalen Markt gegen eine große Konkurrenz behaupten muß, ist ihm bewußt, aber der globale Kontext erscheint ihm auch als Chance, und er versucht sie jeden Tag neu wahrzunehmen, wenn er mit dem ihm eigenen Enthusiasmus seiner Arbeit nachgeht. Daß er sich heute außer über seine Familie über seine faszinierende Aufgabe in der Medienindustrie freuen kann, verdankt er, das ist ihm immer bewußt, der politischen Wende in Deutschand, die er von Anfang an mit so viel Sympathie begleitet hat.

In weiter Ferne so nah

Detlef Graf von Schwerin

1986 war Detlef von Schwerin gerade auf einer Fahrt durch die DDR von Berlin nach Hamburg und hörte unterwegs im Autoradio eine Rede von Gorbatschow, in der dieser seine neue Politik erläuterte. Von Schwerin war so fasziniert von den für einen Generalsekretär der UdSSR ungewöhnlichen Ideen, daß er am Abzweig Wittstock statt nach Hamburg Richtung Rostock fuhr. Die Verspätung von drei Stunden konnte er den DDR-Kontrolleuren, als er vor Hamburg die Grenze passieren wollte, nur schwer erklären und nahm zu der Ausrede Zuflucht, er habe unterwegs geschlafen. Das Vergehen kostete ihn eine halbe Stunde Wartezeit. Damals konnte er sich nicht vorstellen, daß man auf dieser Strecke nur wenige Jahre später fahren würde, ohne durch Grenzkontrollen behindert zu werden.

Aber daß Gorbatschows Worte die Welt verändern würden, wenn auch weniger radikal, als es später geschah, begriff er schon an jenem Tag und beobachtete die Entwicklung in der Sowjetunion nun sehr genau.

Von Schwerins Interesse an Politik und Geschichte ist ihm in die Wiege gelegt worden. Seine beiden Großväter waren im Staatsdienst, der Großvater von Schwerin als Diplomat, der Vater der Mutter, Heinrich Sahm, von 1919–1935 zunächst als Senatspräsident von Danzig, danach als Berliner Oberbürgermeister. Von Schwerins Vater war als Angehöriger des Widerstands gegen das NS-Regime nach dem 20. Juli 1944 hingerichtet worden, und als Detlef von Schwerin mit vierzehn Jahren in

Begleitung seiner Mutter zum erstenmal nach Berlin kam, zeigte sie ihm verschiedene Orte, wichtige Stationen ihres bewegten Lebens als Tochter des Oberbürgermeisters und schließlich als Ehefrau des Widerstandskämpfers.

Von Schwerin absolvierte einen Teil seines Geschichtsstudiums in Berlin, um die Stadt und ihre Geschichte besser kennenzulernen. Sein Berufsziel war ursprünglich der Journalismus, vorher aber promovierte er im Fach Geschichte über Stammesgesellschaften in Nordindien. Danach ging er für zwei Jahre nach New York und arbeitete im Asien- und Pazifik-Büro des United Nations Development Programme (UNDP).

Von Schwerin bedauerte damals, daß er in dieser Stadt keine politische Arbeit leisten und nur wenig zur Beseitigung der sozialen Mißstände beitragen konnte. Um seinen Wunsch, zu Hause politisch zu arbeiten, besser realisieren zu können, ging er zu Dienste in Übersee, einer kirchlichen Organisation der Entwicklungszusammenarbeit, nach Stuttgart und engagierte sich neben seiner Arbeit bei der SPD.

1982 zog von Schwerin mit seiner Frau Kerrin, Privatdozentin für Neuere Geschichte Südasiens, und den beiden Söhnen nach Berlin, wo er beim Deutschen Entwicklungsdienst (DED) als Regionalreferent für Asien arbeitete und Kerrin von Schwerin am Otto-Suhr-Institut der FU lehrte. Die Nähe zur DDR nutzte von Schwerin und besuchte das andere Deutschland häufig. Sympathien für die DDR hatte er zu keiner Zeit, auch als sozialistisches Experiment auf deutschem Boden konnte der überzeugte Sozialdemokrat sie nicht gelten lassen.

Besonders ein Besuch 1982 im Aufnahmelager in Berlin-Marienfelde, wo er sich mit dem Schicksal von Flüchtlingen vertraut machte, die in der DDR unter teilweise unerträglichen Bedingungen gelebt hatten und ihm von ihren Erfahrungen in den Gefängnissen, dem mangelnden Arbeitsschutz in Betrieben und der mangelnden geistigen Freiheit berichtet hatten, bestätigte seine Einstellung.

Dennoch blieb er offen für einen geistigen Austausch mit DDR-Intellektuellen, besonders mit der befreundeten Ostberliner Journalistin und Schriftstellerin Anette Leo, die er schon aus Studentenzeiten kannte. Sie betrachtete die Lage in ihrem Land zwar kritisch, warb jedoch um Verständnis für die besondere Situation und die Probleme der DDR. Die oft lebhaften Diskussionen zwischen von Schwerin und Anette Leo, bei denen man sich selten auf gemeinsame Sichtweisen einigen konnte, belebten ihre Freundschaft, die unbeeinflußt von allen Meinungsverschiedenheiten immer weiter bestand und bis heute anhält. Diesen geistigen Austausch, der sonst nur auf Kirchenebene oder unter hochrangigen Politikern stattfand, pflegte von Schwerin all die Jahre über ganz selbstverständlich und war dadurch nicht nur mit der DDR und ihren Problemen vertraut, sondern machte die Erfahrung, daß die Verständigung zwischen beiden Ländern auch bei großer gegenseitiger Aufgeschlossenheit und Toleranz schwierig blieb.

1988 beschlossen Detlef und Kerrin von Schwerin, für ein paar Jahre nach Nepal zu gehen. Er sollte das Büro des Deutschen Entwicklungsdienstes in Katmandu übernehmen, sie wollte sich ihrer Forschungsarbeit widmen. Das Büro plante und koordinierte die Arbeit von 40 deutschen Fachkräften in den unterschiedlichsten Projekten und betreute die mitausgereisten Familien.

Vor seiner Abreise machte sich das Ehepaar Gedanken darüber, was geschehen würde, sollte in ihrer Abwesenheit die deutsch-deutsche Grenze geöffnet werden. Es war nur eine leise Vorahnung, keine Gewißheit, die sie zu solchen Überlegungen veranlaßte. Eine gewisse Rolle spielte dabei, daß in den letzten Monaten in Westberlin immer mehr Immobilien in Mauernähe verkauft worden waren. Die von Schwerins gewannen den Eindruck, daß sich etwas bewegte. Die Vermutung war jedoch nicht stark genug, sie von ihrem langgehegten Plan abzuhalten, fünf Jahre in Asien zu verbringen, dem Kontinent, der sie faszinierte und über den beide wissenschaftlich gearbeitet hatten.

Das Leben in Katmandu, der Hauptstadt Nepals, war nicht immer einfach. Das Trinkwasser mußte abgekocht und gefiltert, alle Lebensmittel mußten mit Kaliumpermanganat desinfiziert werden, die sozialen Probleme des Landes waren überall spürbar, die hygienischen Verhältnisse katastrophal, da es keine Kanalisation und richtige Müllabfuhr gab. Die Menschen litten häufig unter Stauballergien, Infektionen aller Art und Blutvergiftungen.

Wie bei allen bisherigen Auslandsaufenthalten erlebten die von Schwerins trotz der Schwierigkeiten ihre Zeit in Katmandu als bereichernd und anregend. Die ganz andere Kultur und die wunderschöne Landschaft genossen sie in vollen Zügen.

Was in der Weltpolitik geschah, erfuhren sie nur mit Verspätung und nur spärlich. Da sie keinen Weltempfänger und keinen Fernseher hatten und nur ein Plattenspieler im Haus stand, hatten sie in Katmandu nie aktuelle politische Informationen über das Leben in Deutschland und Europa. Außer der *International Herald Tribune* gab es nicht viel zu lesen, und diese kam immer erst einen Tag später. Vom Fall der Mauer erfuhren die von Schwerins erst am folgenden Tag durch einen Anruf aus Deutschland. Bei den Entwicklungshelfern waren die Reaktionen auf die Ereignisse in Berlin erstaunlich gedämpft, die deutsche Gemeinde in Katmandu reagierte überhaupt eher zurückhaltend. Man nahm zur Kenntnis, was geschehen war, fühlte sich aber nicht persönlich betroffen. Um den Fall der Mauer angemessen zu würdigen, luden Kerrin und Detlef von Schwerin am 15. November zu einer Feier ein. Es kamen Kollegen, Freunde und die beiden deutschen Botschafter und ihre Mitarbeiter. Die Botschaft der DDR in Katmandu hatte rein repräsentative Funktion, Botschaftspersonal gab es nur in der Botschaft der Bundesrepublik. Während die Westdeutschen euphorisch und ungezwunden zu der Feier kamen, erschien der DDR-Botschafter im Dienstwagen mit Stander und blieb den ganzen Abend über steif und förmlich. Er schien angesichts der neuen Situation eher verunsichert, und ob er sich über die Öffnung der Mauer freute, war nicht auszumachen.

Die gleichmütige Reaktion ihrer Landsleute war für Kerrin und Detlef von Schwerin kaum zu verstehen. Weihnachten 1989 empfanden sie es als nur schwer erträglich, so weit von den Ereignissen entfernt zu sein. Ihr Weihnachtsbesuch brachte Videos mit, so erlebten sie mit Verspätung, was in Berlin geschehen war. Sie waren sehr bewegt und verspürten zum erstenmal so etwas wie Heimweh.

Unter dem Einfluß der großen politischen Veränderungen in Europa und der Sowjetunion gerieten allmählich auch in Katmandu die politischen Verhältnisse in Bewegung. Die Opposition gegen das Königshaus fühlte sich von den Ereignissen in Osteuropa ermutigt, forderte demokratische Rechte und wurde dabei von indischer Seite unterstützt. Es kam zu Aufständen und schließlich zum Generalstreik.

Detlef von Schwerin wollte die im März stattfindenden ersten freien Wahlen in Ostdeutschland seit 1932 miterleben und nahm sich zehn Tage Urlaub, um nach Hause zu fahren.

Um mitten im Geschehen zu sein, beschloß er, sich am Wahlkampf seiner Partei zu beteiligen. Er wurde von Thomas Krüger zur SPD-Wahlkampfleitung für die DDR geschickt. Diese war in der ehemaligen SED-Bezirksparteischule in der Nähe des Märkischen Museums untergebracht, ein düsteres Gebäude, das seit dem Ende der SED-Herrschaft leergestanden hatte und in dessen sechster Etage sich der Wahlkampfleiter der SPD-Ost für die DDR aufhalten sollte. Tatsächlich saß er dort auch spät abends ganz allein, nur unterstützt durch ein Funktelefon. Hier erfuhr von Schwerin, wo er am nötigsten gebraucht wurde, nämlich in Sachsen. So traf er sich mit dem damaligen SPD-Vorsitzenden Ibrahim Böhme in Karl-Marx-Stadt am großen Marxkopf und war fortan Mitglied des ständigen Wahlkämpferteams der SPD Karl-Marx-Stadt. Wahlkampferfahrung besaß er aus Stuttgart, wo er ebenfalls für die SPD gearbeitet hatte. So organisierte er Autokorsos durch Neubauviertel mit Transparenten und Lautsprecheransagen. Die Mitarbeiter gehörten allen Altersstufen an. Es gab junge Leute um die Zwanzig oder Ältere, die es genossen, noch einmal unter freiheitlichen Bedingungen politisch aktiv zu sein. Besonders die mittlere Generation, Leute, die zu DDR-Zeiten marginalisiert gewesen waren, engagierten sich und schienen am stärksten motiviert. Die Atmosphäre war offen und herzlich, es herrschte große Begeisterung, und von Schwerin als einziger Westdeutscher fühlte sich nicht als Außenseiter, sondern wurde von allen freundlichst aufgenommen.

Das Ergebnis des Wahlkampfs brachte große Ernüchterung. Nicht nur, daß die positiven Umfrageergebnisse falsch gewesen waren, auch die Erwartungen, die alte SPD- und Arbeitertradition Sachsens werde neu belebt werden, trafen nicht ein. Offensichtlich war von der früheren SPD gar nichts übriggeblieben.

Im Zuge dieser Ernüchterung dachte die neue SPD in Sachsen über Fehler während des Wahlkampfes nach, kam aber zu dem Ergebnis, daß gegen die populistischen Versprechungen des Bundeskanzlers nur schwer anzukommen sei. Die SPD in Karl-Marx-Stadt hatte einen wichtigen Teil ihres Immobilienvermögens zurückerhalten und beflaggte als symbolischen Akt ihre Gebäude mit der Fahne der SPD. Detlef von Schwerin blieb trotz der Wahlniederlage mitten im Geschehen. Der Gedanke, eventuell in Deutschland bleiben zu können und vor Ort aktiv mitzuarbeiten, war ausgesprochen verlockend.

Nach seiner Rückkehr aus Karl-Marx-Stadt nach Berlin war von Schwerin von dem SPD-Präsidiumsmitglied Gottfried Timm aus Röbel an der Müritz gefragt worden, ob er bei der Vorbereitung der Kommunalwahlen im Mai helfen wolle. Er telefonierte mit seiner Frau und fragte sie, was sie davon halte, wenn er in Deutschland bliebe. Nicht jede Ehefrau, die sich allein mit zwei Kindern in einem fernen Land mit unruhigen politischen Verhältnissen aufhält, würde so reagieren, wie Kerrin von Schwerin es tat. Sie stimmte sofort zu, obwohl die finanzielle Situation ihres Mannes völlig ungeklärt war. Daß er etwas für die deutsche Einheit tun konnte, war das übergeordnete Ziel, das ihr wichtiger erschien. Schon immer war es sein Wunsch gewesen, politisch tätig zu sein, er hatte bei den Vereinten Nationen in New York gearbeitet, hatte dort den Sozialdemokratischen Gesprächskreis New York mitbegründet, in dem regelmäßig Vorträge stattfanden, aber richtige politische Arbeit war dort nie möglich gewesen. Sie gönnte ihm seine Begeisterung und seine neue Aufgabe von Herzen.

So kündigte er kurzentschlossen innerhalb von drei Tagen beim Deutschen Entwicklungsdienst, der ihn vorzeitig aus dem Vertrag entließ. Der Geschäftsführer bemerkte dazu, dies Entgegenkommen sei der Beitrag des DED zur deutschen Einheit. Daß von Schwerin dabei als Familienvater von 45 Jahren ein großes Risiko einging, wußte er. Aber er wollte diese besondere Situation nutzen, um etwas zu tun, was nicht nur seiner Überzeugung, sondern auch der Tradition seiner Familie entsprach, nämlich Pflichten zu übernehmen, wenn sie sich ergaben

Die Ost-SPD stellte ihn schließlich befristet ein. Das Gehalt lag bei knapp 1000.- DM, aber für die Situation, in der sich Ostdeutschland befand, erschien es von Schwerin angemessen. Andere Westdeutsche waren durch die Baracke in Bonn abgesichert, was ihm als Außenseiter nie gelang. Doch nahm er dies alles kaum wahr.

In den ersten Berliner Wochen war von Schwerin intensiv mit der Vorbereitung des Wahlkampfprogramms für die Kommunalwahlen am 6. Mai beschäftigt, danach arbeitete er unter anderem am SPD-Entwurf für eine neue Kommunalverfassung mit, und wenig später begann die Vorbereitung des dritten Wahlkampfs, diesmal für die neuen Landtage, an dem er innerhalb dieser wenigen Monate beteiligt war. Damals gab es im Vorstand der Ost-SPD Auseinandersetzungen, ob man sich von professionellen Agenturen helfen lassen solle oder nicht. Es war eine Frage der Identität, man war darauf bedacht, seine Autonomie zu wahren. Aber schließlich wollte man die Wahlen gewinnen, und so entschied man sich dafür. In dieser Situation fiel der SPD-Geschäftsführer krankheitsbedingt aus, dessen Funktion nominell vom Schatzmeister Hinrich Küssner übernommen wurde. Von Schwerin wurde stellvertretender Geschäftsführer und übernahm auch die tägliche Arbeit DDR-weit im Landtagswahlkampf und in der Vorbereitung der Vereinigung der bisher getrennten Ost- und West-SPD.

Inzwischen machte er sich Sorgen um seine Familie, die das Ende des Schuljahres der beiden Söhne abwartete. Die politische Lage in Katmandu hatte sich zugespitzt, und auch ein Umsturzversuch hatte stattgefunden. Es gab über tausend Tote durch Schüsse der Polizei, der Flughafen wurde geschlossen, und es herrschte Ausgangssperre. Im Juni 1990 fuhr von Schwerin schließlich nach Nepal, um die Familie sicher zurückzuholen.

Unterwegs rekapitulierte er die Ereignisse der aufregenden letzten Monate. Nach der Konstituierung der Volkskammer war er, als Fraktionsmitarbeiter gesucht wurden, nicht in die Fraktion gewechselt, sondern weiterhin beim Parteivorstand der Ost-SPD geblieben. Da die CDU weiterhin die stärkste Fraktion bildete, wurde Sabine Bergmann-Pohl Volkskammerpräsidentin und nicht Reinhard Höppner, der SPD-Kandidat, der sich aber als ihr Stellvertreter hervorragend bewährte und die Anerkennung aller Parteien fand. Der SPD mangelte es nach wie vor an Mitarbeitern für die zahlreichen Arbeitskreise, die gebildet werden mußten. Viele Mitglieder übernahmen wie von Schwerin mehrere Funktionen.

Kurz nach der Volkskammerwahl, noch im April, wurde Ibrahim Böhme aufgrund eindeutiger Beweise als IM entlarvt. Böhme trat als Parteivorsitzender zurück und hinterließ eine große Lücke, da er eine charismatische Ausstrahlung besaß.

Auf dem Sonderparteitag am 9./10. Juni in Halle kandidierte Gottfried Timm als Vorsitzender. Wolfgang Thierse, der bis dahin kein Parteiamt bekleidete und zunächst angekündigt hatte, daß er nicht kandidieren wolle, ließ sich plötzlich doch aufstellen, hielt eine flammende Rede und gewann die Wahl.

So sei eben Politik, meint von Schwerin heute dazu. Zu Gottfried Timm, mit dem er sehr gern zusammengearbeitet hat und der seit 1998 Innenminister in Mecklenburg-Vorpommern ist, hält er noch immer Verbindung.

Nach der Rückkehr aus Nepal im Juli erlebte von Schwerin die Auseinandersetzungen in der Fraktion um einen vorzeitigen Regierungsaustritt. Richard Schröder legte sein Amt als Fraktionschef nieder, weil er es lieber gesehen hätte, daß die SPD bis zum Ende der DDR in der Regierung blieb und alle wichtigen Entscheidungen mittrug.

Von Schwerin war in diesen Sommerwochen extrem eingespannt, wußte aber, daß durch die Vereinigung der beiden sozialdemokratischen Parteien und der beiden Deutschlands sein Auftrag zu Ende gehen würde. Im Vorfeld der Vereinigung der Ost- mit der West-SPD war eine seiner Aufgaben gewesen, für die Mitarbeiter des Vorstandes Ost möglichst eine Weiterbeschäftigung zu sichern. Er selbst stand beruflich jedoch vor dem Nichts. Im September nahm er deshalb Kontakt zu Alwin Ziel auf, der in der de Maizière-Regierung Staatssekretär von Regine Hildebrandt und bei einem eventuellen SPD-Wahlsieg in Brandenburg als Innenminister im Gespräch war.

Nach dem SPD-Sieg in Brandenburg ging von Schwerin mit dem designierten Innenminister Ziel nach Potsdam. Seine Aufgabengebiete waren bald der Verfassungsschutz und die Polizei. Aus dem Partnerland Nordrhein-Westfalen kamen zahlreiche Mitarbeiter, darunter zwei Berater, die Modelle für die drängende Reorganisation der Polizei erarbeiteten.

Von Schwerin schrieb derweil einen Entwurf für ein Verfassungsschutzgesetz nach Berliner Muster. Schließlich wurde ihm die Mitarbeit an verantwortlicher Stelle bei dem Verfassungsschutz oder der Polizei angeboten. Er entschied sich für die Polizei. Hier gab es, wie ihm schien, eine Fülle entscheidender Probleme zu lösen. Die Polizei litt unter mangelnder Akzeptanz und hielt sich aus Unsicherheit zurück bis zur

Untätigkeit. Von Schwerin nahm die Herausforderung an. In den ersten Monaten, die er an seinem Schreibtisch in der früheren Bezirksdirektion der Volkspolizei in der Henning von Tresckow-Straße verbrachte, war das Arbeitspensum kaum zu bewältigen. Eine Menge Maßnahmen zur Neuordnung und Umstrukturierung mußten in die Wege geleitet werden, das Personal der Volkspolizei wurde nach einer Überprüfung nahezu vollständig übernommen.

Inzwischen ist die Umwandlung der Volkspolizei in eine dem Grundgesetz verpflichtete Polizei weitgehend gelungen.

Auf dem Weg dahin lernte von Schwerin viele Menschen und ihre Schicksale kennen und weiß heute sehr genau, wieviel Kraft und auch Selbstverleugnung es die einzelnen oft gekostet hat, in der DDR zu leben. Von Schwerin, der eine liberale Auffassung von der Rolle der Polizei und der Strafverfolgung hat, muß diese nicht selten in Diskussionen gegen simplifizierende Stammtischansichten verteidigen. Viele glauben immer noch, man könne von der Polizei durch autoritäres Eingreifen Wunder erwarten und so die gesellschaftlichen Probleme lösen. Zu verstehen, daß dies in einer demokratisch verfaßten Gesellschaft anders sein muß, ist ein schwieriger Lernprozeß für viele, selbst im Westen. Auch von Schwerin hat viel gelernt. Aus dem auf Asien und Entwicklungsfragen spezialisierten Historiker, der immer ein bewußter Demokrat und engagierter Bürger war, ist inzwischen auch ein Fachmann in Sachen Polizei geworden, der weiß, welchen wichtigen und unverzichtbaren Stellenwert sie in einer Gesellschaft hat.

Von Schwerin und seine Frau, die inzwischen ihre wissenschaftliche Arbeit fortgesetzt hat, bereuen es bis heute nicht, daß sie 1990 so überstürzt aus Nepal zurückgekommen sind. Detlef von Schwerin sieht in seiner jetzigen Arbeit einen wichtigen Beitrag zur deutschen Vereinigung, und sie ist, trotz aller Energie und Mühe, die sie ihn manchmal kostet, seine berufliche Erfüllung.

Immer dabeisein und nie dazugehören

Sabine Christiansen

Zehn Jahre, von 1987 bis 1997, moderierte sie die *Tagesthemen* in der ARD, war, als sie dort begann, knapp dreißig Jahre alt und wurde sehr schnell zu einem Prototyp im modernen Fernsehjournalismus. Eine junge Frau, die sich durch Sachlichkeit und Präzision auszeichnete und auch ohne gewinnendes Lächeln überzeugen konnte, hatte es so noch nicht gegeben. Sie erhielt für ihre Arbeit mehrere Preise und war aus den *Tagesthemen*, die sie lange Zeit abwechselnd mit Hanns Joachim Friedrichs moderierte, kaum noch wegzudenken. In dieser Sendung, bei der es auf höchste Aktualität ankommt und in der vor allem die Ereignisse eines Tages über die Nachrichten hinaus durch Interviews und Hintergrundwissen ergänzt und kommentiert werden, war sie geistesgegenwärtig und flexibel, immer bereit, sich auf Unvorhergesehenes und Neues einzustellen. Bei dieser Arbeit war sie in hohem Maße abhängig vom Tagesgeschehen. Wie alle Journalisten, die für Aktuelles zuständig sind, war sie nicht immer in der Lage, sich mit Themen intensiver auseinanderzusetzen, sich länger darauf vorzubereiten oder selbst vor Ort zu recherchieren. Ganz besonders traf dies in der Zeit vor dem Fall der Mauer zu. Damals war sie mehr als sonst in einer gewissen Alarmbereitschaft, ein Umstand, von dem man in einer solchen Sendung wenig spüren darf. Eine Moderatorin muß die Dinge sachlich präsentieren und ihren Interviewpartnern geistesgegenwärtig präzise Fragen stellen. Bei den Vorbereitungen des abendlichen Pro-

gramms jedoch hatte die spannungsgeladene Atmosphäre der damaligen Zeit schon ihre Auswirkungen auf Sabine Christiansen. Immer wieder fragte sie sich: Wie lange geht das noch gut? Wann eskaliert die Situation? Werden die DDR-Bürger es weiterhin schaffen, friedlich zu demonstrieren? Sie bewunderte den Mut der Menschen, die mit ihren Forderungen und der Darstellung von Problemem und Mißständen im Land die DDR-Führung immer stärker provozierten, fürchtete aber zugleich, daß es in großem Ausmaß zu gewaltsamem Vorgehen gegen Demonstranten kommen würde. Gerade in ihrer aktuellen Sendung fühlte sich Christiansen verpflichtet, möglichst viel über die Vorgänge in der DDR zu berichten, die sich zunehmend in Aufruhr befand. Um dies zu realisieren, waren sowohl die Korrespondenten der ARD wie Klaus Richter, Horst Hano, Erhard Thomas und andere von unschätzbarem Wert, viele Informationen erhielt sie, da es in der DDR kein festes Informationsnetz gab, auch durch Bürgerrechtler, die sich hier besonders engagierten, damit ihre Aktionen im Westen publik wurden. Auch dies war für Dissidenten ein Mittel, die eigene Regierung unter Druck zu setzen. Durch sie erfuhr Christiansen von der Umweltzerstörung in der Lausitz und in Bitterfeld, vom Verfall vieler Städte, vom wirtschaftlichen Niedergang der Kombinate und ganzer Regionen.

In den vielen Wochen, in denen der Druck auf die DDR-Regierung immer stärker wurde und das Geschehen sich zunehmend dramatisierte, konnte Sabine Christiansen diese Entwicklung zu ihrem Bedauern oft nur indirekt, über die Berichte der Korrespondenten, verfolgen. Nur selten gelang es ihr, vor Ort zu sein, selbst die Atmosphäre zu spüren, etwas, was ihr eigentlich besonders liegt.

Am vierzigsten Jahrestag der DDR war ihr Wunsch, selbst dabeizusein, besonders groß. So fuhr sie, obwohl an jenem Tag ausländische Journalisten nur in begrenzter Zahl zugelassen waren, mit einem Ausweis, der den Namen eines Kollegen, aber ihr Foto trug, mit klopfendem Herzen nach Ostberlin. In diesem Moment wäre sie gern nicht beim Fernsehen, sondern bei einer Zeitung gewesen, weil man ihr Gesicht kannte und sie fürchtete, bei den Kontrollen aufgehalten zu werden. Doch lasen die „Organe" am Ende nicht den Namen auf ihrem Ausweis, und so konnte sie mitten im Geschehen sein. Wie würde der mächtigste Mann der DDR auftreten, in einer Situation, in der sein Land sich in einer solchen Krise befand? Die Atmosphäre auf der Tribüne war anders als sonst, Resignation und eine gewisse Morbidität hingen in der Luft, die Gesichter wirkten versteinert, viele Menschen im Publikum blickten skeptisch. Der Eindruck, der Christiansen in den letzten Wochen immer wieder beschäftigt hatte, wurde intensiver: Das kann auf Dauer nicht gutgehen. Wann was geschehen würde, konnte sie sich nicht konkret vorstellen; sie hoffte immer nur, daß es nicht zu einer Katastrophe käme.

Kurze Zeit später, im November 1989, fuhr sie für vier Tage zu Gesprächen nach Honkong. Sie vermutete, daß sich in dieser Zeit nichts Entscheidendes verändern würde, daß es weiter Demonstrationen geben, immer neue Flüchtlinge herüberkommen würden, die Kritik der Opposition immer lauter und radikaler werden würde. Was dann geschähe, wagte sie sich nicht auszumalen. Die latente Angst blieb.

Die Reise war auf vier Tage angelegt, und kaum war sie an ihrem Ziel angekommen, erfuhr sie von der Maueröffnung. Am liebsten hätte sie gleich das nächste Flugzeug genommen, um am Ort des Geschehens zu sein. Doch erwarteten sie in Honkong andere Verpflichtungen. Soviel Zeit wie möglich verbrachte sie vor dem Fernseher, sah CNN und traute ihren Augen und Ohren nicht. Als bei einer Besprechung im deutschen Generalkonsulat die Rede auf die Ereignisse in Berlin kam, herrschte bei allen Erstaunen und Ungläubigkeit. Was würde geschehen? War die deutsch-deutsche Grenze wirklich für immer geöffnet, oder würde alles wieder rückgängig gemacht?

Es erschien Sabine Christiansen wie eine Erlösung, wieder nach Hause nach Berlin zu kommen und sich dort mit eigenen Augen von der überraschenden Wendung der Ereignisse überzeugen zu können. Ihre Freude war immens, vor allem darüber, daß im Verlauf der Ereignisse weder Gewalt gegen Demonstranten angewendet worden war, noch die Flüchtlinge an der Ausreise gehindert worden waren.

Viel Zeit, in den nächsten Monaten grundsätzlich über Sinn und Hintergrund des Wendegeschehens nachzudenken, blieb Christiansen nicht. Die Kette von Ereignissen riß nicht ab: Krenz wurde gestürzt, die Modrow-Regierung wurde inauguriert, die Ost- und Westparteien nahmen Kontakt zueinander auf, aus diversen Gruppen wurde Bündnis '90 gebildet, die Runden Tische entstanden, es gab dort stundenlange politische Diskussionen, die Staatsverschuldung der DDR wurde offenbar. Auf all dies immer schnell zu reagieren, die richtigen Interviewpartner für die Sendung zu finden, wirklich aktuell zu sein, so genau wie möglich zu informieren, nahm Christiansen stark in Anspruch. Doch war es eine Situation, wie sie sie mag. Improvisieren müssen, sich schnell in neue Themen und Fragestellungen einarbeiten, spontan reagieren und sich nicht beirren lassen, wenn alles ganz anders kommt – als gedacht all das sind Dinge, die ihr großen Spaß machen und die sie weniger ermüden, als anspornen und beleben. Der Zwang, schnelle Entscheidungen zu treffen, in aller Eile zu kombinieren, welche Person zu welchem Thema das Wichtigste zu sagen hat, und sie für ein Interview zu gewinnen, erfordert ein besonderes Reaktionsvermögen, aber auch innere Ruhe und keine störende Nervosität. Wenn etwas nicht klappt, muß man sich etwas Neues ausdenken, und eine Lösung hat Christiansen in den zehn Jahren *Tagesthemen* noch immer gefunden, auch wenn es vielleicht nicht immer die optimale und von ihr bevorzugte war.

Bei der Ereignisflut von 1989 / 90 galt es oft, aus dem Stand von einem Thema zum anderen zu springen. Hierbei haben ihr nicht nur die Korrespondenten und Mitarbeiter geholfen, sondern auch die Tatsache, daß sie, seit sie bei den *Tagesthemen* arbeitete, oft nach Ostberlin gereist war, sich im dortigen ARD-Studio häufig mit Kollegen unterhalten, Personen aus Politik und Wirtschaft getroffen und viele Publikationen über die DDR, die Bundesrepublik und Probleme der deutsch-deutschen Beziehungen gelesen hatte. Dadurch verfügte sie über einen Wissensfundus, der ihr die Vorbereitung auf die diversen, schnell wechselnden Themen leichter machte.

Während der Monate der Wende blieb für solche Aktivitäten allerdings kaum Zeit. Doch war sie über Aktuelles immer informiert und gegenüber allem, was passieren konnte, aufgeschlossen, und sei es noch so unwahrscheinlich, und das erleichterte es ihr, schnell zu reagieren. Zu den wenigen wichtigen Ereignissen, die sie selbst erleben konnte, gehörte der Kohl-Besuch in Dresden am 19. Dezember 1989, da sie von dort die *Tagesthemen* moderierte. An diesem Tag kam Bewegung in das deutsch-deutsche Verhältnis: Noch kurz zuvor hatte sich eine große Mehrheit der DDR-Bürger gegen eine Wiedervereinigung ausgesprochen, doch an diesem Tag erschien vor Kohls Hotel eine Menschenmenge, die ihn mit Fahnen und Transparenten mit dem Slogan „Deutschland einig Vaterland" empfing. Christiansen war erstaunt, wie schnell die Menschen das Ruder herumwarfen und nun auf die Einheit zusteuerten. Die Ergebnisse der Gespräche, die Modrow und Kohl in Dresden geführt hatten, gaben beide Politker auf einer Pressekonferenz bekannnt. Es war beschlossen worden, noch vor Weihnachten das Brandenburger Tor zu öffnen, bis Weihnachten eine Amnestie für alle politischen Gefangenen zu erlassen. An Heiligabend sollten Bundesbürger visafrei in die DDR reisen und ab 1. Januar ihr Geld in der DDR zu einem Kurs von 1:3 umtauschen können. In der nächsten Zeit sollte ein Vertrag über „Zusammenarbeit und gute Nachbarschaft" erarbeitet werden.

Daß es so bald zur deutschen Einheit kommen würde, hatte Sabine Christiansen zunächst nicht gedacht, sondern war von einer Föderation beider deutscher Staaten ausgegangen. Je mehr aber über die desolate wirtschaftliche Situation der DDR bekannt wurde, desto öfter stellte sie sich die Frage, wie das Land seine Eigenständigkeit und ökonomische Unabhängigkeit bewahren sollte. Als „aktuelle" Journalistin aber war sie ohnehin gezwungen, die neue Situatione unabhängig von einer persönlichen Bewertung als Realität zu würdigen.

In der Zeit der Wende gab es auch die ersten Kontakte mit Kollegen vom DDR-Fernsehen, die in keiner einfachen Situation waren. Es war abzusehen, daß sich ihre bisherigen Institutionen verändern würden, auch waren viele Personen in ehemals leitender Position bald nicht mehr da. Die *aktuelle kamera* übertrug stundenlange Diskussionen, ihre Berichterstattung änderte sich gegenüber früher stark, doch hatten die ostdeutschen Medien aufgrund der schnellen Entwicklung auf eine Einheit hin – bei der auch eine Anpassung an westliche Rahmenbedingungen zu erwarten war –, wenig Aussichten, sich in einem längeren Prozeß selbst zu regenerieren und zu reformieren. Auch herrschte in der DDR-Bevölkerung ein gewisses Mißtrauen gegenüber den Einrichtungen, die so lange Herrschaftsinstrument gewesen waren, und sie wandten sich zunehmend den Westmedien zu. Christiansen erinnert sich, daß es in den Monaten nach dem Mauerfall relativ wenige und nicht allzu intensive Begegnungen mit Kollegen des Ostfernsehens gab. Nur selten bekam sie bei solchen Gesprächen Hinweise und Informationen, die sie für die Berichterstattung verwenden konnte, und deshalb verließ sie sich im allgemeinen auf die Korrespondenten der ARD.

Im Zuge der Vereinigung wurden DDR-Rundfunk und -Fernsehen weitgehend abgewickelt, die Mitarbeiter bewarben sich bei den neugeschaffenen Anstalten MDR, dem ORB und Deutschland-Radio. Viele wurden arbeitslos, andere arbeiten seither als freie Journalisten.

Diese umfassende Neustrukturierung der Institutionen, bei der auch das bundesdeutsche Medienrecht auf die neuen Länder übertragen wurde, ist nach Meinung Christiansens im ganzen gelungen, wenn sie auch annimmt, daß es bei der personellen Umstrukturierung zu Ungerechtigkeiten gekommen sein könnte. Nicht alle, die wegen Stasi-Mitarbeit ihre Stelle verloren hätten, seien zu Recht entlassen worden, und der Verlust der beruflichen Existenz durch den Untergang der DDR sei für viele Rundfunk- und Fernsehmitarbeiter gewiß schwer zu verkraften. Doch glaubt sie, daß Mühlfenzl, der im Auftrag der Bundesregierung die DDR-Medien abwickelte, die Aufgabe im großen und ganzen gemeistert hat.

Im Juli 1996 unternahmen die *Tagesthemen* eine Tournee durch die neuen Länder, um dem Publikum näher zu kommen, mit potentiellen und regelmäßigen Zuschauern zu sprechen und ihnen zu zeigen, wie die *Tagesthemen* arbeiten. Vierzehn Tage lang wurde die Sendung aus verschiedenen Städten ausgestrahlt, und es gab ein Rahmenprogramm. Tagsüber kamen interessierte Zuschauer und erkundigten sich nach der Arbeit der Journalisten. Christiansen hat gute Erinnerungen an die Tournee. Der Austausch mit der Bevölkerung gefiel ihr und machte ihr die Bedürfnisse des Publikums deutlich; das Interesse der Menschen daran, wie eine Sendung aus der Nähe aussieht, war groß. Wie weit die ARD durch die Tournee in der Publikumsgunst gewonnen hat, ist dennoch schwer zu sagen. Die Einschaltquoten variieren. Das Informationsbedürfnis ist generell, auch im Westen, sehr unterschiedlich und hängt immer auch davon ab, was gerade geschieht. In Krisen- und Kriegszeiten, bei besonderen Ereignissen sind Informationssendungen beliebter als in „normalen" Zeiten. In den neuen Ländern war in der Zeit nach der Wende eine gewisse Politikmüdigkeit festzustellen, das Interesse richtete sich eher auf Unterhaltung und auf Lokales, auch haben die Privatsender eine wichtige Rolle gespielt, die wenig Politik und viel Unterhaltung produzieren. Christiansen ist im Rückblick auf die Jahre seit dem Fall der Mauer mit allen Veränderungen, die sie auch im Bereich der Medien mit sich brachten, der Meinung, daß sich das neue System erstaunlich gut eingespielt hat.

Bei der Vielzahl von Begegnungen mit Prominenten aus aller Welt, der Beschäftigung mit vielbeachteten Themen und Problemen und angesichts der schnellen zeitlichen Abfolge all dieser Ereignisse ist es sehr schwer, alles im Gedächtnis zu behalten. Nur seltene Momente gibt es, von denen Christiansen sich sagt, daß sie eine kostbare Erinnerung für immer sind.

Dazu gehört für sie die Begegnung mit Willy Brandt am 3. Oktober 1989. In einem Büro des Reichstags suchte sie ihn vor den Vereinigungsfeierlichkeiten auf, um ihn zu begrüßen. Aber Brandt war wie abwesend und kaum ansprechbar. Er sah bewegt durch das geöffnete Fenster auf die Menge, die auf den Vorplatz strömte. Erst später konnte Christiansen mit ihm sprechen. Während der Feier am Abend stand sie neben dem Mann, der mit seiner Politik auf dieses Ereignis jahrelang hingearbeitet hatte und diesen Moment wider Erwarten noch erleben konnte. Dies hat sie tief beeindruckt.

Wenn der Druck der Aktualität nachläßt – sehr oft hat Sabine Christiansen diese Chance nicht, da sie sich auch ihrer neuen Sendung, die unter ihrem Namen firmiert, stark nach dem aktuellen Geschehen richtet, hat sie eine Lieblingsbeschäftigung: sich zu informieren und zu orientieren, am Rande großer Veranstaltungen mit Akteuren von Politik und Wirtschaft zu sprechen und so auf dem laufenden zu bleiben. An Dingen teilzunehmen, dabeizusein, wenn etwas geschieht, hat für sie besonderen Reiz, aber sie weiß auch, daß sie als Journalistin nie dazugehört, sondern immer die Rolle der kritischen Beobachterin einnehmen muß. Darin war ihr Hanns Joachim Friedrichs ein Vorbild.

Inzwischen ist ihr Name zum Markenzeichen einer neuen Art von Sendung avanciert, einer Mischung aus politischer Diskussion und Unterhaltung, wie es sie vorher in den bundesdeutschen Medien noch nicht gab. Sabine Christiansen hat so in den letzten Monaten maßgeblich zu einer Veränderung des Fernsehens beigetragen. Über Mangel an der in Zeiten des Quotenfernsehens so wichtigen Akzeptanz beim Publikum braucht sie nicht zu klagen, denn drei Millionen Zuschauer sehen *Sabine Christiansen* einmal pro Woche. Für die Brisanz und Aktualität der Themen und den Rang der Diskutanten findet sie inzwischen auch in der Presse Anerkennung.

Kurzbiographien

Marianne Birthler, geb. 1948 in Berlin-Friedrichshain, Abitur 1966, 1983–1987 als Katechetin und Gemeindehelferin in Berlin-Prenzlauer Berg tätig. 1986 Mitbegründerin des DDR-weiten Arbeitskreises Solidarische Kirche, ab 1988 Tätigkeit in verschiedenen oppositionellen Gruppen, Dez. 1989 – März 1990 Mitarbeit beim Runden Tisch, März bis Okt. 1990 Mitglied der Volkskammer, 3. Okt. bis 2. Dez. 1990 Mitglied des Bundestages, Okt. 1990 Wahl in den Landtag Brandenburg für das Bündnis '90, Nov. 1990 bis Okt. 1992 Ministerin für Bildung, Jugend und Sport in Brandenburg, Mai 1993 – Dez. 1994 Bundesvorstandssprecherin von Bündnis '90 / Die Grünen, seit Okt. 1993 Mitglied im Präsidium des Deutschen Evangelischen Kirchentags, seit Jan. 1995 Leiterin des Berliner Büros der Bundestagsfraktion Bündnis '90 / Die Grünen, Mutter von drei Töchtern.

Lothar Bisky, geb. 1941 in Zollbrück / Kreis Rummelsburg / Hinterpommern, Studium der Kulturwissenschaften in Leipzig, seit 1963 Mitglied der SED, 1969 Promotion, 1975 Habilitation. Medienwissenschaftliche und kultursoziologische Forschungsarbeit an der Universität Leipzig, 1979 Honorarprofessor an der Humboldt-Universität Berlin, 1986 Professor für Film-und Fernsehwissenschaften an der Hochschule für Film und Fernsehen Potsdam-Babelsberg. 1986–1989 Rektor der HFF. 1967 – 1980 Arbeit am Zentralinstitut für Jugendforschung und Akademie für Gesellschaftswissenschaften beim ZK der SED. Seit 1990 Fraktionsvorsitzender der PDS-Fraktion im Landtag Brandenburg, seit 1993 Bundesvorsitzender der PDS. Vater von drei Söhnen.

Hans Otto Bräutigam, geb. 1931 in Völklingen / Saarland, 1950 Abitur, Studium der Rechts- und Staatswissenschaften in München, Bonn, Paris und Harvard. 1958 – 1962 Assistent am Heidelberger Max-Planck-Institut, ab 1962 im diplomatischen Dienst, 1964 – 1966 im Büro des Außenministers Gerhard Schröder, 1966 – 1969 in Paris bei der deutschen NATO-Vertretung und an der deutschen Botschaft London tätig. Bis 1971 Vorbereitung der Viermächte-Verhandlungen für das Berlin-Abkommen, 1974 Aufbau der Ständigen Vertretung in Ostberlin, 1977 Stellvertreter des Missionschefs Günter Gaus. 1977 Leitung des Arbeitsstabs Deutschlandpolitik im Bundeskanzleramt. 1980 im Auswärtigen Amt zuständig für Staaten des Warschauer Paktes und die KSZE. 1989 Leiter der Ständigen Vertretung in Ostberlin. 1989 / 1990 UNO-Botschafter in New York, seit Dezember 1990 Minister für Justiz und Bundes- und Europaangelegenheiten des Landes Brandenburg. Vater von drei Kindern.

Sabine Christiansen, geb. 1957 in Preez / Holstein. Nach dem Abitur von 1976–1983 Flugbegleiterin bei der Deutschen Lufthansa, Sprachenausbildung, Gewerkschaftsarbeit, freie journalistische Tätigkeit. 1983 – 1985 journalistische Ausbildung beim Norddeutschen Rundfunk Hamburg, 1985 – 1987 Redakteurin und Moderatorin im Landesfunkhaus Hamburg in den Redaktionen Landespolitik / Wirtschaft, Nachrichten, Fernsehdokumentation. 1987 – 1997 Redakteurin *ARD-aktuell*, Moderatorin der *Tagesthemen*, seit 1997 Leitung der ARD-Sendung *Sabine Christiansen.*

Klaus Eschen, geb. 1939 in Berlin, Abitur 1958, bis 1962 Studium der Rechtswissenschaften an der FU Berlin, von 1963 – 67 Referendar, von 1964 – 1973 neben der Juristerei freiberuflicher Bildjournalist, 1967 – 1993 Rechtsanwalt in Berlin, Mai 1969 Gründung des Sozialistischen Anwaltskollektivs mit den Rechtsanwälten Horst Mahler und Hans-Christian Ströbele, ab 1983 auch Notar. Ab März 1992 Richter am Verfassungsgerichtshof des Landes Berlin mit einer Amtszeit von sieben Jahren, seit Mai 1993 Notar in Teltow / Brandenburg. Vater eines Sohnes.

Thomas Krüger, geb. 1959 in Buttstädt / Thüringen, 1979 Abitur und Abschluß als Plaste- und Elaste-Facharbeiter, 1981–1987 Studium der ev. Theologie in Berlin, 1987 Vikar in Berlin und Eisenach, 1989 Mitbegründer der SDP. 1990 Mitglied der Volkskammer, Mai 1990 bis Januar 1991 Stadtrat für Inneres und Erster Stellvertreter des Oberbürgermeisters im Magistrat von Ostberlin, danach Senator für Jugend und Familie, 1994–1998 Mitglied des Deutschen Bundestages, Medienexperte der SPD. Vater eines Sohnes.

Jutta Limbach, geb. 1934 in Berlin, Studium der Rechtswissenschaften in Berlin und Freiburg, 1962 zweites Staatsexamen und wissenschaftliche Assistentin im Fachbereich Rechtswissenschaften an der FU. 1966 Promotion, 1971 Habilitation, seit 1971 Professorin an der FU Berlin. 1989 Senatorin für Justiz des Landes Berlin, März 1994 Vizepräsidentin des Bundesverfassungsgerichts, seit Sept. 1994 Präsidentin. Mutter von drei Kindern.

Lothar de Maizière, geb. 1940 in Nordhausen, 1958 Abitur, Studium des Faches Viola an der *Musikhochschule Hanns Eisler*, 1969–1975 juristisches Fernstudium an der Humboldt Universität Berlin, bis 1975 tätig in verschiedenen Theater- und Kulturorchestern, danach Rechtsanwalt mit Schwerpunkt Steuer- und Wirtschaftsrecht. Seit 1985 Mitglied der Synode des Bundes der ev. Kirchen der DDR, 1987 Mitglied der Arbeitsgruppe Kirchenfragen der CDU, Nov. 1989 Vorsitzender der CDU. März bis Okt. 1990 Mitglied der Volkskammer, Ministerpräsident der DDR, Okt. 1990 einziger stellvertretender Vorsitzender der CDU, Okt. 1990 Mitglied des Deutschen Bundestags; Okt. bis Dez. 1990 Bundesminister für besondere Aufgaben. Okt. 1991 aus dem Deutschen Bundestag ausgeschieden, seither Rechtsanwalt in Berlin. Vater von drei Töchtern.

Walter Momper, geb. 1945 in Sullingen / Niedersachsen, Abitur 1964, Studium der Geschichte und Politikwissenschaft, 1969 – 1972 wiss. Mitarbeiter am Otto-Suhr-Institut und wiss. Angestellter am Geheimen Staatsarchiv der Stiftung Preußischer Kulturbesitz, 1982 – 1986 Geschäftsführer der Historischen Kommission Berlin. Seit 1967 Mitglied der SPD, 1969 – 71 Vors. der Kreuzberger Jusos, 1974 stellv. Kreisvorsitzender der SPD Kreuzberg, 1973 – 75 Landesparteitagsdelegierter, 1978 Mitglied im Landesvorstand der Berliner SPD, 1980 – 85 Vorsitzender im Bezirk Kreuzberg, seit 1975 im Abgeordnetenhaus, Okt. 1986 Landesvorsitzender und Fraktionsvorsitzender. März 1989 – Nov. 1990 Regierender Bürgermeister. Juli 1990 SPD-Vorsitzender von Gesamtberlin. Ab August 1992 Generalbevollmächtigter einer Bau- und Immobilienfirma. Im Frühjahr 1999 durch Urabstimmung Spitzenkandidat der SPD für die Wahlen zum Abgeordnetenhaus. Vater von zwei Töchtern.

Gisela Oechelhaeuser, geb. 1944 in Schmauch / Preußisch Holland, 1962 Abitur, 1965 Uhrmacherlehre beendet, 1965 – 1974 Studium der Germanistik und Romanistik an der Karl-Marx-Universität Leipzig, 1966 Mitbegründerin des Amateurkabaretts *academixer*, 1975 Promotion zum Dr. Phil. mit einer Arbeit über Adorno, 1976 Eintritt in die SED, 1978 Kabarettistin im Berufskabarett *academixer*, 1984 Dozentin an der *Hochschule für Schauspielkunst Ernst Busch* in Berlin, 1989 im Frühjahr Theaterarbeit in Zürich. 1990 – 1999 Intendantin des Kabaretts *Die Distel* in Berlin. Mutter eines Sohnes.

Lutz Rathenow, geb. 1952, Studium der Fächer Deutsch und Geschichte in Jena bis zur Relegation 1977 wegen »Objektivismus« und »Zweifel an Grundpositionen«. 1993 erhält er sein Diplom, Transporthilfsfahrer, Übersiedlung nach Ostberlin, Mitarbeiter am Theater. Freier Autor. Seine Bücher waren in der DDR weitgehend verboten, 1980 inhaftiert wegen Erscheinens eines Romans im Westen. Wichtigste Werke nach der Vereinigung: Gedichtband *Verirrte Sterne, oder wenn alles mal ganz anders kommt* (1994), *Sisyphos*, Erzählungen (1995), *Jahrhundert der Blicke* (1998), *Der Wettlauf mit dem Licht* (1999). Vater eines Sohnes.

Gisela Rüdiger, geb. 1948 in Wittenberge, Studium der Mathematik und Physik, drei Jahre Tätigkeit als Lehrerin, Programmiererin in einem Ingenieurbüro bis 1990, Leitung der Geschäftsstelle des ARGUS e.V. Seit 15. 9. 90 mitzuständig für die Verwaltung und Wahrung der Stasi-Akten in Potsdam. Seit Sommer 1991 Leiterin der Außenstelle Potsdam des Bundesbeauftragten für die Unterlagen des Staatssicherheitsdienstes (BstU) der DDR. Mutter eines Sohnes.

Günther Rüdiger, geb. 1944 in Dresden, Abitur 1963, Studium der Physik und Astrophysik in Jena, 1968 Wiss. Mitarbeiter am Astrophysikalischen Observatorium Potsdam, 1971 Promotion, 1990 Mitglied des gewählten Wissenschaftlichen Rates des Zentralinstitutes für Astrophysik, 1990 Verwaltung einer C4-Stelle an der Universität Göttingen, 1995 Ernennung zum apl. Professor an der Universität Potsdam, 1997 Vorsitzender der »Forschungsinitiative Brandenburg« e. V., 1998 Mitglied der Stadtverordnetenversammlung Potsdam. Vater eines Sohnes.

Jürgen Joseph Sawade, 1937 in Kassel geboren, in Berlin aufgewachsen. 1958–68 Architekturstudium an der TU Berlin, seit 1963 Mitarbeiter von O. M. Ungers, 1970 Büro in Berlin, 1973–1986 Mitglied des BDA, seit 1976 Gastprofessuren an der UCLA Los Angeles, der Cornell University New York, der Irwin S. Chain School of Architecure, Cooper Union, New York. 1982 Mies van der Rohe-Preis für die *Schaubühne* am Lehniner Platz und vier Wohnhäuser an der Lewishamstraße in Berlin, 1991–1997 Universitätsprofessor in Dortmund, seit 1999 Honorarprofessor in Dortmund. Vater einer Tochter.

Wolfgang Schäuble, geb. 1942, Studium der Rechts- und Wirtschaftswissenschaften in Freiburg und Hamburg, Regierungsrat beim Finanzamt Freiburg, 1978 – 1984 Rechtsanwalt beim Landgericht Offenburg, seit 1965 Mitglied der CDU, 1970 Mitglied des Bezirksvorstands der CDU Südbaden, 1979 – 1982 Vorsitzender der Arbeitsgemeinschaft Europäischer Grenzregionen, seit 1972 Mitglied des Bundestages, 1981 – 1984 Parlamentarischer Geschäftsführer der CDU, 1984 Bundesminister für besondere Aufgaben im Bundeskanzleramt, 1989 – 1991 Bundesinnenminister, seit Nov. 1991 Fraktionsvorsitzender der CDU / CSU, seit 1998 Vorsitzender der CDU. Vater von drei Kindern.

Gesine Schwan, geb. 1943 in Berlin, Studium der Politikwissenschaft in Berlin und Freiburg, 1974 Habilitation, seit 1977 Prof. für Politikwissenschaft an der FU Berlin, 1992 Dekanin des Fachbereiches Politische Wissenschaften, Engagement in der SPD, 1977 – 1984 Mitglied der Grundwertekommission, seit 1997 erneut Mitglied der Grundwertekommission. Mutter von zwei Kindern.

Ingrid Stahmer, geb. 1942 in Mittersill / Kr. Zell am See, Abitur 1962, Ausbildung zur Sozialarbeiterin, 1966 bis 1971 in Berlin-Charlottenburg tätig, 1964 Eintritt in die SPD, diverse Ämter, 1981 Stadträtin für Sozialwesen des Bezirksamts Charlottenburg, bis 1989 stellvertretende Bürgermeisterin, seit März 1989 Senatorin für Gesundheit und Soziales und Bürgermeisterin der Stadtregierung, ab Januar 1991 Senatorin für Soziales in der Großen Koalition von CDU und SPD unter Eberhard Diepgen, seit Nov. 1994 Senatorin für Jugend und Familie, seit 1989 Mitglied des SPD-Landesvorstandes, der AWO und der ÖTV sowie des Deutschen Arbeitskreises für Gruppenpsychotherapie und Gruppendynamik.

Peter Steinbach, geb. 1948 in Lippe / Westfalen, Studium der Geschichte, der Philosophie und Politikwissenschaft, 1973 Promotion, Assistent an der FU Berlin, Habilitation 1978, 1981 bis 1992

Professsor in Passau, seither Professor für Historische Grundlagen der Politik am Otto-Suhr-Institut der FU Berlin. Seit 1983 wissenschaftlicher Leiter der Gedenkstätte Deutscher Widerstand (eröffnet 1989). Vater von drei Kindern.

Manfred Stolpe, geb. 1936 in Stettin, Abitur in Greifswald, Studium der Rechtswissenschaften in Jena, 1959 – 1961 Gaststudium an der FU Berlin. 1959 – 1990 im Dienst der Evangelischen Kirche Berlin-Brandenburg, seit 1962 Leiter der neu eingerichteten Geschäftsstelle der Konferenz der Evangelischen Kirchenleitung, Mitwirkung bei der Bildung eines eigenen Evangelischen Kirchenbundes der DDR (1969), dessen Sekretariat er leitete, Mitglied der Leitung des Kirchenbundes der DDR, Sommer 1990 Eintritt in die SPD, seit 1990 Ministerpräsident des Landes Brandenburg. Vater einer Tochter.

Detlef Graf Schwerin von Schwanenfeld, geb. 1944 in Berlin, Studium der Geschichte und Politischen Wissenschaften in Heidelberg und Berlin, Promotion, langjährige Arbeit in der Entwicklungshilfe in New York, Stuttgart, Berlin und Katmandu, Nepal, seit 1990 Arbeit für die SPD der DDR, seit November 1990 Arbeit im Innenministerium des Landes Brandenburg, seit 1992 Polizeipräsident in Potsdam. Vater von zwei Söhnen.

Erhard Thomas, geb. 1940, Studium der Germanistik, Theaterwissenschaft und Vergleichenden Religionswissenschaften, seit 1970 Fernsehredakteur beim Westdeutschen Rundfunk Köln, Korrespondent u. a. in den ARD-Studios Bonn, Washington, New York, Ostberlin. Seit November 1990 Regierungssprecher der Landesregierung Brandenburg, seit August 1995 Staatssekretär und Medienbeauftragter des Ministerpräsidenten. Vater einer Tochter.

Friedrich-Carl Wachs, geb. 1961, Studium der Rechts- und Geschichtswissenschaften in Freiburg, Paris, München und Berlin, 1991 Assistent des Geschäftsführers der UFA-Film und Fernseh-

GmbH, Leiter der UFA-Unternehmensplanung, 1994 Verlagsleiter »Neue Elektronische Medien« beim Heinrich-Bauer-Verlag, seit 1997 Vorsitzender der Geschäftsführung der Studio Babelsberg GmbH, in der Geschäftsführung der Medienstadt Holding Babelsberg für den Medienbereich zuständig. Vater von drei Söhnen.

Beatrice von Weizsäcker, geb. 1958 in Essen, 1976 ein Jahr Aufenthalt in Everett / Washington, 1977 Abitur in Bonn, Studium der Rechtswissenschaften in Hamburg, München und Göttingen, Schwerpunkt Staats- und Völkerrecht, Referendariat in Niedersachsen an der Jugendstrafanstalt in Hameln, 1986–1987 freie Mitarbeit im Deutschlandstab des Bundeskanzleramts, 1988 bis 1989 Mitarbeiterin von Rita Süssmuth, Promotion 1990, seit 1991 Journalistin beim *Tagesspiegel* in Berlin.

Heinrich August Winkler, geb. 1938 in Königsberg, Abitur in Ulm, 1957–1963 Studium der Geschichte, Philosophie und des Öffentlichen Rechts in München, Heidelberg und Tübingen. 1963 Promotion, 1970 Habilitation an der FU Berlin, 1970–1972 Professor für Geschichtliche Grundlagen der Politik an der FU Berlin, 1970 bis 1971 Gastdozent an der Havard University Cambridge / Mass., 1972–1991 Professor für Neuere und Neueste Geschichte an der Universität Freiburg, 1977–1979 Gastdozent am Woodrow Wilson Center in Washington. Seit 1991 Professor für Neueste Geschichte an der Humboldt-Universität Berlin.

Auswahlbibliographie

Egon Bahr, Zu meiner Zeit, München 1996.

Hannes Bahrmann / Christoph Links, Chronik des Mauerfalls Bd. I und Bd. II, Berlin 1994.

Günter Gaus, Zur Person. Friedrich Schorlemmer, Lothar de Maizière, Gregor Gysi, Ingrid Köppe, Christoph Hein, Hans Modrow. Sechs Porträts in Frage und Antwort, Berlin 1990.

Christina Haberlik / Gerwin Zohlen, Die Baumeister des neuen Berlin: Porträts, Gebäude, Konzepte. Berlin 1997.

Ulrich Harbecke, Abenteuer Deutschland, Bergisch Gladbach 1999.

Lutz Rathenow / Harald Hauswald, Berlin-Ost. Die andere Seite einer Stadt, Berlin 1990.

Hans-Hermann Hertle, Chronik des Mauerfalls. Die dramatischen Ereignisse um den 9. November 1989, Berlin 1998.

Jürgen Leinemann, Gespaltene Gefühle, Konstanz 1995.

Lothar de Maizière, Anwalt der Einheit, Berlin 1994.

Wolfgang Schäuble, Der Vertrag. Wie ich über die deutsche Einheit verhandelte, München 1993.

Gesine Schwan, Politik und Schuld, Frankfurt 1998.

Detlef Graf von Schwerin, Dann sind's die besten Köpfe, die man henkt, München 1991.

Richard Schröder, Deutschland schwierig Vaterland. Für eine neue politische Kultur, Freiburg 1993.

Charles Schüddekopf (Hg.), Wir sind das Volk. Flugschriften, Aufrufe und Texte einer deutschen Revolution, Reinbek 1990.

Manfred Stolpe, Schwieriger Aufbruch, Berlin 1992.